# 探偵はここにいる

**The Private eye is right here**

There is
only one truth.

森 秀治

Hideharu Mori

探偵はここにいる

目次

第一章　名探偵の条件……007
第二章　ピエロの脱皮……049
第三章　探偵愛……081
第四章　ドリンクバー……117
第五章　ハードボイルドの葛藤……147
第六章　探偵を辞める日……185

第七章　女探偵、現る……221
第八章　セカンドキャリア……247
第九章　依頼者A子の告白……281
第十章　追憶のホームズ……307
あとがき……340
参考文献……350

真実は、ただ一つしかない。

第一章

# 名探偵の条件

新宿歌舞伎町の夜が本格的に動き出すのは、ビルの間から望む小さな空が漆喰《しっくい》のような暗闇に包まれてからだ。まだ正体を見せていない街は、表面的な陽気さに浮かれているようだった。賑やかではあるが、すべてが軽薄でどこか危うい。少し触れるだけでバランスを崩すような狂気を秘めているようにも感じる。仮面をかぶった登場人物たちが自分の苦悩や欲望、衝動や偏癖《へんぺき》を隠しながら、役に成り切っているのではないか。薄い皮を一枚剥げば、まったく違う顔が現れるのではないか。恐ろしくも優しい裏の顔が……。そう勘ぐってしまうのは、新宿歌舞伎町という街が持つ甘い蜜のせいかもしれない。

私たち人間も同じだろう。仕事の顔、家庭での顔、友人とはしゃぐ顔、異性の前で格好つけた顔。どれが本当の顔なのか、どれも違うのか、自分ですらわからない。表だと思っていたものが裏になることもある。裏のさらに裏があることもある。隠しごとや下心があるというだけでなく、修羅場でしか出てこない顔に、その人の本質が現れるのだ。

秘密の多い街を背にして、スマホで地図を確認しながら目的のビルを目指した。

看板で会社名を確認し、何の変哲もない雑居ビルに入る。エレベーターに乗り込んで四階で降りると、右と左にそれぞれ扉が一つずつあり、一つに「Y探偵社」と書かれたプレートが貼り付けられていた。一度大きく息を吸ってから、インターフォンを押す。

実際よりも重そうな扉の中から現れたのは、中肉中背で頭を丸く刈り上げた男。この男が探偵、真鍋《まなべ》心平《しんぺい》である。

案内された会議室は、想像していたよりも殺風景だった。普通の会社の会議室と同じか、それよりもモノが少ないのではないか。テーブルの上には、小さな観葉植物が二つ置かれ、筆記用具とカレンダーといった必要最低限のものしかない。ティッシュが置かれているのは、泣き出す依頼者もいるからだろうか。室内にはコート掛けと雑誌のラックがあり、ラックには探偵業に関する雑誌や冊子が並んでいる。壁には、「探偵業届出証明書」が掛けられていた。

調査報告書を見せながら、真鍋心平は探偵の仕事について話してくれた。

依頼者の女性は五二歳で専業主婦。どこにでもいる普通の主婦とのことだが、上品な身なりから、育ちのよさが窺える。地味ではあるが、着心地のよさそうな洋服を丁寧に着ている。いいものに愛着を持って、長年大事に使用する。そんな暮らしぶりが透けて見えるようだ。社会人経験がほとんどないようで、少しおっとりとした雰囲気だが、目の奥には知的さを覗かせていた。

依頼の内容は、夫の浮気調査。探偵社に持ち込まれる依頼のほとんどが浮気調査だそうだ。一昔前は夫の浮気を疑う妻からの依頼ばかりだったが、ここ数年は夫からの依頼も多いという。それだけ女性の浮気も増えているのだろう。共働きが増えたせいではないか、と真鍋は説明した。女性の社会進出は歓迎すべきことだが、思わぬところで副作用が生じる。すべての物事にいえる、世の中の真理かもしれない。

結婚して二〇年以上経つが、これまで浮気を疑うことはなかったという。ところが、三カ月ほど前から夫の様子が変わった。毎週木曜日だけ、帰宅が遅くなったのだ。他の曜日は今までどおり早いのに、木曜日だけ終電近くになる。理由を聞くと「毎週金曜の午前中に会議があり、木曜中に資料を作成しないといけないのだ」と、いわれた。社会人経験の少ない依頼者でも、「本当だろうか？」と訝《いぶか》しむほどであった。こういうときの女性の勘は鋭い。

気になる行動も増えた。スマホを裏返しに置き、パスワードを設定するようになった。これまでの夫はスマホを無造作に置いて、メールの着信も気にすることはなかった。面倒くさいといって、パスワードの設定もしようとしなかった。今では、スマホを肌身離さず、トイレにも風呂場にも持っていく。妻に見られたくないという強い意志を感じるとともに、誰かからの連絡を待っているようにも思われた。

それでも、大げさに考えないようにしていた。高校生の娘と中学生の息子がいて、家庭はそれなりに平穏である。穏やかな暮らしをかき乱すようなことはしたくない。自分の思い過ごしかもしれない、いや思い過ごしだと信じようとした。

ところが、決定的な出来事があった。木曜日の夜に、夫に電話をしたときのことだ。たいした用件ではなかった。金曜の朝に飲む牛乳がなくなったので、帰りに買ってきてほしいと伝えたかっただけである。メールで連絡することもあったが、気付かない可能性も考えて、その日は電話をしたのだ。

何度電話しても通じない。「おかけになった電話は、電波の届かない場所にあるか、電源が入っていないためかかりません」という冷たいアナウンスが流れるばかりだった。以前、電話に出たことがあるので、夫の職場は電波が届かない場所ではない。

時間を置いて何度もかけてみたが、やはり結果は同じだった。徐々に不安になってきた。「夫に何かあったのではないだろうか」と。安否の確認だけでもと思い、迷いながらも会社に電話をかけてみると、「〇〇さんなら、もう帰宅されましたよ」と事務的に返された。

毎週木曜日は残業のはずが、夫は会社にいない。どこかで事件や事故に巻き込まれている可能性も頭をよぎったが、女の勘は「そうではない」と告げていた。

その日、夫は何もなかったように、いつもどおり終電で帰ってきた。

「今日電話したんだけど、かからなかったわよ」というと、「仕事中だから電源を切っていた」とうそぶいた。会社に電話したことまではいわなかった。

「依頼者の話を聞いただけで、その対象者が浮気をしているかどうか、一〇〇パーセントわかりますよ」

真鍋は坊主で、黒いスーツに黒いネクタイをしている。強面《こわもて》の風貌だが、白いワイシャツのボタンが弾けそうな腹に親しみやすい愛嬌がある。全身から口の堅そうな信頼感が漂ってくるが、目尻のしわに優しさの陰影が映し出されているようでもあった。口調は丁寧だが、「一〇〇パーセント」といい切る言葉に隠しきれない自信のほどが窺える。

「本当に一〇〇パーセントですか？」

意地の悪い質問にも、「ええ、まぁ一〇〇パーセントでしょうね」と、考える間を置かず、顔色一つ変えず、即答。低いトーンでゆっくり話す真鍋の言葉には、底知れぬ説得力がある。長年の探偵生活の中で何千件もの浮気調査をしてきた経験だけでなく、持って生まれた資質なのだろうと感じた。

今回の依頼は、真鍋には「間違いなく浮気だ」という確信があった。夫は上場企業の管理職で、それなりの収入があるが、毎月の生活費を渡されるだけで、妻は正確な月給額を知らないという。

「こういうのが一番怪しいですよ。浮気は、お金と時間に余裕がないとできないですから」

そうなのだ。浮気には金が必要なのである。

「夫婦共働きで財布が別だったり、この依頼者のように生活費として家庭に入れている場合に多いですね。小遣い三万円で浮気なんてできませんから」

依頼者の話を事細かに聞いた後、疑わしい木曜日に調査することになった。遅くなっても必ず終電で帰ってくるという話なので、調査が翌朝までかかることはなさそうだ。

木曜日の午後四時半――。真鍋の部下の探偵たちが依頼者の夫の勤務先を張り込む。尾行する相手を対象者と呼び、最初の尾行対象者を〝第一対象者〟、もしくは業界用語で〝イチタイ〟と呼ぶ。第一対象者に愛人がいた場合、その愛人が次の対象者になるので、呼び方は〝第二対象者〟もしくは〝ニタイ〟となる。

イチタイである依頼者の夫は、午後五時半頃に退社するということなので、一時間ほど早めに現場に入る。事前の調査で、出入り口は表と裏の二カ所あることがわかっていた。表に二人、裏に一人の探偵を配置。すぐにタクシーに乗り込む場合も想定して、車とバイクも待機。合計五人の探偵がイチタイを追う。

午後五時三二分――。イチタイが表口から出てくる。服装はいつもと同じスーツ姿だ。事前に得た情報のせいか、探偵の目にはイチタイの足取りが心なしか軽そうに映る。表口の二人が尾行を開始。裏口の一人も後を追う。

イチタイは最寄り駅まで歩き、改札を通過。改札の際、探偵は必ず対象者の真後ろに張り付く。間に一人でもいた場合、その人が自動改札機で引っかかると、対象者を見失ってしまうからだ。これは尾行の鉄則である。

午後五時五三分――。イチタイは電車に乗る。イチタイが乗った電車は、自宅に帰る方向とは逆だ。ますます怪しいというよりも、もはや疑いは確信に変わる。

電車の中でつり革につかまっているイチタイは、スマホをいじり出す。浮気相手に連絡しているに違いない。探偵の一人がイチタイのスマホの画面をビデオカメラで撮影する。ビデオカメラは、探偵の必需品だ。基本は手のひらサイズのハンディカメラを使用するが、このときだけは別。指先にはめ込んで使用する特別仕様の超小型カメラで、スマホの画面を覗き撮る。

『今向かっているよ』

『早く会いたいね♡』

といったLINEのメッセージが鮮明に写っていた。ここまでするのかと驚いていると、真鍋は「依頼者からもよくいわれますが、こういうやり取りも見たいでしょうからね。少々リスクがあっても撮影する価値はあります。スマホの画面を撮影する技術は、うちが得意としているものです」と平然とした顔で補足する。対象者と触れ合うほどまで接近し、スマホの画面を撮影する。それがどれほどのリスクがあり、緊張感を強いられるのか、想像しただけでも心拍数が上がる。

イチタイは盗み見されているとは露知らず、顔がニヤけているようにも見える。結婚してから二十数年来、すでに失われたかと思っていた恋情に、第二の春が到来したのである。浮ついた気持ちでまわりが見えなくなるのは、一人の男としてよく理解できる。自分が尾行されているとは想像すらしていないだろう。

満員電車で混み合っている場合、対象者のスーツの裾《すそ》を握ることもあるという。特に通勤時間帯の山手線などで、人波に流されて対象者の反対側に押しやられたりすると、簡単に対象者を見失ってしまうのだ。

午後六時二五分──。イチタイが〇〇駅で下車。改札を出たところで立ち止まって、あたりを見回している。イチタイの視線は、右に左にと忙しそうに動き回る。時々左手に持ったスマホにも視線を落とす。五分ほどすると、イチタイに近づいてくる女性が現れた。

探偵にとって、心が小躍りする瞬間だ。これまで顔も素性もわからなかった、想像の中でしか存在していなかった浮気相手とのファーストコンタクトだからである。

「相手はどういう人なんだろうか?」

調査の約八割は張り込みだという。尾行には、見失ってしまうかもしれないという緊張感もあれば、対象者を追いかける高揚感もある。一方の張り込みは、ただ静かに待つだけ。見逃したら終わりという緊張感はあるが、何時間も張り込むため、気が抜けるときがある。朝早くから夜遅くまで張り込んで何も動きなし、ということもよくあるのだ。

張り込みは二人一組で行うことが多いのだが、その間は探偵同士で「相手はどういう人物なのか」「どのくらいの年齢か」といった、たわいのない会話が繰り広げられる。暇な時間があればあるほど想像を膨らませてしまうのは、人間の性《さが》かもしれない。

待ち合わせに現れた女性（これが第二対象者、すなわち〝ニタイ〟だ）は五〇代で、イチタイと同世代だ。当然ながら、ニタイの顔も動画で撮影する。

デジタルカメラが普及し始めた二〇〇〇年代前半に、探偵業界にもデジタルの波が押し寄せた。それまではアナログの一眼レフカメラが主役だった。いわゆるフィルムカメラなので、現像するまで、証拠の写真が撮れているか確証が得られなかった。目の前に確固たる証拠が実在しているのに、写真に収めることができなければ意味がない。暗いとシャッタースピードは遅くなる。大事な瞬間を撮り損ねたり、誰かわからないほど顔がぼやけたりすることも多い。感度の高いフィルム（ＩＳＯ３２００など）を使用しても、今のデジタルカメラほど鮮明には撮れない。

デジタルビデオカメラも小型化され、探偵は静止画ではなく動画で撮影することが多くなった。動画で撮影しておけば、どの場面も切り出すことができる。カメラを回し続けておけば、決定的瞬間を見逃すリスクも減るのだ。

一昔前に比べて、今の探偵は道具に恵まれているといえるだろう。ただ、カメラの充電が切れたら終わりなので、予備の電池は何個も持っていく。ビデオカメラが故障したときのために、予備のビデオカメラも必要だ。万が一を想定しておくことも、探偵としての心構えなのである。

正面からの顔を撮影することが最優先ではあるが、それ以外にも全身を撮影する。特にカバンと靴を押さえておくのも、これまた探偵の鉄則だ。女性は化粧や服が変わっただけで、見分けがつきにくくなる。その点、別の日の調査で服装が変わっても、カバンや靴は同じという女性は多い。相手を見逃さないための技術である。若いカップルの場合、漫画喫茶の個室に入ることも多い。そういうとき、脱いだ靴を確認すれば、個室にいるのが対象者たちかどうかわかる。

また、イチタイが左手の薬指に結婚指輪をしている画像も押さえる。というのも、ニタイに慰謝料を請求するとき、「結婚しているなんて、知らなかったんです……」といわせないため。結婚指輪をしていれば、気付かなかったという言い訳は成立しない。車で逢引《あいびき》する場合も、同じ理由で、車内にあるチャイルドシートなどの画像が重要な証拠になる。飲食店などで二人の会話を録音することもあるのだが、「今日は奥さん大丈夫なの？」といった会話を拾っておけば、見苦しい言い逃れができなくなる。

午後六時四八分――。対象の二人が飲食店に入る。探偵の一人も店に入り、「待ち合わせなんですが、ちょっと中を見ていいですか？」と断って店内を確認。対象者の二人を発見するも、時間が早いためか店内はガラガラ。「まだみたいでした」と、飲食店を出る。近くの席を取り、二人の会話を録音したいが、今回は断念。不自然な席取りをすると警戒されるので、あまり無理をしない。

午後八時三二分――。二人が飲食店から出てくる。二人は手を繋いでいた。当然ながら、その姿も撮影。どちらから手を繋いだかも確認する。なぜなら、どちらに主導権があるのかが垣間見られるからだ。女性のほうから手を繋いだならば、女性のほうが積極的だと推測できる。そういった小さな証拠を一つずつ積み重ねていくのだ。残念ながら今回は、どちらに主導権があるかまでは情報が得られなかった。

　午後八時五四分――。

　二人は、手を繋ぎながらラブホテルに入る。

　ラブホテルへの入室と退室は必ず撮影する。この二つがワンセットとなり、「不貞《ふてい》の立証」となるのである。ホテルに入った二人を確実に撮ったら、男女ペアで行動している探偵もホテルに入る（こういった状況を想定して、男女ペアで尾行するようにしている）。二人が何号室に入室したのかを確認するためだ。

　ラブホテルには、玄関ホールにあるパネルで部屋を選ぶタイプがある。空いている部屋が点灯していて、部屋の雰囲気を伝える写真とともに、休憩と宿泊の料金が書かれている。希望する部屋のボタンを押すわけだが、それを見ていれば二人が入った部屋番号がわかる。パネルがなく受付で鍵を受け取るタイプのラブホテルでは、鍵に書かれている番号を盗み見たいが、対象者の死角になって見えないことも多い。

　今回の対象者たちは、三〇五号室のボタンを押してエレベーターに乗り込んだ。続いて、男女ペアの探偵も、空いている三階の部屋を押して、恋人同士のフリをしながら同じエレベーターに乗り込む。

対象者の警戒心が強い場合は、そこまで接近はしない。今回は警戒している様子がなかったため、同じエレベーターに乗り込んでも問題ないという判断になった。その場その場で臨機応変に対応できるかのセンスが、探偵には求められる。

三階で降りた対象者たちが、三〇五号室の部屋に入るのを確認。完璧な証拠動画も撮れた。ここまでするのは、まれに「ホテルの待合室にずっといただけだ」と強弁する対象者がいるからだ。ラブホテルに入っても、「何もしていない」と抵抗する人もいるが、それは社会通念上、苦しいを通り越して、見苦しい言い訳でしかない。裁判で争うことになっても、間違いなく勝てる。

午後一〇時五〇分——。二人がラブホテルから出てくる。手は繋いでいない。少しは警戒心が出てきたのかもしれないが、抑えられない欲が満たされたとき、人は冷静になるものだ。本人たちも「こんな関係、いつまで続けるのだろう?」と少なからず思っているのかもしれない。

いっときの快楽、まやかしの愛、刹那的な愛欲、まがいものの多幸感……。偽物だとわかっていても、誰もが麻薬的に求めてしまう。誰にとっても不幸だと理解していても、自ら不貞の関係を解消することができない。人間は保留の生き物だ。一度手に入れたものは簡単に手放せない。満たされた欲情が再び姿を現す頃には、「バレなければいいか」という言い訳を自分にして、同じ過ちを繰り返す。

午後一一時一三分——。待ち合わせをした駅の改札口で、イチタイとニタイは別れる。探偵たちは、ニタイを尾行する。ニタイの素性を明らかにするためだ。浮気相手の名前や住所などを確認するまでが、今回の調査である（対象者の住所を突き止めることを、探偵業界では〝宅割り〟という）。依頼者の情報によると、イチタイはこのまま帰宅すると考えられるため、尾行を続ける必要がない。

探偵の仕事は、「追う」「撮る」「割る」に大きく分けられるそうだ。「追う」とは、調査対象者を尾行すること。「撮る」とは、証拠動画を撮影すること。そして「割る」とは、浮気相手の顔や名前、住所、勤務先などを割り出すことをいう。それぞれの優先順位は、案件ごと、状況ごとによって変わってくる。

午後一一時四八分——。ニタイが○○駅で降りて、タクシー乗り場に向かう。駅から自宅までタクシーを使うのだろう。タクシーに乗ったり、家族が車で迎えに来たりすると、見失う確率が高いため、探偵はあらかじめ対策を講じている。

今回、尾行している探偵は五人。男女ペアの二人と少し距離を取って一人、車とバイクに一人ずつ。探偵たちは常に情報のやり取りをしている。やり取りの方法も時代によって変化してきた。少し前までは携帯電話やメールだったが、今は主にＬＩＮＥである。チームを組む度にＬＩＮＥグループを作成し、情報を共有する。今回の場合は、現場の探偵五人に司令塔の真鍋を含めたグループでやり取りをする。探偵同士のやり取りを見ていれば、現在どういう状況なのかがわかる。調査後に具体的な報告はするが、逐一状況報告をする煩《わずら》わしさから開放され、対象者の尾行に集中することができるのだ。

対象者が向かっている方向に車もバイクもひた走るが、急行電車などに乗っていると追いつけないことも多い。それでも現地に向かうのは、探偵にとって〝諦める〟ことが「敗北」を意味するからだろう。探偵ほど、諦めの悪い職業はない。諦めたら終わりである。高額の調査費用を支払う依頼者のためにも、最後まで追い続ける。真実がある限り、諦めなければ必ず突き止められるのだ。もっとも、車移動の探偵には、終電がなくなった探偵を拾って帰るという実務的な理由もある。

ニタイに張り付いていた探偵から、バイクに乗っている探偵に向けたメッセージが届く。

『〇〇駅ですが、あとどのくらいでしょうか？』

『一〇分くらいです』

バイクはまだ到着しない。このままタクシーに乗られたら、見失う可能性が高い。そこで探偵の一人がニタイに話しかけて、時間を稼ぐことにする。

「あの～、ちょっと道を聞いてもいいですか？」

どんなことでもいいので、バイクが到着するまで時間を稼ぐのだ。今回は相手が女性なので、女性の探偵が話しかけることにした。警戒されないためだ。ただ、一度同じエレベーターに乗り込んでいるため、疑われるリスクもある。先ほどと印象を変えるため、別のアウターに着替えて、キャップをかぶる。こういうときのために、探偵は予備の服を持ち歩いている。アウターの色が変わるだけで印象は変わる。目立たない服装が基本だが、系統や方向性の異なる服も用意しておく。そういう意味では、リバーシブルの服は探偵にとって便利なアイテムである。

午前〇時五分――。ニタイがタクシーに乗る。すでにタクシー乗り場の少し前で待機していたバイクが追いかける。

バイクが間に合わなかったときは、探偵もタクシーで追う。その場合、必ず対象者よりも先にタクシーに乗り込まなければいけない。マナー違反であっても、列に割り込んで対象者より前に並ぶ。先にタクシーに乗って少し前で待機しておき、後から対象者の乗り込んだタクシーを尾行するのだ。そうしないと、すぐにタクシーが来ないなどの事情で、対象者を見失ってしまう。テレビドラマのように、後からタクシーに乗り込んで「前のタクシーを追いかけてください！」ということはない。ドラマなので都合よくタクシーが来てくれるが、現実の世界は都合よくできていない。

対象者が駅から自転車で帰宅する場合もある。バイクが追いつけばいいが、間に合わない場合は、コンビニの店員に頼み込んで、店員の自転車を借りられないか交渉することもあるという。信用してもらえないときは、自分の運転免許証を人質に置く場合もある。急いでいるからといって、その辺にある自転車を勝手に使うわけにはいかない。罪を犯すと、探偵社は営業停止になってしまうのだ（後ほど述べる探偵業法という法律で規制されている）。

自転車を借りられない場合は、対象者の自転車の特徴を押さえておく。翌日、自転車置場から張り込み直すことが可能だからだ。

午前〇時二六分――。ニタイは、タクシーから降りて自宅だと思われる一軒家に入る。部屋の灯りは、ニタイが帰宅する前からついていた。家族と一緒に暮らしているということだ。親と同居している可能性もあるため、ニタイが既婚者なのかは、この時点では判断できない。

表札の名前と住所を確認して、その日の調査は終了――。


見せてもらった調査報告書には、調査内容が写真とともに記載されている。対象者たちの詳細な行動だけでなく、浮気相手の髪型や服装、カバンのブランド名まで記されていた。立ち寄ったホテル名、コンビニで買った商品、乗車したタクシーのナンバーなど、ここまで記載するのかと驚いてしまうような内容まで報告されている。対象者の行動が編集された動画もＤＶＤで渡すという。

「我々は依頼者の代わりに見ているわけですからね。自分が依頼者だったら、詳しく知りたいじゃないですか。どちらから手を繋いだか、どんな会話をしていたか、どういうメッセージのやり取りをしていたかとか。安くない料金をいただいているわけですから、こちらも本気で依頼者の期待に応えなければいけないと思っています」

文字にするとかなり熱いセリフではあるが、真鍋はいたって冷静だ。初対面ではビジネスライクに仕事をこなしているように感じたが、取材が進むにつれ真鍋の熱い深部を垣間見ることになる。

探偵社への依頼は浮気調査が大半を占めるが、その他に素行調査や行動調査もある。また真鍋の探偵社では、蓄積された経験やノウハウが必要とされる企業調査や採用調査も行っている。

企業調査とは、対象となる企業が不正を行っていないかなどを調べること。依頼者は、取引相手として信頼できるかどうかを心配する。また、本当に支払い能力があるのかといった資産調査なども行う。周辺関係者に聞き込みをすると、データ上には出てこない情報や噂を耳にすることもある。企業の調査といっても、結局のところ代表者の素行調査になることが多い。

採用調査は、文字どおり、採用しようとする人を調べること。新卒採用の調査の場合、何百人もの履歴書が送られてきて、「書かれている住所に本当に住んでいるのか調べてほしい」と依頼されたこともある。採用するための最低限のリスクヘッジなのだろう。

中途採用者の調査では、反社会的勢力と関係していないか、プライベートで問題を抱えていないかなどを調べる。特に役員候補を採用するときは、費用をかけてでも調べる必要がある。後々、会社の信用に大きな傷がつく恐れがあるからだ。

退職者を調査することもある。自社の顧客データなどを持ち出していないかを調べるのだ。医療機器の販売代理店は国内外の医療機器メーカーの商品を営業代行して販売している。代理店にとって、顧客データは社外秘の最重要機密であり、売上の生命線といっても過言ではない。そのため、独立したい退職者が顧客データを持ち出すことがあるのだ。顧客である医師からすると、どこから買おうと大差がないのだろう。そういう場合は、退職者を尾行して、誰と会っているか、どこに営業をしているか、社内に協力者がいないかなどを調べる。

それらとは別に、行方調査がある。簡単にいえば、人探しである。家出した子ども、蒸発した夫、急にいなくなった認知症の親……、そういった人を探す依頼もある。依頼者から対象者の情報が得られる浮気調査では、どこで張り込みをすればいいか、どこから尾行を始めればいいかが明確である。対象者を見失わなければ、任務を全うできる。一方の行方調査は、所在のわからない人を探すのだから、浮気調査よりも経験とスキルが必要になる。

行方調査の依頼は慎重に判断しなければいけない。「彼女がいなくなったから探してほしい」といわれても、依頼者が相手の住所すら知らないとなると、ストーカーの疑いも強くなるからだ。

「依頼のときに話を聞いていると、怪しいかどうかわかりますよ。付き合っているのに住所を知らないなんて、普通に考えておかしいですからね」

恋人だと思い込んでいるケースもあれば、気になる女性の素性を知りたいという可能性もある。もし依頼を受けてしまったら、ストーカーの手助けをする結果になりかねない。そのため、警察に行方不明者届（捜索願）が出されている依頼しか引き受けないことにしているそうだ。

逆に、ストーカー被害に悩まされている人からの調査依頼もあるのだろうか。

「ストーカーの証拠を取ってほしいという依頼もありますよ。家に落書きをされたり、自転車にいたずらされたりする証拠を取って捕まえたこともあります。でも、今はストーカー規制法ができて、警察も動いてくれますからね」

ストーカー行為等の規制等に関する法律（通称・ストーカー規制法）は、二〇〇〇年に施行され、二〇一三年と二〇一六年に改正された。事前に警察に相談していた女性がストーカーに殺害される事件が度々起こり、警察の対応がマスコミから吊るし上げられた。千回以上も嫌がらせメールが送られてきても、警察が動かないこともあった（その当時は、メールはストーカー行為の中に含まれていなかったという事情があった）。今では、ストーカー被害に対して警察はすぐに動いてくれるようだ。ストーカーではなさそうな相談でも、万が一に備えて、夜間のパトロールを強化したり、相手の男性に声をかけてくれたりする。

探偵が活躍するのは、警察も動けないような行方調査である。行方不明者届が出されても、すべての案件に警察が動くわけではない。行方不明者のデータベースに登録はされるが、緊急性や事件性がなければ、警察は動かない、いや動けない。警察庁の調べによると、行方不明者届が出されている行方不明者の数は、二〇一九年度で八万六九九三人。ここ一〇年間は、同じような人数で推移している。毎年八万人以上が行方不明になっているのである。年間八万人もの行方不明者を一人ひとり追うことは非現実的だ。担当地域でパトロールしている警察官の職務質問によって、行方不明者届が出されていないか確認するのが精一杯である。

「突然夫が帰ってこなくなった」という行方不明者届が出されても、自殺をほのめかすような遺書や事件に巻きまれたような状況がなければ、書類を受け取って終わりである。

探偵社に依頼が持ち込まれるのも、そういった案件が多い。

真鍋が担当した案件で、蒸発した夫を探していたら、沖縄の離島で別の家族と暮らしていた、というものがあったそうだ。夫の無事を知って嬉しい反面、裏切られた妻の怒りも想像に難くない。離婚することになったのだが、互いに新しい人生をスタートできたという意味では、やりがいのあった調査だったという。

「遺体を発見したこともありますよ」

サラリとすごいことをいい出した真鍋。昨日の出来事を話すかのように、事件の詳細を語り始めた。

依頼は、両親から「息子を探してほしい」というものだった。当然ながら警察にも行方不明者届を提出していた。警察だけに任せておけないほど緊急性が高かったため、真鍋の探偵社に依頼があったのだ。というのも、息子の部屋から遺書が発見されたのである。

捜索方法は、地道な聞き込みだ。目撃情報を頼りに、対象者を追いかける。警察の捜査ならば、市民も協力的である。しかし、探偵には何も権限がない。そのため、警察官よりも聞き込みのテクニックがあると、真鍋は少しだけ得意そうに説明した。防犯カメラの映像を開示してもらうことも多く、そのためには正直に事の緊急性を訴えるそうだ。もちろん、依頼者にどこまで話していいかの確認を最初に取っておく。不特定多数の人に知られる恐れがあるからだ。また、大々的に公開されてしまうと、本人の目に留まり逃げられてしまう恐れもある。

今回のような自殺の可能性が高い場合は、そんなこともいっていられない。両親の了解を得たうえで、事務所の探偵を総動員して、大掛かりな調査に踏み切った。立ち寄った可能性のある場所で情報提供のビラを配りながら、しらみつぶしに聞き込み調査を始めた。

　目撃情報として引っかかったのが、河口湖周辺だった。対象者の車が河口湖インターチェンジを出たという情報があり、出口近くのコンビニで買い物をしたこともわかった。河口湖インターチェンジは、富士山・青木《あおき》ヶ《が》原樹海《はらじゅかい》へのアクセスとして有名だ。自殺する者の心境を考えると、樹海を選択する可能性が高い。そこで、樹海の入口周辺を集中的に捜索した。

　数時間後、対象者の車を発見したのだが、残念ながら車の中で対象者は亡くなっていた。練炭自殺だった。

「もう少し早く見つかったら助かったのでしょうが、一晩ほど経っていたので手遅れでしたね」

　真鍋の口調は冷静そのものだったが、口元が少し引き締まったような気がした。真鍋にとっては、少なからず悔しい事件だったのだろう。


　一九七一年に東京都で生まれた真鍋心平は、物心がつく頃から父親と反りが合わなかった。

　戦前生まれでサラリーマンの父親、専業主婦の母親、三歳下の弟、そして真鍋の四人家族で、ごく一般的な中流家庭だったという。父親は大手企業に勤めていて、母親は結婚してからは働きに出ていなかった。

生まれたときから社宅で暮らし、真鍋が高校生のときに念願の一軒家を購入して引っ越した。裕福ではなかったが、貧しかったわけでもない。ただ、父親は教育熱心だった。地元の国立大学を卒業して、誰もが知っている大手企業に勤めていた父親にとって、学歴は最も重要な価値観だったのだろう。学歴社会の全盛期という時代背景もあった。

小学生の頃から「勉強をしろ！」としつこくいわれ、塾に通わされたり、家庭教師をつけられたりした。しかし、真鍋は勉強が嫌いだった。勉強する意味がわからなかった。子どもの頃から父親のようになりたいとは思わなかった。父親はいつも偉そうにしているが、どれほど立派なのか理解できなかった。

中学生になり反抗期を迎えると、一切勉強をしなくなった。父親と顔を合わせると喧嘩になり、殴り合いになることもあったという。

父親は「女に仕事をさせる男は碌《ろく》なもんじゃない」といっていた。今の時代からすると古い人間ではあるが、高度経済成長期を駆け抜けた団塊《だんかい》の世代にとっては普通のことだったのだろう。

真鍋はその地域の不良が集まる高校に入学。毎年一クラス分の退学者が出るような学校だったそうだ。昼休みにはタバコの煙で廊下の先が見えにくくなり、ほとんどの生徒がバイクで通学していた。

高校時代、真鍋はバスケットボール部に所属。真面目に練習していたわけではないが、部活のために学校に行っていたようなものだと懐かしがった。それなりに強かったようだが、みなタバコを吸っていたためか持久力がなく、後半に逆転されることが多かったという。

高校を卒業する数カ月前から、真鍋はガソリンスタンドでアルバイトを始めた。もともと車好きで、一八歳の誕生日を迎えると、早々に普通自動車の免許を取得していた。

それまでも遊ぶ金ほしさにアルバイトをしたことはあった。高校三年生のときはバブル最盛期でもあり、夏休みにアルバイトをして五〇万円ほど稼いだこともある。時給一〇〇〇円以上が当たり前で、金を稼ぐことが難しい時代ではなかった。

一九八〇年代後半から一九九一年まで、日本は未曽有の好景気に見舞われた。地価は高騰し、一九八九年には日経平均株価は三万八〇〇〇円超えを記録していた（一九八五年の日経平均株価は一万円程度だった）。銀行は多額の資金をほぼ無担保で融資してくれたし、株や不動産といった資産はたった数年で何倍にも膨れ上がった。急速な経済成長は、国民の金銭感覚を麻痺させた。使っても使っても、まるで打ち出の小槌のように、金が湧いてくる錯覚があった。

真鍋が高校を卒業した一九八九年は、バブルが崩壊する直前だった。その頃、ガソリンスタンドと掛け持ちで、クラブでもアルバイトをしたことがある。客の車を駐車場に移動する係で、経営者や芸能人の高級車に乗れることもあったのだ。車好きの真鍋にとって、ポルシェやフェラーリ、ランボルギーニといった高級車を運転できる楽しい仕事だった。

しかも、かなり稼げた。正規のアルバイト代は一晩で六〇〇〇円ほどだが、客から多額のチップをもらうこともあり、一晩で一〇万円以上手にすることもあった。「真面目に勉強して大学に行くよりも、早く社会に出て金を稼いだ者が勝ちだ」と思っていた。反抗心から父親は間違っていると証明したかったのかもしれない。

真鍋は、稼いだ金のほとんどを車に使った。パーツを買ってきては自分で車をいじって、首都高の環状線（高速都心環状線）を走り回った。俗にいう〝ローリング族〟だ。単に〝走り屋〟、グルグル回ることから〝ルーレット族〟とも呼ばれていた。

初心者はカーブの緩やかな外回りを走り、上級者はカーブがきつい内回りを走る。首都高を一周してタイムを競うやつもいれば、最高時速を競っているやつもいた。真鍋は前者で、首都高代の七〇〇円を払って朝まで夜通し走っていた（当時は均一料金だった）。

法定速度を大幅にオーバーするので、当然ながら違法行為である。そのうちパトカーに目を付けられるようになり、「こらー！　真鍋！」と呼ばれるようになった。当時は現行犯でしか逮捕できなかったため、逃げ切ってしまえば捕まることはなかったという。逮捕された友人もいれば、大事故を起こして足をなくしたやつもいた。

規制も警察の取り締まりも厳しくなるにつれ、真鍋は首都高から足が遠のくようになる。

そして二一歳のとき、会社を立ち上げた。

真鍋が始めたのは、ポリマー加工や撥水《はっすい》加工で車を磨く仕事だ。当時の車は、今ほど塗装がよくなかったため、車をきれいに磨く仕事に需要があったのだ。また、車の窓にスモークフィルムを貼る仕事も始めたのだが、これが大当たりした。

スモークフィルムを貼る作業は、手先が器用な真鍋だと二〇分くらいで完了する。それに、同業他社は二万五〇〇〇円も取っていた。その半額にすれば、客は押し寄せてくる。一時間に二台こなせば、一時間で二万五〇〇〇円、一日（八時間）で二〇万円の売上になる。一カ月休まず働くと、それだけで月商六〇〇万円である。原価はフィルム代くらいなので、売上のほとんどが利益になるのだ。予測ほどうまくいかなくても、コケることはないと踏んだ。

当時は、フルスモークといって、運転席や助手席のガラスにもフィルムを貼ることができた（今は後部座席だけだ）。しかし、違法ではあるので、車検には通らない。そのため、車検の度にフィルムを貼りに来てくれるのだ。

会社は順調に成長していった。自動車整備士を雇って車検も請け負い、中古車販売にも手を広げた。二四歳の頃には、三店舗を経営するまでになっていた。

事業が成功したことで、入ってくる金額も大きくなった。アルバイトをしていたときの月給が、日給で入ってくる。毎日、三〇万から五〇万円が入ってくるのだ。二四歳だった真鍋がおかしくなるのも致し方がない。仕事は社員に任せて、自分は働かなくなった。四〇歳くらいまでに、仕事をしなくても毎月一〇〇万円以上入ってくるようにしよう、と本気で考えていたくらいだ。

持て余した金は、散財される運命にある。「どうせ、また明日入ってくる」と思うと、貯金など頭の片隅にすらよぎらず、ほとんどが遊興費に消えていった。キャバクラ通いにもハマった。一カ月で八〇軒ほどのキャバクラに通ったこともある。

類は友を呼び、同じような境遇の知り合いが集まるようになった。真鍋と同じように自営業で儲かっている者、二代目の金持ち、不動産業界や同業の自動車業界の者もいた。そういう仲間と毎日のように飲み遊んでいた。ポルシェやＢＭＷ、ベンツといった高級車を乗り回し、毎日浪費を繰り返していく。

たまに実家に帰ると、「そんないい車に乗って、大丈夫なのか？」と父親から口うるさくいわれた。当時の真鍋は父親のことを見下していた。父親の年収を遥かに超える金額を稼いでいたのだ。「お前が間違っていて、俺が正しかったんだ！」と勘違いしていたのだろう。そのうち、真鍋は実家に近寄らなくなっていく。

ところが盛者必衰《じょうしゃひっすい》の理《ことわり》のとおり、仕事に陰りが出てくる。

一九九五年には道路運送車両法が一部改正され、すでにユーザー車検（業者に頼まずに自分で車検の手続きを行うこと）が可能になっていた。一九九七年には車検制度も自由化された。これまで整備工場の独占だった市場に、ガソリンスタンドなどが新規参入してきたため、価格破壊が起きたのだ。これまでのように利ザヤを抜けなくなった。

二〇〇〇年になると、稼ぎ頭だったスモークフィルムにも暗雲が立ち込めてきた。プライバシーガラスなるものが登場し、自動車の製造過程ですでにガラスに色がつけられるようになったのだ。仕事量は全盛期の一〇分の一ほどに激減。収入が減っても、浪費する生活スタイルはすぐには変えられず、会社の資金が底をつくまでに時間はかからなかった。

従業員の給料が払えず、事務所の家賃も滞るようになった。真鍋にとって、従業員に給料を支払えないほどつらいことはなかった。それぞれの社員には家庭があり、子どもを持つ者もいる。多くの社員の生活がかかっていることを考えると、心臓を鷲づかみにされたかのように息苦しくなった。眠れない夜が襲ってくると酒に逃げたが、逆に目が冴えてしまい、精神的に追い込まれていく。安定した収入がないことの恐ろしさを心の底から実感した。

そして、倒産——。二〇〇二年、三一歳のときだった。

計画倒産に近いものだった。銀行から数千万円ほど融資してもらい、滞納していた支払いを精算した。従業員には給料二カ月分の退職金を払った。失業手当と退職金がなくならないうちに、次の職を見つけてほしかった。銀行には申し訳ないことをしたが、取引先の人たちや従業員たちに迷惑をかけたくない一心での行動だった。

真鍋自身は法的な手続きを行った。住んでいた借家を引き払い、車もすべて取り上げられ、文字どおり一文無しで実家に戻ることになった。父親は「だからいっただろ」といったものの、精神的に参っている息子の姿を見て、それ以上は何もいわなかった。真鍋は父親がいい続けていたことがわかってはいたが、そのことが余計に自分を惨めにさせた。

真鍋からは、すべてのやる気が失われた。自分の部屋にひきこもり、テレビを眺めているだけになった。自分の部屋から出るのはトイレに行くときだけの日もあった。昔の友人からの遊びの誘いも断った。惨めな自分を見せたくないという思いもあったが、遊びたいという欲求がなくなっていたのだ。心の一部がごっそり削ぎ落とされたような空虚感が身体全体を覆っていた。食事をしても味を感じないし、テレビでお笑い番組を見ても何が面白いのかわからなかった。世の中が無味無臭の世界に変わり果てていた。

事情を知っている友人が「ちょっと仕事手伝ってよ」と声をかけてくれたこともある。ただ車を運転するだけ、軽い資材を運ぶだけの簡単な仕事で一万円ほどの日給をくれた。友人の気遣いはありがたかったが、いっときの気晴らしでしかなかった。

勧められて病院に行くと、うつ病と診断された。

一年以上が経った頃、就職しようという気力が少しずつ湧いてきた。時間という味方が、懸命に真鍋を支え続けていたのだ。このままふさぎ込んでいても仕方がないという気持ちが芽生えてきたのである。

ところが、ハローワークでめぼしい求人に応募しても、面接どころか書類で落とされてしまう。「会社をつぶしてしまうようなやつ、誰も雇ってくれないよな」と覚悟はしていた。「このまま就職できないのだろうか」という不安も強くなってくる。父親の知り合いが経営している福祉関係の会社に面接に行ったこともあるが、体《てい》よく断られた。真鍋本人が福祉の仕事をやりたくないのだから、採用されるはずがない。どんな仕事でもいいわけではなかった。自分の経験が活かせる仕事、やりがいのある仕事、興味を持てる仕事……。窮地から抜け出すためには、そういう仕事が必要だと感じていたのだろう。

ある日、テレビから探偵社のドキュメンタリー番組が流れてきた。夫の依頼で妻の浮気調査をするという番組で、詳しくは覚えていないが「浮気をしている妻が相手の男と一緒に住んでいて、探偵が妻を寝取った男と交渉するという内容だった……」そうだ。

この番組を見たとき、真鍋は「これだ！」とピンときたという。当時は直感でしかなかったが、「自分の負の経験が活かせる仕事だと感じたのかもしれません」と振り返った。探偵は、人の裏側を覗くのが仕事である。極限状態になったときに人間は本性を現すものだが、探偵をしていると、そういう修羅場に出くわすことが多い。テレビに出てきた探偵は、怒鳴り散らしている浮気相手の男をなだめながら、依頼者の要望をかなえていく。荒れ狂った空気を冷静沈着に処理していく探偵は、百戦錬磨の強者《つわもの》に見えた。真鍋は、その姿に何かを感じたのかもしれない。心が折れるほどの経験が役立つ気がしたのだろう。真鍋にとって天職とはいいすぎだが、適切な職業だったのは間違いない。

テレビに出ていた探偵社の名前を覚えて、タウンページで電話番号を調べた。

「募集していますか？」と電話してみると、「履歴書を持ってきてください」との返答。「どうせ落とされるんだろうな」という気持ちで面接に向かった。

そこの社長が真鍋の履歴書を見ながら、「車の運転は得意ですか？」と聞いてきた。「普通の人よりは得意だと思います」と答えると、社長はとても喜んだ。探偵の仕事には、車の運転が必須なのだ。当時いた社員はみな運転が下手で、よくぶつけていたそうだ。「すぐに来てほしい」という社長の言葉に拍子抜けした真鍋は、逆に「いろいろと事業に失敗しているんですが、大丈夫ですか？」と聞いてしまったくらいだ。

社長は「そういう人のほうがいいんですよ」といって、真鍋を幹部候補として迎えてくれた。経営には、逆境でも諦めずに前に歩み続ける胆力《たんりょく》が必要となる。つらい経験こそが胆力を鍛えてくれる。社長はそう考えたのかもしれない。少なくとも、人の上に立つべき人間、面倒見のよさといった真鍋の資質を感じていたはずだ。真鍋と話をしていると、そういう天性のものを感じずにはいられない。

創業してまだ二年くらいしか経っておらず、従業員も八人だけの探偵社だったが、社長は「日本一の探偵社になる」という野望を描いていた。そのための幹部候補社員を探していたのだ。「日本一を目指す」ということが、なぜか真鍋の心にスーッと入ってきた。無謀とも思える大きな目標に立ち向かう勇気に励まされた気がした。もう一度、夢を見てもいいのだと許された気もした。ここで働きたいという意欲が、真鍋の心から沸々と湧いてきたのである。

三三歳の春、真鍋は探偵になった。

探偵としての最初の調査を覚えているか聞いてみた。

「覚えていますよ。先輩と一緒に、車で動き回る対象者を尾行する調査です。やっぱり浮気調査でしたね。ずっと尾行していたんですが、愛人に会うこともなく帰宅しました。完全な空振りです」

それから二〇年近くが経過した。自分で事業は起こしたくないと思うほどのどん底を味わったにもかかわらず、なぜか探偵社を経営している。

最初の探偵社では、一二年ほど働いた。幹部になり、調査部長にまで昇進した。会社も、日本一とまではいわないまでも、業界で知らない者がいないほどまでに成長した。会社に勤めて、月給をもらえることの有り難さを日々噛みしめていた。

ところが、会社の状況が一変する事態が起きた。会社が大きくなったことで新たなスポンサーがつき、経営方針を巡って社長と対立するようになったのだ。社内は殺伐とした雰囲気になり、調査と真摯に向き合える状態ではなくなった。真鍋は社長に恩義を感じていたが、その探偵社から身を引く決意をする。

フリーの探偵となった真鍋は、横の繋がりが豊富だったこともあり、他の探偵仲間とともに調査を請け負い始めた。そのうち、仕事ができる仲間と探偵社を立ち上げることになる。親分肌の真鍋が社長になったのは自然の成り行きだった。

真鍋は現在、自ら調査を行っていない。依頼を受けると部下の探偵に割り振る。場合によっては、他の探偵社に協力を仰ぐこともある。真鍋の仕事は、依頼者と話をして見積もりを出すこと、そして調査結果を依頼者に報告すること。真鍋は依頼者とのやり取りを一手に引き受けている。

真鍋は探偵ではあるが、依頼者の相談役であり、カウンセラーでもある。依頼者の話を聞き、悩みや不安まで踏み込んでいく。依頼者に最適な解決策を探し、調査後のアフターケアまでする。この役務を全うするには、長年の経験が必要だという。チームを組んで調査計画を立てる技術と経験だけでなく、依頼者の本音や要求を読み解くコミュニケーション能力も必要だろう。

現場の探偵は、依頼者と接することはない。真鍋が指示を出すための書類でしか、依頼者のことを知るすべがない。探偵が依頼者の話を聞いてしまうと、肩入れしたくなるし、情も移る。「きっと浮気しているに違いない」「相手が悪いはずだ」といった先入観は、調査の邪魔になる。思いどおりの結果になるように、情報が曲げられるかもしれないし、予期せぬ出来事に直面したとき、判断を鈍らせることにもなる。

依頼者との適切な距離を保つ能力は、長年の経験がものをいうのかもしれないが、経験だけでは補えない人間性にも大きく左右されるのだろう。

依頼方法は、インターネットが登場するまでは電話が主流だった。そのため、当時はタウンページの広告に費用をかけていた。タウンページは各地域別だったため、いくつもの広告枠を買わなければならない。紙面の四分の一のモノクロ広告でも、東京の各地域をカバーすると、年間で数千万円もの広告掲載費になる。それでも、各探偵社は広告枠を取り合っていた。電話帳の広告は、それほど重要だったのである。また、業種別の電話番号は五十音順だったため、最初に掲載してもらうために「あ」から始まる探偵社が多かった。

現在の依頼は、ほとんどがネットからである。自分が調査を依頼する立場であっても、ネットで検索するだろう。何事もネットで情報を得る時代である。料金はいくらか、どういう調査をしてくれるのかという業務内容から、怪しい会社ではないかといった口コミ情報まで、手っ取り早く得ようとする。試しに「探偵　浮気調査」で検索してみると、多くの探偵社がヒットした。具体的な尾行動画をアップしている探偵社もあれば、詳細な調査報告書を紹介しているところもあった。

調査依頼は、弁護士からの紹介もあるという。離婚の相談を受けた弁護士から「証拠があったほうがいい」といわれ、真鍋のところに回ってくるのだ。離婚をするためには、夫婦それぞれの了承が必要である。ただし、相手が不貞行為をしていたら別だ。相手が別れたくないといい張っても、こちらから一方的に離婚することができる。離婚による財産分与を優位に進めるためにも、浮気相手に慰謝料を請求するためにも、確固たる証拠が必要になってくる。

それでも、最初から離婚を視野に入れて依頼してくる人は三割程度だという。ほとんどが夫婦関係を修復したいと考えているようだが、中にはただ事実を知りたいという人もいる。

どのくらいの調査費用が必要なのか聞いてみると、依頼内容によって桁が変わるほど違うので、一概には答えられないという。

「一日だけの調査なのか、一週間かけるのか、それとも証拠が取れるまで徹底的に調査するのかによっても違います。一日の調査でも、開始時間が朝か夕方かでも違うし、翌朝までかかれば高くなります。尾行を開始する場所や移動手段などによって、人員も二人でいいのか、五人くらい必要かが決まってきます。なので、簡単にいくらというのはお答えできません。どういう状況なのか、どうしたいのかをヒアリングしながら、具体的な金額を見積もります。ただ、どうしたいのかわからないという依頼者も多いですね」

突然、夫から離婚したいといわれて、調査を依頼してくる人もいるという。

「旦那に離婚したい理由を聞いたら、性格の不一致だといわれたそうですが、絶対に女絡みですね。性格の不一致を装った浮気です。状況にもよりますが、普通に生活しているのに急に離婚したいとか別居したいというのは、異常じゃないですか。旦那のいうことを真に受けているのかもしれませんが、そういう人はそもそも依頼してきませんからね。依頼してくるのは、女の影を疑っているからですよ」

夫の女性問題が原因だと疑いつつも確信を持てない。確信できても、自分がどうしたいのかもわからない。そういう依頼者に対して、真鍋はきっぱりといい切る。子どもがいなくて浮気癖のある夫であれば、相手のことがどれほど好きであっても「離婚したほうがいい」と伝え、経済的に離婚が難しく夫の浮気が魔が差したものであれば、いっときの感情に流されず「ヨリを戻したほうがいい」と。ときには、依頼者と言い争いになることもあるそうだ。目の前にいるクールな真鍋の胸に、熱いものが内包されていることに驚いた。

結局のところ、関係を修復するのか離婚するのかの二択ではあるが、簡単に白黒つけられる問題でもない。やり直すにしても、互いの関係にヒビが入ったままだと長続きしないだろう。だからこそ、「関係の修復を望むのであれば、浮気した夫に優しくしてください」と、真鍋は口を酸っぱく説く。

「浮気した人だけが悪いと、相手を責め立てる人もいますが、原因の一端は依頼者にもあると思っています。だからはっきりといいます。『あなたにも原因があって、浮気になっている可能性も高いですよ』と。もともと夫婦関係がギクシャクしていて、女に走った場合もありますからね。なんでそこまでいわれなきゃいけないのって怒られることもありますが、こちらも真剣ですから。嫌なこともいわないといけないじゃないですか。奥さんから一方的に責められ続けたまま、平穏な結婚生活なんて送れないですから。やり直したいならば、旦那さんには優しくしないと」

自分に非があったとしても、妻に責められながら生活するのは苦痛でしかないだろう。

「ときには、こうしたほうがいい、ああしたほうがいいと決めてあげることもあります。最終的にどうするか決めるのは依頼者本人ではありますが、客観的な意見をいってほしい人もいますから」

夫のことが好きで好きでたまらないという女性の依頼者がいた。しかし、夫の浮気癖が直らない。

以前にも浮気が発覚したことがあったが、再び疑惑が浮上してきたのだ。夫に問い詰めても、「俺を信じられないのか?」と逆にいい返された。強く追求して嫌われたくないが、夫が他の女性と一緒にいるところを想像するだけで、気が狂いそうになる。浮気の証拠を取って、相手の女性に別れてほしいと迫りたいという。

「話を聞く限り、奥さんのところに戻ってきたとしても、絶対に浮気癖は直らないでしょう。そうすると、別れるか浮気を認めるかしかありません。認められないのであれば、別れるしかないですよね。世の中には愛人がいないと気が済まない男性もいるんですよ。どれだけ好きでも、別れたほうがいい。誰に相談しても同じアドバイスになると思いますよ」

依頼者は夫が自分のところに戻ってくることを熱望していた。離婚など微塵も考えていなかった。だが、真鍋は離婚を前提とした調査を提案した。依頼者がまだ若く、子どもがいなかったことも大きい。最初は言い合いになり、そのうち依頼者は涙ぐんだ。依頼者にとって、夫と別れるのは、浮気をされるよりも苦痛なのだろう。自分でも愚かだと理解していても、どうしようもないこともある。

離婚するかどうかは保留にして、夫の浮気調査を開始した。浮気の詳細が明らかになるにつれ、依頼者の気持ちも少しずつ冷めていった。なんと、浮気相手が三人もいたのである。

夫のことをまだ好きだといっていたが、離婚を決意した。二人で購入した都心の高級マンションは、依頼者のものになった。

真鍋は、依頼者から泣いて喜ばれたことも、法外な謝礼を渡されそうになったこともあるそうだ。それくらい人生に関わっているということだろう。入口は調査の依頼でしかなかったものが、最終的には人生の相談にまで発展してしまう。最初は怖そうに見えた真鍋の顔も、話を聞いているうちに、どんな相談にも乗ってくれる頼れる兄貴のような顔に見えてきた。頼りがいと安心感、そして温かさが同居しているのだ。

ただ調査後は、依頼者と距離を置いているという。

「一番弱っているときに相談を受けるので、何度もお礼の電話がかかってきたり、手紙が送られてきたりしますが、親密にならないようにしています。助けてもらった人と関係を持ちたい気持ちはわかりますが、キリがないですからね。こちらに依存されても困りますし、依頼者には新しい生活があります。ある程度のところで関係を断ち切ってあげないと、前に進めないじゃないですか。本当に大事なのは依頼者の今後の人生ですから」

冒頭の木曜日限定で浮気をしていた案件は、最終的にどうなったのだろうか。

「この依頼者は非常に冷静な方でした。浮気相手の女性に連絡して、二度と会わないという誓約書を取ったようです。その二日後には慰謝料二〇〇万円が振り込まれたそうです」

別日の調査で、浮気相手の女性（第二対象者・ニタイ）が既婚者であることが判明した。朝早くから自宅前で張り込み、自宅から出てきた夫らしき人物を尾行。夫が大手企業に勤めていることもわかった。ニタイの女性は、夫に発覚することを恐れたのだろう。

「何かあったら弁護士を紹介しますと伝えていたのですが、ご自身で解決されたようです」

二〇〇七年、探偵業法が施行された。警視庁のホームページによると、「探偵業法は、探偵業について必要な規制を定めることにより、その業務の適正を図り、もって個人の権利利益の保護に資することを目的としています」と書かれてある。要するに、人に迷惑をかけないように、そして適正に探偵業を行うための法律である。探偵を生業にするためには、探偵業届出書を公安委員会（実際には所轄の警察署）に提出しなければいけない。真鍋の事務所の壁にも掛けられていた「探偵業届出証明書」がないと、探偵業は行えないのだ。

法律ができた背景には、悪徳探偵社の存在もある。適当な調査をして報告するだけでなく、戸籍謄本を入手したり、銀行の預金残高を調べたり、部屋の合鍵を作成したりなど、違法行為を行うところも多かったのだ。強引に契約を結ぶこともあれば、多額の費用を請求し、払えないと借金を強要するような反社会的勢力と関係があるところもあった。今でも悪徳探偵社は皆無とはいえないが、減少したのは間違いない。違反した探偵社は営業停止という処分を課されるので、探偵業届出証明書は少なくとも正当な探偵社を見分ける基準にはなるだろう。

規制ができるまでは、依頼者が夫や浮気相手と交渉する際、真鍋も立ち会っていた。依頼者の代理人になることは、正確には弁護士法に違反するのだが、探偵業法ができるまでは処分が曖昧だったのだ。過去に何度も立ち会ってきた真鍋は、修羅場を避けるすべを心得ている。

その一つが、調査報告書を交渉相手に見せないこと。それは、第一対象者（イチタイ）に対しても同じだ。写真や証拠を突きつけてしまいそうになるが、提示しないことが重要なのである。

「証拠を取られた人の不安は、いつから見られていたのだろうか、ということなんですよ。わざわざそこを明かす必要はありません。証拠を見せてしまうと、『この日だけなんだ』とか『酔っ払って知らない子とホテルに行ったんだ』といった逃げ道を作ってしまいます。不倫というのは継続した関係ですから、一夜だけの過ちだと不貞行為にはならないのです。ですから、すべてを知っている態度で接しなければいけません」

そういった調査後のアドバイスも抜かりない。調査報告書は、最後の切り札、ある意味〝御守り〟みたいなものである。

探偵という響きは魅力的だが、これほど大変な職業もない。真鍋にとって、探偵という職業はいかなるものだろうか。

「業務は大変ですからね。朝早くから夜遅くまで時間も不規則ですし、一週間帰宅できないこともザラです。忍耐力がないと務まりません。恋人もできにくいし、結婚生活にも向いていない職業です。ただ、他の職業では味わえないような体験ができます。同じ調査は二度とないので毎回新鮮ですし、常に張り詰めた緊張感があるので、その辺にやりがいを感じている人も多いです」

荒ぶっていた一〇代、天狗になっていた二〇代、探偵として人の欲望を見続けてきた三〇代から四〇代を経て、五〇代に差しかかった現在の真鍋は、人の役に立ちたいという境地にいるようだ。

「探偵というのは社会に必要な仕事だと思うのです。だからこそ、法律で認められているんじゃないでしょうか。もし必要でなければ、規制されて徹底的につぶされるはずですから」

客観的なことしか口にしない真鍋だが、彼が発する言葉の奥には、「探偵は人を救う職業だ」という信念が隠されていた。一人ひとりの依頼者と真摯に向き合い、彼ら彼女らが立ち直るきっかけを模索する。複雑に絡み合った糸を丁寧にほぐすように、依頼者にとって最良の未来への道を見つけ出す。

あれほど反発していた父親とも、最近では距離が縮まってきているようだ。仲がいいとはいえないが、喧嘩をすることはなくなったという。真鍋は、少し照れた様子で「今では親に感謝していますよ」と小さな声でつぶやいた。


江戸川乱歩の小説に登場する名探偵・明智小五郎は、独特の視点と天才的な頭脳で、複雑怪奇な事件を飄々《ひょうひょう》と解決する。シャーロック・ホームズは、現場に足繁く通いながら、並外れた洞察力と推理力をもって冷静沈着に事件を解決する。

今ここに存在する真鍋心平は、温かく広い懐と厳しくも愛のある言葉、そして仕事に対するプライドで、迷える人たちの問題を解決する。

三人とも名探偵である。

世の中に名探偵がいる限り、社会の闇に光が差し込むはずだ。

最後に、真鍋に聞いてみた。

「なぜ、そこまで依頼者に寄り添えるんですか?」

「弱りきった人を助けるのは、人として普通のことじゃないですか?」

普通のことを普通にできること、それが名探偵の条件なのである。

# 第二章　ピエロの脱皮

探偵になって三カ月、男は調子に乗っていた。元々調子がよく、人を食ったようなところがある。都内の大学病院で張り込んでいると、対象者の女医が出てきた。三〇歳手前くらいのかわいらしい女だ。狭い渡り廊下で、人通りは少ない。目視での確認で十分なのだが、調子に乗っている探偵は「正面から撮れる」と勇み足を踏む。二メートルくらいの距離に近づいても「イケる、イケる」と根拠のない自信があった。

ところが、ビデオカメラのモニター越しに女と目が合ってしまう。相手はカメラに気付いたかもしれないが、そのまま通り過ぎていった。探偵は「見られたかもしれない」という思いもあったが、持ち前の楽観的な性格で「大丈夫、大丈夫。イケる、イケる」と再び自分にいい聞かせた。

行動を共にしていた社長には、無線で対象者に見られた可能性を伝えたが、警戒行動を取る様子がないことから尾行を続行。病院を出て夜の街に繰り出す女を追いかけた。

警戒行動とは、対象者が尾行を警戒しているときに起こす行動のこと。同じ場所をぐるぐる回ったり、同じ道を行ったり来たりしたり、何度も後ろを振り返ったりする行動は、「見られているかも」と対象者が警戒している信号である。電車の場合だと、ドアが閉まる直前にホームに降りたり、停車した駅で一旦ホームに降りて別の扉から同じ電車に乗ったりするのも警戒行動である。

午後八時、女は銀座四丁目の交差点で信号待ちをしていた。一〇メートルほど後ろにいた探偵は、人が多くなってきたため、対象者との距離を詰めていく。人混みの中だと近づいても気付かれることは、まずない。

ところが、近づこうと思った瞬間、女は振り返り、こちらに向かって歩いてくる。探偵は慌ててスマホを取り出し、メールを打つフリをする。顔を上げず、対象者の足だけを見ていた。女の足は探偵とすれ違い、後ろに去っていった。「道を間違えたのか、急に用事ができたのか」とほんの少し安堵しながら振り向くと、真後ろで女は探偵を睨みつけていた。

女は探偵の腕をつかみ、「撮ってるよね？　撮ってるよね？」と、怒りと恐怖に満ちた形相で問い詰めてくる。

探偵は「はぁ～？　撮ってるって何？　あんた、自意識過剰なの？」とごまかすが、女は恐ろしい眼つきのまま「じゃあ、警察に行きましょう。何でもないんでしょ、警察に行きましょうよ」と、さらに詰め寄ってくる。「警察を呼んでください、誰か警察を呼んでください！」と女が叫び出したところで、探偵になって三カ月の男は、頭が真っ白になった。

社長から無線で指示が出る。「腕を振り払って、とにかく逃げてください」と。探偵は強引に腕を振り払い、何も考えずに走り出した。女はピンヒールを履いていたので、逃げ切れる自信はあった。だが、夜の銀座は人でごった返しているため、全力疾走ができない。

女は「助けてください！　あの男を捕まえてください！」と大声で叫んでいる。必死で人混みをかき分けて走る探偵に誰もが注視し、近くにいた男たちも次々と追いかけ始めた。二〇分ほど逃げても、男たちは追ってくる。探偵は逃げ足に自信があったが、追いかけてくる連中も足が速く、簡単に振り切ることができない。カメラや変装用の服など、探偵道具が入ったリュックが、ここにきて重さを増したようで思うように走れない。

探偵の息が上がってきた。冷静に考えれば、駅に向かって電車に乗ったり、タクシーに乗り込めばよかったのだが、パニックに陥った頭では、走って逃げることしか考えられなかった。探偵は小さな路地に入り、小刻みに曲がって逃げ切ろうとする。目に付いたダンボールやポリバケツを騒がしく投げつけて、追っ手の走路を妨害する。ところが運悪く、探偵は袋小路に入ってしまった。

逃げ道はない。闘うしかない。探偵は喧嘩にも自信を持っていた。一〇代の頃は暴走族にも所属し、喧嘩には慣れていた。三人の男と向かい合った。どの男も屈強な体つきをしている。ここまで追いかけてきただけのことはある。それでも探偵は、最初に向かってきた男を一発で倒す。他の二人は一瞬怯み、どちらが先にいくか目配せし合っている。狭い路地なので二人同時に殴りかかることは難しいのだ。

探偵は先に動いて一人の男の腹を蹴り、その隙に袋小路から抜け出した。しかし、探偵の足はすでに限界を迎えていて、足が動いてくれない。心臓の鼓動は痛みを感じるほど激しく、呼吸困難に近い状態だった。

それでも小さな交差点を右に左に曲がって逃げた。追っ手の気配が遠ざかった頃、前にヒョロリとしたスーツ姿の男の背中が見えた。邪魔だと思いながら横を通り過ぎようとしたときだった。スーツ姿の男は探偵のほうを振り返り、胸ぐらをつかんで足を払った。探偵の身体はふわっと浮いて、地面に叩きつけられた。探偵は、追いついてきた連中に取り押さえられ、まるで神輿《みこし》のように担ぎ上げられた。男たちは、探偵の両手両足をしっかりと持って、「捕まえたぞ！　捕まえたぞ！」と勝どきを上げている。

探偵の耳には、パトカーのサイレンが聞こえてきた。誰かが警察に通報したのだろう。二台のパトカーが来て、探偵は警察官に引き渡された。盗撮犯と間違えられたのか、その場で持ち物をすべて調べられた。

自分が探偵であることを警察官に伝えた。カバンの中から出てきたビデオカメラや発信機、無線機などの機材を見れば、警察官には探偵だと察しがつくはずだが、名刺すら持っていないために証明することができず、現行犯で逮捕。探偵は留置場に入れられた。社長の姿はなく、助けを求めた無線は無言のままだった。


これはドラマや映画のワンシーンではない。探偵に起きた実話である。

探偵の名は田淵雄介《たぶちゆうすけ》、一九八八年生まれの三二歳（取材時、二〇二〇年）である。話を聞かせてもらったのは、池袋にあるカラオケボックスだった。

平日午前一一時の池袋駅北口は、まだ目覚めていない肉食動物のような雰囲気に包まれていた。のんびりとあくびをしているが、日が沈むと狩りの時間になる。慎重に獲物を見定めて、ゆっくりと近づき、射程距離に入ったところで一気に噛みつく。獲物は確実に仕留められ、骨の髄までしゃぶられる。

池袋駅北口の改札を出たあたりで編集者Kと待ち合わせし、地上に出る。みすず通りを西に向かい、西一番街中央通りを越える。取材場所として使う予定のカラオケ館で立ち止まる。中を見ると、待っている人もいないので、すんなり入ることができそうだ。

待ち合わせの時間まで、編集者Kと雑談をして時間をつぶす。私と編集者Kは、以前同じ出版社に勤めていた仲だ。部署は違ったが、一回りほど年上の編集者Kには、何度も遊んでもらった。会社帰りに麻雀をしたり、夜遅くまで飲みに連れていってもらったりした。当時勤めていた会社は倒産し、編集者Kは別の出版社に勤め、私はフリーで仕事をするようになった。別々になっても年に一度ほどは顔を合わせていたが、私が実家のある京都に戻ったことで、ここ数年は疎遠になっていた。共通の知人の葬儀で久しぶりに会うという典型的な中高年の関係だったが、今回一緒に仕事をすることで、二人の間に新しい関係が生まれようとしていた。そう、編集者Kと一緒に仕事をするのは、同じ出版社時代を含めて、初めてのことだった。

互いの近況を報告しつつ、昔の同僚がどうしているだのといった与太話をしているうちに、取材相手である田淵雄介が現れた。

五〇代の編集者K、四〇代の私、三〇代の田淵、世代の違う男三人で午前中からカラオケボックスに入る。店員は不思議に思っているのだろうが、疑念を顔に出さない。池袋という土地柄、複雑な客は日常的なのだろう。ドリンクとポテトフライなど、簡単につまめるものを注文する。取材の意図や聞きたいこと、今後の流れなどを説明していると、「お待たせしました！」といってドリンクを持った店員が入ってくる。誰も歌っていないし、誰もタッチパネルで曲を探してもいない。部屋も明るい。

そんな異様な光景でも、店員は不審な顔色一つ見せず、ドリンクをテーブルの上に置いていく。こちらのほうが居心地の悪さを感じたが、気にせずにミックスピザと唐揚げを追加で注文した。午前一一時二〇分を回っている。少し早いが昼食に向けて、腹の虫どもが騒ぎ出していた。

ウーロン茶を一口飲んでから、まずは田淵の経歴を聞いた。


田淵は、千葉県南部に位置する小さな町で生まれ育った。多くの土地を保有していた豪農の家系で、本家は地元の有力者だった。地元の議員が挨拶に訪れるほどで、小学校には田淵の名字が刻まれた記念樹が何本も植《う》わっている。

田淵の祖父は本家の五男で分家にあたるのだが、田淵の父親が分家のまとめ役だったこともあり、地元では発言力があった。職を転々としながら大工になった父親は、若い頃、放浪していた時期もあったそうだ。放浪について、父親はあまり話さなかったが、田淵曰く「たぶん、碌でもないことをしていたんだと思う」とのこと。日本中の方言を、そして少しだけ英語も話せるという。どういう放浪の旅をしてきたのか本人に聞きたいところだが、それは別の機会に期待したい。

田淵家は、信心深い家でもあった。父親は毎日、朝食前と夕食前に仏壇に線香をあげて拝んでいた。毎朝、起きたら神棚の水も替えて「おはようございます」といい、夜寝る前には「おやすみなさい」と神様に挨拶をしていた。父親の真似をしていた田淵少年も、信心深くなっていった。

「よく神様はいるのかって話になるけど、空の上には宇宙が広がっているわけで、どこにも神様はいないですよね。でも、俺は神様を信じているから、俺の中にはいる。『みんなの中にいるかどうかは知らないけど、俺の中にはいるよ』っていいますね」

田淵は子どもの頃から日本の歴史や文化に興味を持っていたが、中でも神話に心を惹かれた。

「古事記や日本書紀って、神様の話から人間の話にだんだんすり替わっていくんですよね。最終的には天照大御神《あまてらすおおみかみ》の子孫が天皇になるんですが、そういう話が好きだったんですよ」

田淵が小学生だった一九九〇年代半ばから後半にかけては、オカルトブームの時期でもあった。ノストラダムスの大予言で地球が滅亡するとされていた一九九九年の七の月が近づいてきたことも要因の一つだ。各テレビ局はノストラダムスの特番を組んだり、宇宙人やUMA《ユーマ》と呼ばれる未確認生物を扱った番組を数多く放送していた。超常現象を扱ったアメリカドラマ「X‐ファイル」も世界的な大ヒットを記録した。日本では、一九九五年に放映された映画『学校の怪談』がスマッシュヒットし、その後シリーズ化され、合計五作品が制作された。

近所に「おばけが出る」という噂のトンネルがあり、田淵は数人の友だちと一緒に入ったことがある。最初は面白半分だったが、すぐに逃げ出す羽目になる。ひんやりとした不気味な空気が田淵を飲み込み、凍りつくような寒気が背筋を走り抜けていった。田淵は悲鳴を上げて逃げ出した。一緒にいた友だちも後を追って逃げたのだが、イヤ〜な感覚に襲われたのは田淵だけだった。友だちはみな、田淵が大声を出したことに驚いたのだ。

こういった霊の類いは、人によって感度がまるで違う。何も感じない人もいれば、田淵のように霊感が強い人もいる。誰も信じなかったが、田淵はおばけの存在を確信したのだった。この一件以来、神話好きも相まって、オカルトにのめり込むようになった。

田淵はいつも、学校の同級生たちに「おばけがいた」「生首が浮かんでいた」「UFOを見た」といっていた。半分は本気で半分は冗談だった。実際、女性の首が浮かんでいることで有名な橋も近くにあった。本人には悪気が一切なく、友だちを楽しませたいと思っていたのだ。面白いことをいって、友だちから認められたいという子ども心だったのだろう。

「俺はどっちかというと、いじめられる側なんですよ。でも、バカだったんでしょうね。バカで変なやつがいると、みんな面白がってくれるんです。いつも騒ぎの中心にいたから、まわりにヤンチャなやつらが集まってくる。スポーツ万能のグループにも入れないし、勉強が得意なグループでもない。ヤンチャのグループしか、自分の居場所がなかったんでしょうね」

また、田淵は中国の文化も好きだった。ジャッキー・チェンのファンで、『酔拳2』は何度も繰り返し見た。カンフーにも憧れるようになり、近くにあった少林寺拳法の道場に通い始める。少林寺拳法は、戦後日本で創始された新興の武道で、中国の少林拳と日本に昔からあった古武術などが融合して生まれたものである。僧侶の武術として生まれた経緯を知るにつれ、寺にも興味を持ち始めた。

近くの寺に何度も出入りするうちに、小坊主のように寺の仕事を手伝うようになる。墓の掃除をしたり、読経《どきょう》したり、座禅を組んだりもした。本人にとっては、手伝いというよりも、修行という意味合いが強かった。

友だちからは「あいつ、頭がおかしいんじゃないか」ともいわれたが、「田淵はそういうやつだから」と認めてくれる者もいた。興味を持ち出すと何にでものめり込む性格だった田淵少年は、小学生時代を無邪気に過ごした。

中学生になると、ヤンチャな仲間たちと少しずつ悪いことに手を染め始める。中学二年生の頃には暴走族に憧れるようになり、ヤンキー街道を時速一〇〇キロで突っ走るようになった。仲間たちと夜な夜な爆音を鳴らしながら、実際は時速一〇キロで単車を走らせていた。単車もいかついデザインに改造して、派手な塗装を施した。地元のヤクザの下部組織、さらにその下の組織といった存在であり、度々警察の世話にもなった。

高校卒業後、田淵は暴走族を辞めて専門学校に通うことにした。単車を改造したり、塗装したりしているうちに、好奇心の塊である田淵は、デザインに興味を持ち、新宿にある美術の専門学校に入学したのである。

田淵は実家通いではあったが、初めて地元から離れた。

「小さな学校なんだけど、講師の人が活躍している人ばかりで、『すげぇな』って思いました。俺、こういうキャラクターなので、よく飲みに連れていってもらいましたね」

人懐っこい田淵は、絶妙の距離感で、こちらの懐に入ってくる。話を振らなくても、話題に欠くことはなく、いつの間にか話に引き込まれてしまう。サービス精神が旺盛なのか、人から認めてもらいたいのか、田淵なりの処世術なのか。それらに違いがあるのかも、私にはわからない。さまざまな理由や環境、性格が相まって、田淵という人物像が作られているのだろう。飲み会に田淵がいると、盛り上がるに違いない。講師たちに重宝がられることだけは、よくわかった。

専門学生時代の田淵は、まともにバイトもしていなかったため、常に金欠状態だった。定期が切れていることも多く、友だちと遊んだ帰り、電車賃がないことも度々あった。そういうときは、その辺に落ちているダンボールに、スケッチブックから切り取った紙を貼り、絵の具で「占」と書いて丸をする。美術の専門学生なので、スケッチブックや絵の具はいつも持ち歩いていた。「占」と書いたダンボールを立てて、路上で終電ギリギリまで悩める子羊を待ち構えるのだ。

「歩いている人を一時間ほど見ていると、いろんなことが見えてくるんですよ。ワイシャツの襟が黒くなっている人、何度も行ったり来たりしている人、おそらく会社で嫌なことがあった人……。

歩き方で疲れていそうな人、精神的に弱っている人ってわかるんですよね」

そういう人を見かけると、「すみません、最近お疲れですね」と声をかける。相手が「わかりますか?」と返してきたら、こっちのものだ。田淵は料金のことは何もいわず、「お話だけでもどうですか?」と、愚痴を聞いたり、雑談をしたりする。話を聞いてほしいという人も多いのか、占ってもいないのに、五〇〇円や一〇〇〇円を置いていく。中には、五〇〇〇円もくれる人がいた。田淵は「占い師といっても、詐欺ですよ、詐欺。占いなんてできませんから」と弁解していたが、このくらいであれば、かわいいものである。

そんな風変わりな田淵であっても、専門学校の講師たちの尖った感覚を目の当たりにして、デザインの世界の厳しさを実感していた。田淵は卒業後、千葉の地元に戻ってある工場に就職する。華やかなデザインの仕事ではなく、地道だが堅実な工場の仕事を選んだのだ。工場では掃除機のモーターを作り続ける日々が延々と続く。毎日、同じことの繰り返しで、退屈でどうにかなってしまいそうなほどだった。

退屈は新しい文化を生むという格言はないが、田淵は暇つぶしにアクセサリーのデザインを考えるようになった。父親が大工なので、家にはたくさんの木の切れ端があり、彫金《ちょうきん》や漆《うるし》を塗る道具なども揃っていた。父親の影響もあり、田淵は子どもの頃から立体のモノづくりを得意としていた。専門学校の卒業制作では、木を削って漆を塗り、簪《かんざし》を作った。自分でも納得できる作品に仕上げることができた。

「家には材料がいっぱい余っていたんで、遊び感覚で簪を作り始めたんですよ。それをオークションに出してみたら、売れたんですよね」

いくつも製作して、その収入で生活ができるほどになった。実家暮らしだったので、それほど収入が多くなくても生活ができたのだ。田淵は退屈だった工場を辞め、アクセサリー製作を本業にしようと考えた。美術の専門学校を卒業してから一年ほどが経った二三歳晩春のことだった。

父親は昔、整備士の仕事をしていた時期もあり、自宅の敷地内に整備工場があった。田淵が物心つく頃には廃業し、埃をかぶった状態だった。そこには車が三台ほど入るスペースがあり、一角に精密機器を扱うための六畳ほどの小部屋がある。田淵は、その小部屋を整理して、自分のアトリエに改装した。

自分のアトリエがあると、まるで秘密基地のような感覚で、自然と仲間が集う場所になってくる。中学や高校時代の仲間たちと夜通し酒を飲んだり、衝動的に海に行って、真夜中にもかかわらず花火をしたりして騒いだ。好きなこと、やりたいことをしている仲間がまわりには多く、学生時代のような楽しい時間を過ごしていた。

ある日、探偵になったという仲間の一人から「お前、こういうの好きだろ？　まだ募集しているんだけど、一緒にやらない？」と誘われた。アクセサリーの製作はすべて一人で行っていたため、時間は融通が利く。「余裕があるときだけなら」という軽い気持ちで探偵社の門を叩いた。

探偵という職業に興味を惹かれたというのもある。男の子なら誰もが持っている感覚かもしれないが、田淵は幼い頃から秘密警察みたいなものに憧れてもいた。探偵という言葉の響きには、それと同じ匂いが漂っていたのだ。

千葉市にある小さな探偵社に在籍し、それから二年ほどアクセサリー製作と探偵という二足の草鞋《わらじ》を履く生活を送った。しかし、二つの仕事を掛け持ちでこなすのは容易ではない。遊びだった探偵のほうが忙しくなり、本業だったアクセサリー製作に支障が出てきたのである。

デザインから製作、商品の発送まで、田淵はすべて一人でこなしていた。簪には、浴衣を着る夏、成人式といった売れるシーズンがある。その時期を過ぎると、ほとんど売れないため、田淵は指輪やブレスレットなどの製作にも手を広げていた。

「今から思えば、バイトでも雇えばよかったんですけど、誰かに任せることができなかったんですよね。自分の技術が一番だという自信もあったし、誰かに教える時間もなかった。自分で作らなきゃいけなかったので、結局、手が回らなくなってパンクしちゃった感じです」

結局、田淵は本業を畳み、探偵業一本に絞り込んだ。一緒に探偵の道に踏み出した友人は、早々に転職していた。その友人は結婚したばかりで、すでに子どもがいた。彼らが勤めたところは下請けの下請け（つまり孫請け）の探偵社で、家族三人を養えるほどの給料はもらえなかったのだ。

田淵は、探偵になって初めての仕事を懐かしく思い出した。何人もの探偵に会ったが、みな初仕事のことは覚えていた。「面白いエピソードはいっぱいあったんだけど、すぐに思い出せないんですよね。何かきっかけがあれば思い出すのですが……」とみないうのだが、初仕事は特別なのか、具体的に覚えている探偵が多かった。私は長くライター業をしているが、最初の原稿は確かに覚えている。初仕事とは、そういうものかもしれない。

田淵の初仕事は、群馬県の居酒屋で、浮気調査の張り込みだった。対象者の男が居酒屋から出てくるのを、探偵社の社長と二人で車の中で待っていた。社長は、当時三六歳で、「ロボットみたいな人」だった。インテリで、年下に対しても堅苦しい敬語で話すタイプである。小さい頃からじっとしているのが苦手だった田淵は、張り込みの長さに苦しんだ。

「三〇分くらいで出てくると思っていたら、初っ端から五時間ですからね。対象者が出てくるのをひたすら待つのがつらくてつらくて……。いつ出てくるかわからない緊張感でイライラするし、出てきたらどう動けばいいかもわからないし、苦痛だった記憶しかないですね」

社長は気を遣っていろいろな話をしてくれたそうだが、内容までは覚えていない。些細な世間話だったのか、探偵の仕事についての話だったのか、どちらにしても、田淵にとっては気が紛れることはなく、社長の声は耳を素通りしていった。

ようやく出てきた対象者は、その後、浮気相手に会うこともなく帰宅した。あれだけ我慢して待ったにもかかわらず、何の成果も得られなかった。田淵にとっての初仕事は、苦痛でしかなかった。

しかし、仕事をこなしていくにつれ、次第に探偵の面白さに目覚めていく。

「人の後ろをついていくだけで興奮するんですよ。おかしいのかもしれないですが……」

疑わしい人を尾行して、悪の行為を突き止める。それはまさに秘密警察みたいなものかもしれないが、正義感だけではなく、人の裏側を覗きたいという正直な欲求もあった。人がひた隠しにしていることを暴いたときの昂揚感は、何度味わっても病みつきになる中毒性を持っている。そこまでの道のりが長くつらいものであればあるほど、達成感も興奮度も高まっていくのだった。

人の行動に興味があった田淵は、対象者の行動も気になった。対象者の情報は、ある程度依頼者から知らされる。財布の中からラブホテルのポイントカードが出てきたという情報があれば、会社の位置、ホテルの位置、自宅の位置から考えて、どのようなルートで行動するかを推測し、調査の作戦を練る。想定したとおりに対象者が動くと、人を掌握できたかのような万能感を味わえるのだ。

田淵は、人の相関関係も面白いという。別の浮気調査で、ある男の対象者を追いかけていた。四日間調査しても、対象者に怪しい動きは何もなかった。五日目に尻尾を出したのだが、相手の女性が意外な人物だったのだ。

会社の前で張り込みをしていると、会社の人間関係が、おぼろげではあるが見えてくる。肩を寄せ合うようにして会社から出てくるカップルがいれば、「社内恋愛しているんだ」という程度には認識する。恋人か同僚かの違いは、女性の表情や二人の距離感を見ればわかるものだ。

調査五日目に対象者の男と一緒にホテルに入った女性が、その数日前に別の男と社内恋愛をしていると見受けられた女性だったのである。女性は未婚だったため、ダブル不倫ではないが、社内で互いに浮気をしていることになる。

「そういう人の裏を見るのって、面白いじゃないですか？」

会社から一緒に出てきた男のほうが本命で、おそらく社内では周知の関係なのだろう。浮気相手である男（対象者）も、当然ながら彼氏がいることを知っている。浮気相手と彼氏が同じ職場にいて、片方が何も知らずに、もう片方はすべて知っている。どういう会話が繰り広げられるのか、そのときの互いの心情を妄想したり、女性の胸の内に思いを巡らせたりするのは、確かに面白い。


田淵にうってつけの職業だったが、二五歳のときに一度、探偵を辞めている。

二四歳のとき、田淵は千葉の小さな探偵社から都内の大きな探偵社に転職した。そこは勤めていた探偵社の元請けだった。大手に行けば、また違った依頼があるのかと期待したが、給料が少しよくなっただけで、仕事内容はほとんど変わらなかった。多くの人に共通することだが、働き始めて三年ほど経つと、仕事についてすべてがわかった気になる。表面的なところしか見ていないのだが、業界を把握したと錯覚してしまうのだ。調子に乗りやすく飽きっぽい性格の田淵は、転職して一年で「もう探偵業はいいか」と思った。真面目に働くのがバカらしくなってきたのもあった。それは、まわりの仲間の影響も大きかった。

「ヤンチャだった昔の仲間は、見事に誰も更生しなかったんですよ。誰一人として、まともな道を歩いていませんでした。そのうち怖い人たちとツルむようになり、半グレみたいになって、金も回ってくるようになった。ずっと地元にいると、後輩が勝手に増えてくるわけです。顎《あご》で使えるやつらが何人もいるから、だらけてしまったんでしょうね」

田淵は、友人と二人で千葉県の地元に一軒家を借りた。そこを仲間内の拠点にして、いかがわしい仕事をするようになる。地元のヤクザの下っ端として、回ってきた仕事を引き受けたりもしていた。中には、怪しい仕事もあった。

ある商店街で、一五メートルだけ小包を運ぶという仕事。それだけで五万円もらえるというのだが、その一五メートルの間に何が起きるのか、想像するだけでも怖かった。仕事を引き受けるか、誰が運ぶのか、田淵の家で話し合いながら、仲間同士で賑やかに暮らしていた。

半グレではあっても仲間たちの地元愛は強く、金が貯まると地元でイベントを開催した。田淵らの世代は、ヒップポップが盛り上がった世代でもある。有名なラッパーを呼び、人が集まれば、地元に金が落ちる。商店街の肉屋のコロッケを屋台で販売したり、地元の小さな印刷屋でチラシやTシャツを作って物販もした。飲食店にも客が入るようになり、個々の店に金が行き渡れば、少しずつ町は活性化されていく。田淵たちは、裏では悪どいことで稼いでいたが、地元の将来についても真剣に考え始めていた。

「自分たちの町をどうにかしたい、ってみんな本気で思っていたんですよ。生まれ育った町が廃れていくのって、やっぱり寂しいじゃないですか。政治の話もするようになりましたし、議員さんは議員さんで頑張っている。俺たちにできることは何かって話になったとき、人を呼ぶことだったんです。人を呼べば、金も動きますからね。すると、金の匂いを嗅ぎつけてくる悪い輩《やから》が出てくるんですよ。すべてかっさらわれる前に、こっちも怖い人を用意しなければいけない……」

地元のヤクザと付き合っていた背景には、そういった持ちつ持たれつの関係もあった。世の中は綺麗ごとだけでは動かないのだ。

とはいうものの、田淵は「自分のことしか考えていない自己中でしたね。自分の快楽だけで生きていました」と振り返っているように、他の仲間よりも幼稚なところがあった。一緒に暮らしていた友人からも「お前のそういうところを直せ。仲間なくすぞ！」と何度も怒られた。ときには殴られたこともある。

田淵らがしていた仕事は犯罪に近いものばかりだったため、警察に目を付けられないようにしなければいけなかった。一人が捕まると、芋づる式に仲間が炙《あぶ》り出されてしまう。万引きや車上荒らしなどのつまらない犯罪はもってのほか。犯罪なのでしてはいけないことではあるが、田淵らにとっては、仲間に累《るい》が及ぶという意味合いも持っていた。

ところが、田淵はつい安い犯罪に手を出してしまう。しかも、平気で嘘をつく。見慣れない財布を持っている田淵に、仲間の一人が「それ、どうしたんだよ？」と聞くと、田淵は「落ちてたんだ」と答える。後になって、他の仲間の「俺の友だちが誰かにぶっ飛ばされて、財布取られたっていってんだけど」という話で、犯人が田淵だということがバレる。つまらない犯罪をしたこと、嘘をついてごまかしたことがバレて、仲間からの猛烈な反感を買うことになるのだった。

そういうことが度々あり、田淵を見限る仲間もいた。そんな中、一緒に暮らしていた友人だけは、「お前は仲間だから」と親身になって叱ってくれた。親友といえる唯一の存在だった。

だが、田淵はその親友さえも裏切ってしまう。親友の金を奪って逃げてしまったのだ。その額、六〇〇万円。金を持って、彼女のところに逃げ込んだのである。

それまで、田淵は悪いことをしている自覚はなかった。迷惑をかけているかもしれないが、楽しければいいと考えていた。怒られるから仕方なく弁解をして、嘘をつくのだった。今から振り返れば、それらの言い訳すべてが自己中心的な幼稚な考えだと理解できるが、当時は「なんで俺だけ文句をいわれなきゃいけないんだ」と思っていた。

そんな思いが募って逆ギレしたわけだが、親友の金を盗んで逃げる行為は、明らかにやりすぎだった。田淵と親友の間には決定的な亀裂ができた。最後まで信用しようとした友人にとって、田淵の裏切り行為は許せなかっただろう。いや、許せないというよりも、悲しかったのかもしれない。友人の心情は想像するしかできないが、少なくとも他の仲間の手前、田淵とは縁を切るしかなかったのは間違いないだろう。

親友と他の仲間たちは、田淵の彼女のアパートまで追ってきた。

夜中の午前〇時過ぎ、田淵がまどろみを彷徨《さまよ》っているとき、聞き慣れたバイクのエンジン音が近づいてきた。意識が半分しか起きていない田淵は、「懐かしい音が聞こえるなぁ」としか思っていなかった。爆音が近づくにつれ、田淵の意識も覚醒していく。「ヤバイ、ヤバイ！」と思っている間に、彼女のアパートの前で数台のバイクが止まる。田淵は布団を蹴り上げて、慌てて逃げる準備をする。荷物をまとめて、裏の窓から外に投げた。玄関の靴を持って、いつでも飛び降りられるようにベランダでスタンバイする。

昔の仲間たちは、部屋のドアをドンドンと叩いた。彼女は「どうする？」と聞くので、「いないってことにしてくれ」と手振りで伝える。彼女が扉を開けると、怒りで血気がはやっているであろう仲間たちが「いるでしょ？」と聞いてくる。仲間たちは彼女とも知り合いなのだ。「私も全然連絡が取れないんだけど……」と彼女は白を切る。「いや、絶対いるでしょ！」「いないってば」と、軽く揉めている。田淵は、そのやり取りを聞きながら、ベランダから外を覗いた。腕力が自慢の後輩を何人も連れてきているのが見えた。喧嘩では絶対に勝てない。向こうはバイクなので、飛び降りても逃げ切れる可能性は低い。四面楚歌の如く追い詰められていた。

しかし、仲間たちは「じゃ、帰るわ」と意外にも簡単に引き上げていった。そこにいることを確信していたのだろうが、押し入ってはこなかった。田淵は九死に一生を得た心地だったが、それは仲間からの警告だったのかもしれない。

田淵によると、彼らが怒っているのは金を持ち逃げしたことではないそうだ。仲間を裏切ったことも怒りの一つではあるが、それよりも田淵が持っている情報を危惧していた。その情報を警察に突き出せば、何十人もの仲間が捕まってしまう。

「六〇〇〇万ってのは大金ではあるんですけど、彼らにとっては一カ月もかからずに稼げる金額なんですよ。それよりも俺の持っている情報が危なかったんです」

仲間たちが彼女の家まで来たのは、「お前、その情報を警察に売るなよ」という脅しだったというのだ。痛めつけることも可能だったが、やりすぎると警察に逃げ込まれる。だから、顔だけ見せて簡単に引き上げていったのである。

その後も彼女の部屋に隠れていた田淵だったが、近くのコンビニやスーパーに出歩くこともある。すると、すかさずスマホにメッセージが送られてくる。「お前、○○にいただろ?」「赤色の服着ていたの、あれお前だろ?」と。田淵が変な動きを見せないか、見張っていたのである。

その後すぐ、彼らは拠点を変えた。誰か一人でも逮捕されたり抜けたりしたら、すべての拠点を移すというルールがあるからだ。もう彼らは田淵のことを見張ってもいなければ、追いかけてもこない。しかし、仲間を裏切った手前、田淵は地元に帰ることができない。親友だった友人に合わす顔もない。仲間を裏切って金を持ち逃げした事実は、その後の田淵の人生に大きな影響を与え続けることになる。

半年ほど彼女の家に隠れ、ヒモ状態の生活が続いていた。奪ってきた金も底をつきかけていた。今後のことを考えると、何かしら金を稼がなければいけない。

「何かしようにも、俺、何も持っていなかったんですよ。資格を持っているわけでもないし、学もない。いまだに足し算も引き算も怪しいですからね」

唯一自信のあったモノづくりをしようにも、実家がある地元には近づけないので、材料もなければ工具もない。「もう俺、マジメに働かなきゃマズイ」となったとき、選択肢は探偵しか残されていなかった。田淵は地元のある千葉県から距離を置きたい気持ちもあり、東京の探偵社に就職した。田淵は再び探偵の世界に戻ってきたのである。

三年ほどのブランクがあったため、ゼロからのスタートに近かった。以前の感覚を取り戻せず、思いどおりに頭が回らない苛立ちを抱えながらの再スタートだった。

探偵に復帰してから一年近くが経ち、以前の感覚を取り戻してきた頃、会社からリストラが宣告された。資金繰りが芳《かんば》しくなかったようで、人員削減を余儀なくされたのだ。大手の探偵社だったため、探偵たちは三つのグループに分けられていて、そのうち一つのグループが解散になった。探偵たちの能力に関係のない、無慈悲の解雇である。

私が最初に就職した会社も同じようなことがあった。情報誌を発行している会社だったのだが、「今後はウェブに力を入れていく」という経営方針により、編集部自体が解散になったのである。リストラではあっても、自分の責任ではないという思いから、精神的な苦痛はなかった。友だちに「クビになっちゃったよ」と笑い話にしていたくらいだ。ただ、次の仕事を見つけるのには苦労した。

田淵も同じ思いだったかはわからないが、話している姿から悲壮感はなかったように感じた。すぐに転職先が見つかったことも大きいのかもしれない。同じグループにいた探偵が見つけてきた探偵社に、田淵も転職したのだった。

現在も田淵は、その探偵社で働いている。

探偵の仕事で失敗したエピソードを聞いたところ、冒頭の女医に気付かれてしまって銀座の街を疾走したエピソードを話してくれた。対象者に気付かれることは、探偵の失敗としてはよくあることだが、街中で通行人を巻き込んでの大捕物《おおとりもの》が繰り広げられるのは珍しい。ベテランの探偵に話すと、「お前、それ伝説だよ」といわれるそうだ。

依頼内容は、三〇代前半の女性からの「夫が浮気をしている証拠を押さえてほしい」というものだった。対象者である夫は、大手広告代理店に勤務しており、上戸彩の夫である元ＥＸＩＬＥのＨＩＲＯに似たイケメンだ。依頼者は離婚を前提としており、すでに証拠をつかんでいた。夫のスマホからハメ撮り動画が出てきたからである。ハメ撮りとは、撮影しながらセックスをすること。その動画だけで十分な証拠になるのだが、相手の素性を把握したいという要望があったのだ。

そのハメ撮りに写っていた女性が例の女医なのだが、調査してみると、他にも浮気相手が何人も出てきた。気の迷いで浮気をしてしまったのではなく、常習的に浮気をしている男には、何人も女性がいることがある。それだけ魅力もあるのだろうが、モテるための努力も欠かさない。女性を口説くためには、評判のレストランを調べたり、服装や髪型に気を配ったり、肉体を鍛えて若さを保つ努力も必要だ。対象者も身体を鍛え、日サロに通っているようなワイルド系の男性だった。

銀座四丁目の交差点で腕をつかまれ、「撮っているよね?」と迫られたときの女医の目を田淵は忘れられない。怒りと憎しみ、憎悪、嫌悪、不安、悲壮といった感情が入り混じった眼は、一つの怨念として今でも田淵の脳にこびり着いている。

「何度も夢で見るんですよ。あの目でうなされて、目が覚めるんです」

留置所に入れられた田淵は、警察署内で「探偵が捕まった」と少し話題になった。事情聴取を受けていると、暇そうにしている警察官が何人も覗きに来た。マル暴(暴力団担当刑事)のようなパンチパーマで体格のいい警察官が、「探偵が捕まんなよ」と笑いながら田淵の聴取をしてくれた。

関係者として、女医も警察署に来ていた。田淵が警察官と一緒にトイレに行くとき、その女医を見かけたのだが、HIRO似の男性(第一対象者)も側にいた。予想どおり、その日は二人が接触する日だったのだ。おそらく彼女を迎えに来たのだろう。男性は、トイレに向かう田淵をずっと睨みつけていた。

逮捕された翌日、ようやく社長が迎えに来てくれた。途中で電話も無線も繋がらなくなった社長は、逃げていたわけではなく、それまでに撮影した映像データを隠したり、元請けの探偵社に事情を説明していたという。

警察署を出るとき、玄関まで見送りに出てくれた警察官と握手をした。彼も警察官に成り立てで、田淵と同じ歳だった。二人は「お互いに頑張ろう」と言葉を交わして別れた。誰とでもすぐに親しくなれる田淵ならではだが、警察官と逮捕者が意気投合するのは珍しいに違いない。他人の懐に入っていく田淵の人懐っこい性格は相当なものである。

新人だった頃とは違い、今の田淵は中堅といえる経験と技術を兼ね揃えた探偵である。彼の尾行テクニックを少しだけ教えてくれた。

「人の後を追いかけるって、いっちゃえば簡単なんですけど、突然振り返ったりとか、立ち止まったりとか、不測の事態があるものなんです」

対象者が振り返る理由にもいろいろある。単純に道を間違えることもあれば、忘れ物に気付くこともある。そういうとき、対象者と目が合ったり、こちらに一瞬でも不自然な動きがあると、気付かれる危険性が高まる。

探偵によっていろいろな方法があるそうだが、田淵は常に対象者の踵《かかと》を見るようにしている。踵を見ていると、振り向くときは片方の踵が急に振れるのだ。踵が急に振れた瞬間、スマホを操作するフリをする。すれ違うときも踵の動きを見るようにする。そうすれば、対象者と目が合うリスクを回避できるのだ。

田淵は独学で心理学をかじったことがあるそうで、探偵のテクニックにも心理学を応用している。人間は、歩いていて右のほうに行きたいと思っていると、ゆっくりではあるが足は右を向く。喫茶店で話をしていても、左側にいる団体の会話が気になれば、肩が少しだけ左のほうを向く。その場から帰りたいと思っていると、足のつま先が自然と出口のほうを向く。人間というのは、意識を向けたほうに身体が向くようにできているそうだ。

「身体の動きを見ると、この人、この話に興味なさそうだなとか、違うこと考えているなとか、わかるんですよね」

田淵は、その特技を活かして潜入調査を行うことが多い。対象者が小さな居酒屋やバーに入ると、田淵も店内に入り、他のお客さんを巻き込んで場を盛り上げる。自分が話の中心になり、対象者が寄ってくるのを待つのだ。対象者がこちらに興味を示すと、「お兄さん、すごくかっこいいっすね。女の人、何人もいるでしょ?」という感じで近づいていき、指の動き、肩の動き、足の動き、目の動きを注視しながら、家庭環境や仕事内容、プライベートな情報まで聞き出す。

「俺、話がうまいほうですし、元々口で稼いでいたようなものなので、そういう役回りが多いですね」

田淵はカバンの中からトランプを取り出して、いきなり手品を披露してくれた。場慣れしているようで、巧みな話術と器用な手さばきが見事だった。専門学生時代には、小銭を稼ぐために路上で手品もしていたそうだ。中学生の頃に趣味で手品にハマってから、本やユーチューブを見ながら練習した。心理学に興味を持ったのも手品がきっかけだった。

常にトランプを持ち歩いているのは、キャバクラで女の子の気を引くための小道具だと笑っていたが、いざというときには探偵アイテムにも変わるのだろう。

居酒屋やバーなどで、近くにいる人に手品を披露して、その場を掌握する。まわりの人たちが興味を持ち出したら、「一緒に見ますか？」と声をかけて、対象者の懐に入り込む。通常、探偵はその存在を対象者に知られてはいけない。気付かれないように身を潜めるのが鉄則である。探偵であることは秘密だが、田淵はあえて自分の存在を晒《さら》して対象者に近づいていく、珍しい探偵である。

「自分が目立ってしまうので、あまりいいやり方ではないんですが……、まぁ使えるときは使ってみようかなって感じです」


一人になると、田淵は仲間を裏切ってしまったことが脳裏に浮かぶという。「なんで、金を盗んだんだろう？」「なんで、裏切るようなことをしたんだろう？」「あのとき、どうすればよかったんだろう？」「あいつら、今何しているんだろう？」「そういえば、あの仕事うまくいったのかな？」といったことを延々と考えてしまう。

小学生時代の楽しい日々、中学生から高校生にかけてのヤンチャな思い出、悪事を働きながらも地元のために奔走した二〇代……。仲間を裏切ったことで、そのすべてをなくしてしまった。思い出話に花を咲かせる仲間もいない。唯一の親友も失ってしまった。濃密で輝いていた時間も色褪せてしまった。時間が経てば経つほど、自分の愚かな行為が悔やまれた。仲間がいるからこそ、安心して悪ふざけができたのだ。友人がいるからこそ、エンターテイナーになれたのだ。まわりに誰もいなければ、ただの孤独な羊でしかなかった。

田淵は孤独に耐えられなくなったとき、逃げるように騒がしい場所を求めて街に出る。居酒屋に一人で入って、初めて会った人と仲良くなって無駄に騒ぐ。駅前でストリートマジックを披露することもある。常に賑やかにしていないと、頭の奥底に重く沈殿した後悔の澱《おり》が滲み出て、田淵の心を蝕んでいく。

昔のことを何度も振り返っているうちに、「あぁ、俺って嘘つきだったんだ、ペテン師だったんだ」と思えるようになった。三二歳の今になって、ようやく自分を見詰め直すことができた。

子どもの頃から自分に都合のいいことばかりをいって生きてきた。友だちから注目されたいがために、「おばけが出た」といったり、実話であっても尾ひれを付けて話したり、習慣的に人を騙してきた。専門学生のときは、小銭ほしさに占い師の真似事もしたが、人を騙している感覚は希薄だった。仲間たちから怒られるのが嫌で、身を守るために小さな嘘をつくことも、歯を磨くのと同じくらい日常的だった。

嘘つきは、自分のことを「私は嘘つきです」とはいわない。以前の田淵も自分のことを嘘つきとは思っていなかった。ペテン師だという認識も持っていなかった。仲間から指摘されても、怒られている理由がわからなかった。二〇歳を超えても、精神年齢は小学生のままだった。「楽しければなんでもいいじゃん！」と思っていた。

仲間から金を奪って逃げたのも、悪ふざけの延長だった。逆ギレではあったが、誰もやらない馬鹿げたことをして、「あいつすげぇ！」と思われたかった。クラス中から注目されたかった小学生の頃から何も成長していなかったのだ。ただ、その悪ふざけの度がすぎた。まわりの仲間は小学生ではなく大人になっていたのだ。悪いことばかりする半グレ集団ではあったが、悪ふざけして無邪気に遊んでいた子どもではなくなっていた。

気付きがあれば、前に進める。失った時間と信頼は取り戻せないが、新しい自分になることは可能である。

まずは自分が嘘つきだと認めることから、田淵の新しい世界はスタートした。居酒屋やバーに行って、初めましての人と知り合いになると、自己紹介で「自分、ペテン師です」といえるようになった。バーのマスターが他の客と繋いでくれるときも、「こいつペテン師なんですよ」と紹介してくれるまでになった。先に自分からいってしまえば、相手は「どういうことですか？」と興味を持ってくれる。そこで手品を見せたりすることで、楽しい時間を過ごせるのだ。

根っからの嘘つきは、探偵の仕事を「嘘をついて人の嘘を暴く仕事」といい放つ。対象者は何かしらの嘘をついている。浮気をしている嘘もあれば、会社や婚約者、家族を騙している嘘もある。自分の身分を隠して近づいていく探偵も嘘つきであれば、対象者も嘘つきなのである。

田淵は、「自分にとって、今や嘘というのは武器ですね」と確信を持てるようになった。田淵にいわせると、嘘には善悪がなく、金と同じなのだ。金で銃を買うこともできれば、絵本を買うこともできる。嘘で人を殺すこともできれば、人を救うこともできる。金の使い道に善悪があるように、嘘の使い方にも善悪がある。

「嘘をつくことで人を笑顔にできるんだったら、それでいいかなって思ってます」

今の田淵には、大げさな話をしたり手品をしたりして、まわりの人が笑顔になってくれることが喜びになっている。自分も他人も幸せにできる嘘がある、ということだ。

過去のトラウマを乗り越えたように見えても、悔恨《かいこん》の根は彼の地中に何重にも張り巡らされたままだ。

「何をしていても、いまだに昔のことに繋がるんですよ。服を着た瞬間に『あぁ、あのときもこの服を着ていたなぁ』とか、ペットボトルのラベルを見て『昔、仲間に殴られた後に飲んだなぁ』って思うんですよね」

食べ物や飲み物、服、車やバイク、音や匂い、味、手触りといった生活のすべてが昔を思い出すトリガーになるというのだ。人前で手品をするのは、昔の仲間の前で手品を披露したことがないからだった。

「昔の仲間に結びつかないことをしていないと、自分がダメになっちゃうんですよ」

それほど昔の仲間との決別《けつべつ》は、田淵にとって大きな意味を持っていた。自分にとって大事なことは、いつだって失ってから気付くのである。トラウマを克服するには、まだ時間がかかりそうだ。

田淵はもう何年も実家に帰っていない。仲間を裏切って以来、地元に足を踏み入れたことはない。

父親にも母親にも会っていない。実の姉が二人いるが、連絡先すら知らないという。ただ、探偵の仕事で地方に行ったとき、田淵はその地域の特産品を実家に送るようにしている。生きていること、元気でいることの証を送っているのだ。

「北海道から送られてきたかと思ったら、一カ月後には福島から送られてくる。種子島から送ったこともあるんですけど、絶対『あいつ、何やってんだ?』ってなってると思いますよ。探偵をしているってのは、たぶん知っているとは思うんですけどね」

家族の反応を想像して楽しんでいる様子が、田淵の表情から見えた。根っからの嘘つきは、根っからのエンターテイナーでもある。相手の驚いた顔を見たいという欲求には、ときに羽目を外すことがあっても、相手に楽しんでもらいたい、喜んでもらいたいという純粋な気持ちが根底にあるのだろう。

「探偵になって、居場所ができました。居場所を失って出てきたわけですからね。なんというか、まっとうに笑っていられる場所があるってのは幸せです」

田淵は今も、自分を匿《かくま》ってくれた彼女と一緒に暮らしている。

# 第三章

# 探偵愛

「これが現場で使っているカメラなんですよ。ソニーのαシリーズなんですけど、暗いところでもかなり鮮明に撮れるんです。探偵アイテムで、時計型のカメラとか眼鏡型のカメラとかってあるじゃないですか。あれは全部パフォーマンスです。ドラマとか映画ではよく出てきますが、実際は使わないですね。そうそう、たまに他の探偵社さんがテレビとかで『こんなカメラを使ってます』なんてやってますが、あれも嘘です。画質も悪いし、すぐに壊れるんで、実用的ではありません」

会って早々、カメラについて熱く語り出したのは、三六歳の探偵、中嶋正則《なかじままさのり》である。中嶋は、背が高く肉付きのいい男性で、度が強そうな黒縁眼鏡をかけている。すぐに汗が吹き出るのか、常にタオルで顔を拭いていた。顔の汗を拭く度に眼鏡が持ち上がるのも印象的だった。現在勤めている探偵社では新人を教育する立場で、社内の調査マニュアルの作成にも携わっている。まさに脂が乗っている探偵である。

取材日は休日だったようで、Tシャツに迷彩柄のカーゴパンツというラフな服装。取材のために、いくつかカメラを持参してくれていた。

「これもカメラなんですよ」と取り出したのは、スマホ型のカメラだ。「六万円くらいするんですけど、実用的なんですよ。ほら、スマホで撮影しようとしたら、こう撮らなきゃダメじゃないですか」

中嶋はそういって、スマホを顔の前にかざした。写真を撮るときは、カメラをまっすぐ立てるため、まわりにいる人からは撮影していることが一目瞭然だ。

「でも、このカメラはこうやって撮れるんですよ」と、中嶋はスマホを斜めにして撮影の実演をする。レンズがスマホ上部にあることで、普通にスマホをいじっている角度で撮影ができる。まわりから怪しまれることもないだろう。撮影したばかりの動画を見せてもらうと、私の顔が鮮明に写っていた。技術の進歩にいつもながら驚いてしまう。

「このカメラ、かなり売れているらしいですよ。たぶん盗撮犯とかが使うんでしょうけど。ほら、階段とかエスカレーターとかで」

こういった特殊なカメラは、東京の秋葉原や大阪の日本橋といった電気街で購入できるそうだ。専門店には「誰が買うんだろう?」といったマニアックなカメラも売られているという。

新宿三丁目にあるしゃれたカフェで取材を行ったのだが、中嶋の声は少し大きく、周囲の女性客らがチラチラこちらを見ていた。時間は平日の午後一時。探偵の中嶋と編集者K、そして私の中年男三人組は、おしゃれなカフェにあまりにも似つかわしくない。しかも、三人とも背が高い。図体も大きければ、声も大きいおっさん三人組。テーブルの上に特殊なカメラを並べて、大きな声で熱く語り、〝盗撮、盗聴、不貞〟といった言葉が飛び交うものだから、こちらは冷や冷やものである。

編集者Kも写真を趣味にしている。編集者という特権を悪用して、担当する書籍のカバーを自分で撮影することもある。公私混同も甚だしい。その編集者Kが最初に見せてもらったソニーのαシリーズに興味津々だった。「やっぱりソニーがいいんですか?」と食いついていく。楽しそうに。

「ソニーのは、ISO感度をすごく上げられるんですよ。そんなの出すなって感じなんですけど、二年か三年ごとに新しいのが出るので、どうしても買ってしまうんですよね」

ＩＳＯ（イソ）感度とは、レンズから入ってきた光を増幅する度合いだ。簡単にいえば、ＩＳＯ感度を上げると、暗いところでも撮影することができる。中嶋が持っていたカメラでは、ＩＳＯ感度を５１２００まで上げられる。ほんの二〇年ほど前のフィルムカメラの時代では、ＩＳＯ感度は１００~８００くらいが普通で、高感度フィルムといわれているものでも３２００くらいまでだった。しかも、そこまで高感度のフィルムはモノクロしかなかった。今は桁が違うのである。

探偵の仕事は、昼間よりも夜間が多い。特に浮気調査だと、不貞行為が行われるのは、日が沈んでからだ。街の灯りが降り注ぐラブホテル街ならまだいいが、暗がりの公園で唇と唇が重なることがあっても、普通のカメラでは太刀打ちできない。でも、ソニーのカメラのように高感度撮影ができると、肉眼では暗闇に近いところでも証拠映像が撮れる。赤外線カメラに頼る必要がないのだ。

探偵に最低限必要な機材は会社から支給されるが、中嶋が持っているような特殊な機材は、会社は購入してくれない。要するに、自腹なのである。

「会社は買ってくれないですね。そこまでする必要がないってことだと思います。暗くて撮影できなかったら、『暗くて撮影できませんでした』と報告書に書けばいいわけですから。そのときは証拠を逃しても、別の機会で押さえればいいわけです。でも、新しいのが出ると、ついつい買ってしまうんですよね。給料のほとんどをカメラに使ってしまいます」

中嶋は、カメラなどの機材に何百万円もつぎ込んできた。現在、主役として活躍しているソニーのカメラは四〇万円近くする。独身で一人暮らしの部屋には、二五台ほどのカメラがある。処分してしまった古いカメラもあるそうなので、実際に購入したカメラの数はもっと多い。

一九八四年に神奈川県で生まれた中嶋は、小学生の頃からミリタリーマニアだった。銃や戦車、戦闘機が大好きで、ミリタリー系プラモデルに夢中になった。近くの森で、友だちとエアガンで打ち合って遊んでもいた。高校生になると、連射で打てる電動ガンを携えて、本格的なサバイバルゲームにハマった。サバイバルゲームとは、エアガンを使って行う大人の戦争ごっこ。フィールドと呼ばれるエリアで敵と味方に分かれ、エアガンで敵を倒しながら敵のフラッグ（旗）を取り合う。いわば、陣取りゲームであり、運動会の棒倒しみたいなものだ。

「銃のパワーをみんな同じにして、相手の旗を取るか全滅させたら勝ちなんですよ。BB弾が当たったら死亡です。『当たりました！』というのは自己申告です」

将来は自衛官になりたかった。ところが、中学生になった頃から視力が低下したため、自衛官になる夢は諦めた。現在の防衛省の募集要項を見ると、「両側の裸眼視力が〇・六以上又は矯正視力が〇・八以上であるもの」と書かれている。眼鏡かコンタクトを使用して〇・八以上というのは、それほど厳しくないように思ったが、二〇年ほど前は「両側とも裸眼視力が〇・六以上」が条件だったようだ。近視だった中嶋は、両側ともに裸眼で〇・一以下だった。

高校二年生の頃、自衛官への未練がありつつも、卒業後の仕事について悩んでいた。中嶋は大学に行くつもりがなかったからだ。

「大学って、入るまでは勉強するけど、その後は遊ぶだけってイメージだったので。卒業するまでに四〇〇万も五〇〇万もかかるじゃないですか。貧しかったというわけではないんですけど、それほどの価値があるのかなって。早く社会に出て働きたいと思っていたので、私の中では大学に行くという選択肢はなかったですね」

自衛官を諦めた中嶋青年は、家の近所にある書店にふらりと立ち寄った。そこで、たまたま見つけたのが、『プロが明かす探偵&調査完全マニュアル』（日本文芸社）という本だった。それまでは探偵に興味など持っていなかった。探偵小説を読み耽ることもなく、探偵ドラマに憧れることもなく、「探偵といえば、名探偵コナンくらいしか思い浮かばなかった」という。それなのに、なぜかこの本を手に取り、ページをめくっていた。心が動く職業を探していたからでもあるが、数多ある本の中からこの本を選んだのは、潜在的に〝探偵〟という言葉に惹かれたのか、自衛官と通じる何かを感じ取ったのかもしれない。銃を構えることはなくても、カメラを構えて対象者を追う姿は似ていないこともない。

中嶋が手にした本は日本探偵協会によるマニュアル本で、具体的な探偵のテクニックが図を交えながら詳しく解説されている。「尾行は調査対象者と一五メートル離れるのが基本だ」「喫茶店で張り込むときは、コップのグラスで対象者を監視する」「エレベーターに同乗するときは、階数などのボタンを押す役になって顔を見られないようにする」「聞き込みは、調査対象者から遠い場所で始めて、徐々に近づきながら行う」「変装は帽子と眼鏡、上着の三点セットがあればいい」など、そこまで明かしてもいいのかと思うほど、具体的で実践的なテクニックが紹介されている。

中嶋青年は、探偵のテクニックに魅了された。本の中で紹介されている探偵の小道具にも胸が踊った。読めば読むほど、探偵という職業に憧れていった。

「別に面白くないんですよ。面白さを求めるなら、他の本のほうがいいかもしれません。そんなことしないだろと突っ込みたくなる本もたくさんあります。でも私は、リアルなところに惹かれたのだと思います。探偵のテクニックに興味を持ったんでしょうね」

高校二年生の秋、中嶋は探偵になることを決意した。

その本の中には、ゴミから情報収集を行うことも書かれていた。張り込みをしているとき、対象者がゴミを出したら、それを拾ってきて、名前や住所などを特定する。レシートやカードローンの明細書があれば、その人の生活スタイルを知ることができる。そういう調査方法を「ガーボロジー」と呼ぶ。対象者の浮気相手の情報を得たいときなどに行う情報収集活動だ。

「名前を知りたいとき、集合ポストから郵便物を抜くこともあります。名前を確認したらすぐに戻しますが、法律的には完全にアウトで、抜いた瞬間に窃盗罪になってしまいます。対象者がゴミを出したら、そのまま持ってきてブルーシートの上で広げたこともありますよ。滅多にないですけど」

車を所有している対象者の中には、郵便物や書類、名刺などをダッシュボードや助手席の上に無造作に置いている人もいる。そういう場合、カメラで撮影して名前や住所、職業、勤務先などの情報を得ることができる。

「どうしても名前を知りたいときってあるんですよ。定期券をリュックにぶら下げていた対象者がいて、それをカメラで撮影してフルネームがわかったケースもありました。カタカナだけですが。あとは、区役所で名前を記入しているところを覗き見したり、病院で名前を呼ばれるのを聞いたりしたこともありますね」

浮気相手に対して慰謝料請求を行う際、相手の名前と住所が必須である。加えて、相手の勤務先がわかれば、慰謝料の請求額を算出するのに役立つ。大手企業に勤めていれば、それだけ高額の慰謝料を請求できるし、働いていなければ、慰謝料の請求が難しくなる。払えない人に「払え」といっても意味がないのだ。また、浮気相手の家族構成も重要だ。結婚していれば、配偶者にバレたくないという心理が働くため、交渉もスムーズに進むことが多い。

対象者が結婚していることを浮気相手が知っているかによっても、慰謝料が変わってくる。もしマッチングアプリなどで独身だと嘘をついて知り合った場合、浮気相手にはそれほど過失がないため、多額の慰謝料を請求することは難しいだろう。

だからこそ、対象者が独身か既婚なのかを浮気相手が知っているのか、そこが浮気調査の重要なポイントになるのだ。二人で会っているときに結婚指輪をしているかを確認したり、奥さんや子どもの話をしていないか会話を盗み聞きしたりするのも、そのためだ。

会っている時間帯も重要だ。「会うのがいつも平日で、終電までには必ず帰る」となれば、相手は「結婚しているのでは」と疑うのが普通だ。不自然な関係が継続されていること自体が、既婚であることを知っていた証拠にもなる。ただ、その証拠を集めるためには、調査期間が何日も必要になってくる。その分、調査費用も嵩《かさ》むため、依頼者のためにも短期間で証拠を取りたいところである。

高校を卒業した中嶋は、すぐに神奈川県にある大手探偵社に電話した。ところが、二〇歳未満は探偵として雇えないと断られた。探偵の仕事には法律上、グレーな部分が出てくる場合もある。未成年にグレーな行為をさせるわけにはいかない。成人であっても駄目であるが、心が成熟していない未成年には悪影響があるのは間違いない。

しかし、探偵社が未成年を雇わないのは、そういった理由ではない。未成年にはさまざまな制限があり、単純に面倒だというのが理由である。未成年が警察に職質や連行された場合、保護者である親に連絡がいく。探偵社としては、従業員の親が出てくると面倒である。「うちの息子にこんなことをさせるなんて!」と怒鳴り込まれることもあるだろう。モンスター級の親に訴えられる可能性もゼロではない。厄介なことは避けたいので、どこの探偵社も未成年を雇わないことにしている。そんなことまでは、マニュアル本に書かれていなかった。

探偵になるアテが外れた中嶋は、二〇歳まで待つことにした。二年我慢してでも、探偵になりたかった。そのくらい探偵という職業に惹かれていたのである。二〇歳になるまでの間、中嶋はアルバイトに励むことにした。

最初に応募したのは、警備員のアルバイトだった。理由は明白で、自衛官、警察官、探偵と似た匂いがしたからだ。しかし、思っていたほど面白くなかった。東京都内にある流通センターでの警備を担当したのだが、従業員の万引き防止のために手荷物検査をしたり、不審者がいないか火事になりそうなところはないかなど、施設内の見回りをする仕事だった。毎日が同じことの繰り返しで、事件も事故も起こらない。そのほうがいいのだが、中嶋の心には〝退屈〟という文字が日々、増殖されていく。結局、警備員のアルバイトは二カ月で辞めてしまう。

次に見つけた仕事は、営業アシスタントのアルバイトだった。水槽などに入れる浄化槽用エアーポンプを販売している会社で、国内シェアトップの会社だった。アルバイトではあったが、全国のホームセンターに出向いて、自社商品のレイアウトをしたり、新商品が出たら展示してもらうよう交渉したりする仕事を任された。

それほど熱意を持って始めた仕事ではなかったが、全国各地を飛び回っているうちに、いろいろな人と会えることに面白みを感じるようになった。知らない土地、行ったことがない地域、観光では行かないような街に出向くのは、仕事とはいえ、心が踊った。好奇心旺盛な一八歳の青年にとって、目の前の世界が一気に広がっていくことは魅力的だった。

その仕事は面白かったが、二〇歳になったとき、ためらうことなく辞めた。探偵になりたい気持ちは、二年経っても変わらなかったのだ。営業の仕事は面白かったし、正社員になれるのであれば、そのまま働いてもいいかなと頭をよぎったこともあった。しかし、探偵への思いは、増すことはあっても枯れることはなかった。

中嶋は、一八歳のときに断られた大手探偵社にもう一度電話してみた。履歴書を持って面接に行くと、その日のうちに採用が決まった。「一八歳のときに電話して、探偵になるために二年待ちました」と聞かされたら、雇わないわけにはいかないだろう。やる気と継続が難しい探偵の世界である。一般的な会社でも三年で辞める人が多いといわれているが、探偵社では三年も続くのは珍しいほうで、一カ月ももたずに辞めていく人も少なくない。二年間も待ち続けた中嶋のような存在は、それだけで採用したくなる。

二年間の留年期間を経て、中嶋は念願の探偵になった。プロ野球のドラフトでも、意中ではない球団からの指名を断って留年するケースがある。最近では少なくなったが、社会人チームにも属さず自主トレで身体を鍛え、一年後のドラフトを待つ選手もいる。中嶋もアルバイトだけで二年間過ごしていたわけではない。探偵に関する書籍を読んだり、ウェブサイトで探偵の情報を得たりして、自主トレに励んでいた。

最初の調査は、先輩の後ろをついていくだけだった。予備知識はあったが、探偵の仕事を初めて生で体験した。期待度が大きかっただけに感慨深いものがあったと想像されたが、中嶋は初仕事のことをあまり覚えていないという。

「あまり記憶がないんです。今から思えば、その日は張り込んでいただけで、何も起こらなかったのかもしれないですね」

探偵の仕事を始めてみると、多くの探偵は張り込みのつらさに音を上げる。張り込み八割といわれるように、待ち時間ではあるが、気を抜けない時間があまりにも長いからだ。対象者が出てくるまで何時間もただ待つことは、素人でも苦痛だと想像できる。

しかし、中嶋には張り込みのつらさは想定内だった。探偵に関するどの本にも、張り込みの地味さと大変さが触れられていた。張り込みは、中嶋にはむしろ面白いとすら感じたそうだ。自主トレの効果が発揮されたのだろう。

「それこそ二四時間動きがないこともあります。そういう意味で張り込みは地味ですが、最初は面白かったですね。今は一五年以上やっているので、面白いとは思わないですけど。張り込みって、どこかを見ているだけで、何かしているわけではないですから、ラクといえばラクなんですよ。ただ、時間が長いだけで」

中嶋に張り込みで印象に残っているエピソードを聞いたところ、最近あった案件を話してくれた。

依頼者は三〇代女性。夫の浮気調査の依頼だった。中嶋は依頼者の自宅アパート（対象者のアパートでもある）の前で張り込みをしていた。場所は、神奈川県の相模原市。コーポタイプのアパートの一階に、依頼者（妻）と対象者（夫）が住んでいた。

午後九時頃、夫は買い物を装ったのか、車で出ていった。一緒にいた中嶋の同僚が対象者を尾行し、中嶋はアパート前で待機。一〇分後、今度は二階の部屋から女性が出てきて、車で出かけていく。中嶋はこの女性の尾行を開始。すると、大きな公園の駐車場で二人の車は並んで停車した。女性が自分の車から出て、対象者の車に乗り込んだ。

二人はそのまま車内で不貞行為を行い、またそれぞれ自分の車に乗って、何事もなかったようにアパートに帰っていった。妻である依頼者から、「二階の奥さんとできているようだ」という情報があり、その証拠を押さえることができたのである。

「同じアパートやマンションって、意外と多いんですよ。一軒家の隣同士でデキてしまい、それをお互いの家族はみんな知っていて、『で、どうしましょうか？』という案件もありましたね」

地方では、車を一人一台持っている夫婦も多く、また総合公園の駐車場や河川敷など、気軽に車を止められる場所も多い。街灯がほとんどない場所だとなお都合がいい。合流してホテルに行くパターンもあるが、車内でというのも多いそうだ。意外なところだと、ショッピングモールなどの大きな商業施設の駐車場も定番だという。

「大きな駐車場で、満車でもないのに、隅のほうに二台止まっていると、『ああ、そういうことね』と思いますね。明らかにおかしいじゃないですか。普通は店の入口近くに駐車しますから」

普通のカメラだと、暗い中での不貞行為を撮影することはできない。そこで役立つのが、冒頭で中嶋が熱く語っていたＩＳＯ感度を高くできるカメラである。中嶋が持っているようなカメラであれば、車のナンバーまでくっきり撮影できる。

ただ、車内での行為は撮影が難しい。後部座席はスモークガラスで、フロントガラスは目隠しされていることが多い。ＩＳＯ感度を高くしても、撮影できるのは車の乗り降りだけだ。

特殊なカメラを持っていなくても、車のハイビームで照らして強引に撮影する方法もあるそうだが、リスクも高くなる。調査の状況にもよるが、危険を冒してまで撮影する必要はない。

「その日は車の中だったとしても、別の日にはホテルに行きますし、次のチャンスを狙うほうが無難ですね」

人が人を追う以上、尾行が発覚することもある。探偵歴が長い中嶋には、対象者に気付かれて話しかけられたことが何度もある。対象者と修羅場になったり、怖い思いをしたことはあるのだろうか。

「いや、話しかけてくる人は、意外と冷静なんですよ。相手も怖いんじゃないですかね。探偵だと薄々わかっているでしょうし、ケンカ腰になってもしょうがないと思っているのでしょう。そういえば、『お前探偵だろ？』『いいえ、違います』という押し問答をしたこともありましたね」

車で移動している男性対象者を中嶋は尾行していた。埼玉県の田舎道だったこともあり、中嶋は嫌な予感がしていた。すると、対象者の車は妙な動きを始めた。ハザードランプを点灯させて路肩に駐車したり、急に発進したりを繰り返すのだ。中嶋は一旦対象者から離れることにした。対象者の車には、事前に妻である依頼者の了承を得てGPSが取り付けてあったのだ。無理して接近する必要がない。

GPSで確認しながら距離を取って追っていると、対象者の車が動かなくなった。再び近づいていくと、対象者の車はサッカーグラウンドの駐車場で止まっていた。中嶋は少し離れたところに自分の車を止め、確認するために徒歩で対象者の車に近づいた。五メートルほどの距離まで近づいたとき、対象者が車から降りて、中嶋に話しかけてきたのだ。

「お前、ずっとつけてきただろ？」

「え？　何いってるんですか？」

「〇〇あたりからつけてきてただろ？」

「わかんないですよ。つけるってなんですか？」

といったやり取りが三〇分も続いた。話が噛み合わないことに苛立った対象者は、最終的に諦めて去っていった。白を切り通した中嶋の勝ちだった。

危険を感じたとき、中嶋は「警察を呼ぶよ」と脅すことにしている。威嚇だけではなく、本当に一一〇番することもある。

「こっちはやましいことはしていないし、正当業務行為をしているので、警察を呼んでも問題ないというか、逆にありがたいこともあるんです」

駆けつけた警察官は、互いから別々に事情を聞く。警察官に「実は探偵で、相手には内緒にしてください」と頼めば、対象者に正体を明かすことなく済ませることも可能なのだ。トラブルになるようだったら、警察官に介入してもらったほうが面倒は少ない。

「ただ正体がバレると、やっぱりバツが悪いですね。依頼者が奥さんだとわかるので、夫婦の関係がより険悪になりますし、『お前、俺が稼いだ金で何やってんだ！』となったりもしますから」

対象者にバレると警戒心も強まるので、今後の調査で証拠を押さえるのが難しくなると思ったが、そうでもないらしい。三〇分も押し問答を繰り広げた先ほどの対象者は、その後浮気相手と合流してホテルに入っていったそうだ。男というのは、発覚しようがどうしようが、結局は欲望に負けてしまう悲しい生き物なのである。

探偵になって半年が経った頃、中嶋は特殊な機材を扱う機材班に配属された。「お前、こういうの好きだろ？」と誘われたのだ。

機材班という部署は現在勤めている探偵社にはないが、一五年ほど前は重要な部署だった。当時はデジタル画像やデジタル動画の証拠には、まだ懐疑的な時代だった。デジタルデータだと、偽造や改ざんができるため、証拠として疑いが残るといわれていたのだ。今は、相手側がデータ改ざんの根拠を示さない限り、その証拠能力は認められている。改ざんされたと主張する相手側に立証責任が生じるのである。

一五年ほど前は、裁判所で証拠として採用されるのはアナログのフィルムだけだった。写真のネガフィルム、ビデオの8ミリフィルムであれば、改ざんのしようがないので、揺るぎない証拠となる。その探偵社では、CCDカメラで撮影したデジタルデータを直接VHS（カセットテープ）に録画できる機材を持っていた。大手探偵社とはいえ、社内には四台ほどしかなかったため、他の探偵から連絡を受けた機材班が、不貞が行われている現場（ラブホテルの前など）に駆けつけて、車の中から撮影を行っていた。防犯カメラと同じようなCCDカメラを車のダッシュボードに置き、モニターやデッキといった機材は後部座席に積んでいた。

また中嶋は、盗聴器の発見調査も専門にしていた。盗聴器は発信機から受信機に電波を飛ばすもの。室内などに仕掛けられた発信機が拾った音を特定の周波数の電波に変換し、同じ周波数にセットされた受信機で録音。仕組みはラジオと同じである。調査する側の受信機も、周波数を合わせる（スキャンする）ことで、盗聴器が仕掛けられているかを調べることができる。

盗聴器に興味を持ったのは、高校生の頃だった。受信機を購入した中嶋青年は、盗聴器を探すために、受信機を片手に自転車で街中を走り回った。

「神奈川県の平和な街だったので、タクシーや飛行機の無線を拾うくらいでしたね。残念といったらおかしいですが、盗聴電波はなかったです」

盗聴器の発見調査は、探偵に依頼されることが多いが、探偵業法の届け出が必要ない行為であるため、本来は誰でもできる。現在は、低価格で盗聴器発見機を購入できるが、それでも探偵社に「盗聴器が仕掛けられているかもしれない」という調査依頼がくる。ところが、その依頼のほとんどが依頼者の被害妄想だという。

依頼者が外出して帰ったら、家の中のものが移動していた（と本人は思った）。またあるときは、ダイニングテーブルに置いてあったものがなくなっていた（と本人は思った）。依頼者は、「盗聴器が仕掛けられていて、自分が外出したのを見計らって、誰かが家の中に侵入しているに違いない」と本気で思っているのだ。

中にはパラノイアではないか、と疑われる依頼もあった。パラノイア（偏執病）とは、不安や恐怖といった感情が強くなりすぎて、常に他人が自分の悪口をいったり批判をしているなど、異常な妄想を抱く精神疾患である。

依頼者が街中を歩いていると、女子高生が会話をしているのだが、彼女たちは依頼者の悪口をいっている（と本人は思っている）。「家に盗聴器があって、それを女子高生たちが聞いていて、私の悪口をいっているのよ。だから、盗聴器を探してほしい」という依頼である。本人は真剣に疑っているのだが、当然ながら家の中を探しても盗聴器は見つからない。

「調査自体は三〇分くらいで終わるのですが、後はカウンセリングみたいになってしまいますね。実際の盗聴器と受信機を見せて、盗聴器が仕掛けられていれば、この受信機が反応しますよ、みたいにデモンストレーション的なことをして説得します。論理的に客観的に盗聴器が仕掛けられていないことを証明するしかないですよね」

安心を求めて依頼してくる人も多い。「たぶんないと思うのだけど、もしかしたら……」という疑いが払拭できずに依頼してくるのだ。プロの探偵が調査して出てこないのであれば、一〇〇パーセントではないけれど、安心が得られる。中嶋も「盗聴器はありません！」とキッパリ断言するようにしている。

「それでも納得しない人はいますね。あなたが来るのがバレて、電源を切られているだけだっていい張る人もいます」

他にも、スパイ衛星に見られているという人や、壁に画鋲を刺した穴があり、そこにカメラが仕掛けられていて、その映像がネットに流出しているという人もいたそうだ。

まれに盗聴器が発見されることもあるが、それは身内が仕掛けたケースがほとんどだという。自分が会社に行っている間に妻が浮気をしていないか、妻が電話でどういう会話をしているのか、夫が気になって仕掛けているケースもある。ストーカー夫なのか束縛夫なのかわからないが、愛情がすぎると恐怖に変わるのは、結婚をした後も変わらないようだ。

中嶋は、これまでに一度も盗聴器を見つけたことがない。すべて被害妄想による依頼ばかりだった。

「極端な話、身内だったらICレコーダーを隠しておけばいい話なので、わざわざ盗聴器を仕掛ける必要がないですからね」

テレビや雑誌、ネットの情報では、盗聴器は年間三〇万台から四〇万台も販売されているという。販売調査の元データが見当たらないので怪しいが、事実ならば、それだけの数の盗聴器はどこに潜んでいるのか。想像すると怖い話である。被害妄想にかられてしまう気持ちもわからなくはない。

中嶋の探偵人生は、順風満帆に思われた。想像していたとおり、本で予習したとおり、探偵の仕事にやりがいも面白さも感じていた。探偵の仕事は中嶋には天職だった。

ところが、二〇〇七年に施行された「探偵業法」によって、中嶋は会社を辞めることになった。探偵になってから、まだ二年半しか経っていなかった。

中嶋が勤めていた大手探偵社は、社員である探偵を解雇して、外注として仕事を依頼する経営スタンスに切り替えたのだ。つまり、探偵たちは個人事業主のフリーになれというのである。その理由は、探偵業法から会社を守るためだった。社員が違法行為を犯した場合、その探偵社は営業停止命令・廃止命令などの行政処分を受ける可能性がある。外注先であれば、たとえ違法行為をしても、その探偵社は処分されないと考えたのだ。社員は駒扱いされるようなものだが、他にも多くの探偵社が実際に取った対策だった。

先輩の探偵たちは個人事業主になることを選択したが、中嶋には自信がなかった。

「二年半ほどやっていたのですが、まだ不安があって……。一〇年も一五年もやっている先輩に比べて技術も経験も不足しているので、自分は未熟だと思ったんです」

探偵の修行が足りないと感じた中嶋は、他の探偵社に転職する道を選ぶ。その当時、探偵学校を経営している大手探偵社があり、中嶋はその探偵学校に入ることにした。授業料は二〇万円もしたが、この探偵学校を卒業しないと運営している探偵社に入社できなかったため、仕方なく学校に通うことにしたのである。

学校の授業は、全八回行われた。小さな会議室で、探偵業務に関係する民法を学んだり、探偵業務の概要説明を受けた。外に出て、先生を追う尾行実習などもあった。しかし、探偵経験がある中嶋にとって、学ぶことは何一つなかった。

その当時の探偵社は、調査の仕事だけではなく、学校の運営でも収益を上げようとしていた。人材不足の解消を図るため、人材の囲い込みの意味もあった。収益と人材確保を兼ねた一石二鳥の経営戦略が功を奏し、学校運営により力を入れ出した探偵社もあって、探偵学校の数も増えていった。ひどいところでは、実習だと偽って生徒を現場に駆り出し、調査員の頭数にしていたところもあったそうだ。依頼者から金を取り、調査員（生徒）からも金を取っていたわけである。だが、数日間の授業だけで即戦力になれるはずもなく、ほぼ素人の新人探偵が世の中に溢れ出ることになる。

中嶋が通った学校の探偵社も全国に支社を増やして、新人探偵の受け皿を用意しようとしたが、支社の数が新人探偵の増加に追いつかないばかりか、新人を指導・統率するベテラン探偵も不足し、思うように全国展開が進んでいなかった。探偵学校で金を集めることができても、その後の就職まで面倒を見られなくなったのだ。次第に探偵学校の需要も減り、今では細々と学校を運営している探偵社が数社ある程度になっている。

前払いで授業料を支払っていたため、学ぶことは少なかったが、中嶋は探偵学校の授業を最後まで受講した。しかし、その探偵社には就職しなかった。遠方の勤務地しか空きがなかったのもあるが、この探偵社の能力に疑問を持ったのも理由だった。中嶋は自分ではまだまだだと思っていたが、それはベテランの探偵ばかりを見ていたからでもあった。この探偵社は素人に毛が生えた程度のレベルに思えたのだ。講師を務めていた現役探偵は、中嶋からすれば経験も技術も物足りなかった。他社を見たことで、前の探偵社がプロの探偵集団であることがわかったのだ。

中嶋が決めた就職先は、創業して間もない都内にある探偵社だった。少なからず自身の探偵スキルに自信を持った中嶋は、自分の能力を発揮できそうな新しい探偵社に活躍の場を求めたのである。最初に勤めた探偵社は歴史のある会社で、細かいマニュアルもあった。車で尾行する際は、必ず助手席を空けなければいけない。男二人が運転席と助手席に座って、長時間止まっていたら、怪しまれるからだ。マニュアルには、先輩探偵が蓄積してきた経験と知恵がいくつも書かれていた。探偵個人に対しても厳しく、少しでも暇があれば、尾行の訓練をするように厳命されていた。何かミスをしたら、始末書を提出するのだが、上司が納得するまで何度も書き直しをさせられた。

「そういうのは嫌じゃなかったんですよ。むしろ警察っぽい感じで好きでした。書類とかいっぽいあって……。だから本当は辞めたくなかったんですけどね」

新しく就職した探偵社は創業したばかりで、まだマニュアルもなかった。厳しいことはいわれず、調査に関してもガツガツしていなかった。

「私の知っている探偵とはちょっと違うというか……。新しい探偵というのか、ラフな感じがしましたね」

厳しい環境で腕を磨いてきた中嶋にとっては、生ぬるい環境だったが、自分が変えていけばいいと思っていた。探偵能力はこれからの探偵社だったが、集客力は優れていた。女性の相談員を揃えて、柔らかいホームページのデザインに変え、依頼者の心理的なハードルを低くした。その効果もあり、女性の依頼者が急増した。以前の探偵社も含め、多くの探偵社のホームページは堅苦しく、男っぽい印象のものばかりだったのだ。

今でこそ男性からの依頼も増え、依頼者の比率は女性と男性で六対四くらいといわれているが、ほんの一〇年ほど前までは九対一で、圧倒的に女性からの依頼が多かった。ターゲットを女性に絞る戦略は正しかったわけである。

ある女性から浮気調査の依頼があったのだが、同時期にその女性の母親からも「娘婿の浮気を調査してほしい」という依頼があった。母親は娘から相談を受けていたのだろう。親子ですり合わせたわけでもなく、両者ともに探偵に頼むことにした。それぞれが調べて検討した結果、依頼したのが同じ探偵社だったのだ。それほど、この探偵社の集客力、宣伝戦略のレベルが高かったということである。

依頼の数が多くなると、探偵の負担が大きくなる。十分な人員を割けなくなり、本来であれば車二台で調査するところでも、車一台になることもあった。二人一組で動くのが基本ではあるが、一人で調査することも多かった。

「最低限でやるというスタンスでした。それでもうまくいくというか、うまくいかせるしかないですから」

ミスも多かったようだ。出入り口が三カ所あっても、探偵が一人だとメインの出入り口で張るしかない。当然ながら見落としも多く、対象者を確認できずにその日の調査が終わってしまうケースもあった。当時の調査では、六稼働を基本としていた（一稼働は六時間）。一回の調査だけでは証拠を取ることは難しく、また六回調査したほうが、その分の調査費用を請求できる。つまり探偵は、六回の調査で結果を出せばいいのだ。一回の調査で成果が出せず、それが探偵のミスであっても、誰も気にしなかった。

「なので、手を抜くやつもいるんですよ。さぼろうと思えばいくらでもさぼれますから。昔の話ですが、現地に着いたら最初だけ映像を撮って、ずっと調査をしたように装って、パチンコをしている人もいました。だからこそ、探偵の仕事は、高いモラルが求められるんです」

現場に探偵が三人来るはずなのに一人しか来ていなかったり、最初に一時間ほど撮影して後で時間のデータをいじって、三時間張り込んでいたことにする探偵もいた。中嶋は怒った表情をしながら「それは違うと思うんです！」と力強く語る。

「だって、面白くないじゃないですか。結局のところ、そういうことをする人は辞めていくんです。私はずっと探偵を続けていたかったので、そういう不正は絶対にしないと誓っていました。探偵の仕事は拘束時間が長いですが、極端な話、出てきたやつを追えばいいだけなので、流れ作業のようなものです。他の仕事のように、ノルマがあるわけではないし、クリエイティブな発想をするわけでもない。企画書を書いたり、根回しをする必要もない。時と場所が違うだけで、やっていることは一緒なんです。他の仕事のほうが、よっぽど大変なはずです」

同じことをずっと続けることは、中嶋にとって苦ではないようだ。流れ作業とはいえ、突発的なことは起こる。特に初動は予測できないことも起きるし、見失うことも多い。対象者が徒歩で移動するのか車なのか、わからない。どちらでも対応できるようにしていても、知人の車に乗る場合もあれば、自転車でスルスルッと人混みを抜けていく場合もある。徒歩で駅に向かうのかと思えば、急にタクシーに乗る場合もある。いかなる状況にも備えないといけない。話を聞いているだけでも、流れ作業とは思えない緊張感だと想像できる。

尾行にしても、対象者がバスに乗った場合、極力一緒に乗らずに車で尾行するそうだ。住宅街のバスだと、見慣れた人ばかりのことが多い。名前は知らないし、挨拶をしたこともないが、顔は毎日のように見かける。その中に、見慣れない人物がいると、印象に残りやすい。対象者の脳裏に一度焼き付くと、その後の尾行が難しくなる。「あいつ、前も見かけたな」となって発覚に至ることもあるのだ。

同じように、対象者が家や会社を出てきたとき（初動）も、印象に残らないように注意しなければいけない。玄関を出て、そこに見知らぬ男がいたら、「なんだ、あいつ」と思うのが普通だ。玄関から見えにくい位置で張り込みをすることが大事なのだが、こちらから見えているということは、向こうからも見えるということである。見られていないと断言することはできない。

大きなマンションで出入り口が二カ所あるときは、二人の探偵でそれぞれの出入り口を張り込む。対象者が出てきたほうの探偵Aは、もう一つの出入り口を張っていた探偵Bに連絡し、服装などの特徴を伝えて、探偵Bが尾行を開始する。探偵Aは服装を変えて探偵Bと合流して一緒に尾行するが、電車やエレベーターという接近しなければいけない状況では必ず探偵Bが近づく。そのくらい対象者と顔を合わせる可能性がある場面は注意が必要なのだという。

探偵同士のやり取りは、以前は無線で行われていた。中嶋の探偵社では、電話を繋ぎっぱなしにしているそうだ。かけ放題のプランだと通話料金はかからない。スマホにイヤホンマイクを繋いでおけば、音楽を聞いているようにしか見えないので、怪しまれる可能性は少ない。

三人で張り込みをしていたとき、対象者が出てきたのだが、三人とも「他の誰かが見ているだろう」と思っていたら、誰も見ていなかった、という間抜けなミスもあった。張り込みが長時間に及ぶと、そういった初歩的なミスも起こるのである。

対象者を見失う（失尾という）のにはパターンがあるそうだ。

「失尾するシチュエーションは、だいたい静から動に変わるときなんですよ。初動もそうですけど、例えば電車に乗っているとき、これは静ですよね。駅に着いて人混みに紛れて動き出したら、見失っていたということがよくあります」

同じ探偵がずっと張り込みを続けているわけではなく、途中で別の探偵と交替することもあれば、途中から新たに一人加わることもある。現場の状況を引き継いだり、説明したりしていると、監視の目が緩んでしまい、失尾に繋がるという。

また、男性の対象者を尾行するよりも、女性を尾行するほうが気を遣う。

「男性だったら、買い物をするとき、何を買うか決めている人が多いですよね。でも、女性は店に入ってから考える人が多いのか、どうしても滞在時間が長くなってしまいます。デパートでもコンビニでもそうですが、店内をぐるぐる見て回っている人は、尾行しにくいし、発覚しやすい。凝視していると、第六感が働くのか、相手もこっちを見てくることがあるんですよ。不思議なものですが」

そのため、中嶋は尾行している意識を薄めるようにしているそうだ。「追うぞ、追うぞ」という意識があると、相手も気付きやすくなる。「たまたま目的地が一緒なだけ」くらいの意識で尾行することを心がけている。

道を歩いていて、急にUターンをしたり、方向を変えたりする行動も、女性の対象者に多いそうだ。女性のほうが方向音痴が多いとは一般的にもいわれている。「間違えた！」となって動きを変えたとき、見られるリスクが最も高い。

「静から動」と同じように、変化が起きたときは警戒が必要だ。ゆっくり歩いていたのに、急に早歩きになると、不自然ではあるが、こちらも歩くスピードを上げないといけない。変化に気付かないと、対象者の失尾に繋がる。変化があれば、対象者との距離の取り方も変わる。駅で急ぎ出したら、駆け込み乗車をする可能性も高いため、距離を詰めないといけない。対象者が警戒している場合もある。警戒行動だったら、接近するのは逆効果になってしまう。その判断が難しい。

「降りない駅で一旦下車して、次の電車に乗ったりするのを犯罪用語で点検作業っていうんですよ。犯罪者がよくする行動なんですが、対象者も同じような動きをする傾向があります」

特に車を尾行している場合、対象者の警戒行動（点検作業）はわかりにくい。相手が人間であれば、後ろを振り返ったり、キョロキョロしていたりすると、警戒しているのが一目瞭然だ。一方、車の場合だと、見えているのは車体という物体なので、警戒感が伝わってこない。車を路肩に止めても、それがただの路駐なのか、警戒によるものなのか、判断が難しい。電話をするために停車しただけの可能性もある。車の中にいる人間の表情や姿までは見ることができない。

現在の中嶋は、さらなる高みを追求すべく、別の探偵社に転職して幹部社員として勤務している。その会社で中嶋は、探偵のモラルとスキルを向上するために、社内のマニュアルを作成していて、失尾を防ぐための注意事項などをまとめている。そのためか、自分のことだけではなく、社内や業界全体など、広い視点で探偵について考えているようだった。話は自然と大きくなってくる。中嶋の声と共に。

「私が問題だと思っているのは……」と切り出したところで、中嶋のテンションが一気に上がり、探偵業の問題点を熱く語り出した。

「日本の民法って、欧米よりも二〇年遅れていると揶揄《やゆ》されています。欧米だったら家を張り込むのに裁判所の許可が必要なんです。それくらい個人のプライバシーを大事に守っているのですが、日本だとあってないようなもの。顔写真も個人情報じゃないですか。探偵は家族でも知らない個人情報を覗き見るわけですから、本当にこれでいいのかなって」

依頼者である妻は、自分の知らない夫の姿を見たい。浮気相手と会っているときの夫の表情を見たいのである。依頼者の要望に応えるために、探偵はプライベートなところまで踏み込むことになる。浮気相手の顔、名前、住所、職業なども立派な個人情報である。中嶋は日々、探偵業務をこなしている中で、それを扱う探偵たちのモラルに疑問を抱くようになった。探偵に対して並々ならぬ思いを持っている中嶋だからこその疑問である。

「日本の探偵の仕事は、ほとんどが浮気調査なんですけど、欧米の探偵は経済犯罪や保険金詐欺の調査をしたりするんですよ。ほぼ警察みたいなものです。なのでライセンスも必要ですが、探偵の社会的地位が高いんです。イギリスだと、軍隊や警察の出身者が探偵になることが多いみたいです」

日本の探偵には、どこかダークなイメージがつきまとう。詐欺のようなことをしているのではないか、違法行為をしているのではないか、という印象が拭いきれない。消費生活センターへの相談も多く、インターネット上で相談無料と謳いながら高額な請求をしてきたり、アダルトサイトとのトラブルを解決するといいながら、実際は業者の所在地を調査しただけで何も解決してくれないといった相談が寄せられている。

離婚の概念が違うことも、欧米との差を生んでいる。日本では、相手が離婚に同意しない場合、浮気やＤＶなどの証拠を示さないと離婚が成立しにくい。一昔前よりましになったとはいえ、今でも日本の社会では離婚者を冷遇する風潮が残っている。浮気をしているのに、離婚はしたくないという身勝手な輩が多いのも日本の特徴だろう。

一方、欧米では結婚と離婚を繰り返している人も多く、離婚しても両親ともに子どもの親権があるため、日本のように親権を巡る争いは少ない。そのためか、欧米では浮気調査はほとんどないそうだ。

二〇〇七年の探偵業法施行時に、中嶋は探偵の認知度が上がることを期待した。欧米の探偵のように経済犯罪や保険金詐欺といった調査が増えることを願った。しかし、何も変わらなかった。

「新聞やテレビでも、探偵業に対して広告規制がかけられています。新聞やテレビで探偵の広告やＣＭを流せたら、探偵のイメージも変わってくるのでしょうけど……」

欧米の探偵の収入はそう多くないが、地位は弁護士に近いという。個人情報にアクセスできたり、通信の制限がなかったりなど、探偵の特権もあるそうだ。

「探偵業界が、次の段階になってほしい。というか、なるべきだと思います。探偵に依頼したいとなったとき、誰でも探偵社で大手といえばここだよね、とわかる程度にはならないといけない。今は、依頼者はどこに依頼したらいいかわからず、ネットで検索して上位に表示された探偵社に頼んでいる状況です。どういう調査に強い探偵社かわからずに依頼しているわけです」

中嶋が問題視しているのは、探偵社の二極化だ。潤沢な広告費がある大手探偵社に依頼が殺到し、中小零細探偵社はその下請け、孫請けにならざるを得なくなる。大手と零細の二極化が進めば、探偵としての生き残りが厳しくなり、欧米のように個人で活躍する探偵が出てこなくなる。中嶋は探偵業界全体の底上げを願っているのだ。

「この業界って小さな業界なのに、ライバル社との探り合い、足の引っ張り合いみたいなことも行われています。例えば、依頼者のフリをして他の探偵社に見積りをお願いするなんてこともあります。どういう料金体系なのか、どういう接客対応なのか、探りを入れるわけです」

スパイを送り込む探偵社もあるという。他社に探偵として応募し、ライバル会社のマニュアルや調査方法、集客方法、依頼者情報などを盗み出す。まさに探偵らしいといえるが、悪しき慣習に違いない。

「こっちも新しく応募してきた人がスパイじゃないかって、最初は疑ってしまいますね。試用期間中の様子を見て、大丈夫だと判断してから採用するようにしています」

どこの探偵社に依頼すべきか悩んでいる依頼者の場合、何社かに見積りを取ることもある。ときには百万円を超える費用になることもあるので、慎重になるのは当然のことだろう。ところが、ほとんどの探偵社は「あそこは○○だから、やめておいたほうがいい」といった同業者の悪口をいう。

探偵業界の品格を下げることになるので、業界にとってはマイナスでしかない。

「お互いに切磋琢磨したらいいのに、なんか醜いですよね。探偵社を辞めるときも、同業社には転職しないという誓約書を書かされます。法律的には何の拘束力もないんですけど」

日本調査業協会が発表している探偵・調査業務の市場規模は、約一二〇〇億円。これが多いのか少ないのかはよくわからない。警備業界の市場規模は三・五兆円（全国警備業協会調べ）、葬祭業界の市場規模は一・八兆円（矢野経済研究所調べ）、クリーニング業界は三四二五億円（日本クリーニング新聞調べ）、サバイバルゲーム業界は二〇〇億円超（矢野経済研究所調べ）だ。

他の業界と比較してみると、探偵業界の規模は決して小さくないように見えるし、単価が高い割には小さいともいえる。ちなみに風俗業界の市場規模は五・七兆円ともいわれている。

一二〇〇億円をライバル会社と奪い合っているわけだが、探偵業界はもっと規模を大きくすることができる、と中嶋は信じている。

「もっと探偵を利用してもらえるようになったらいいと思います。浮気調査ばかりではなく、さまざまな調査ができるので。マーケティング的なことも可能でしょうし、ライバル店の潜入調査なんかもできます。探偵という存在が身近になってほしいです。すごい業界なのにもったいないですよ」

法整備も必要だろうが、保険調査員が行なっている交通事故の原因調査などは、すぐに能力を発揮できそうだ。ビジネスに目を向けると、実態を伴った市場調査もできるだろう。上辺だけではない顧客の本音に食い込む調査もできそうだ。人間の本能をよく知る探偵だからこそ思いつく新しい商品やサービス、販促方法もあるかもしれない。銀行からの依頼で融資先の企業調査も可能だろうし、証券会社からだと投資先の企業調査もできる。その他にも空き家の調査や相続絡みの調査、補助金の不正受給の調査、税務調査、民事裁判での証拠集めなどでも戦力になりそうだ。

社会的信用が高まれば、欧米のように警察官の仕事を補助できるかもしれない。そのためには探偵側の努力も必要である。各探偵に高いモラルが求められるし、世間のイメージを変えていかなければいけない。

中嶋がいうように、探偵が活躍できそうな場面はいくらでも思いつく。まさに映画やドラマ、小説や漫画で活躍する探偵に近づくし、探偵になりたい人も憧れる子どもも増えそうだ。

「探偵って、人類最古の職業の一つともいわれているそうです。もちろん探偵という言葉はなかったでしょうが、〝何かを調べる〟という仕事は昔からあったはずです。人間の奥深くに入り込める職業ですからね。そのためにも知名度が上がって、気軽に調査の依頼をしてもらえるようになるといいんですけどね……。いや、そうしていかないといけないんだと思います」

探偵の雇用環境にも問題があるという。現在、中嶋が勤めている会社は正社員の探偵を雇い、自社のみで調査を行っている。一方で、探偵を外注にして、正社員として雇わないところも多い。外注の探偵は、出来高制になるので収入が不安定になる。仕事に対する対価として見合わず、将来の不安が蓄積して辞めていく者も多いそうだ。責任を外注の探偵に負わせているので、ブラック企業に分類されてもおかしくない。

探偵社によって外注のギャランティーは異なるが、六時間の調査でだいたい三万円（経費込み）だそうだ。それなりにいい金額に思えるが、毎日仕事があるとは限らない。他の仕事をしながら、依頼があるときだけ探偵をする〝兼業探偵〟や〝副業探偵〟も多い。一方で、探偵が本業だった人が、収入が不安定であるために副業をしなければいけないこともある。いつの間にか、副業が本業になって探偵を辞めていく人が何人もいるそうだ。

それほど、探偵を続けていくことは大変なのだ。中嶋が一六年も探偵を続けられたのは、探偵に対する愛着と誇りを誰よりも多く持っていたからだろう。話を聞いていると、探偵愛が痛いほど伝わってくる。自分のことだけではなく、業界全体のことを考えているところも好感が持てる。話に引き込まれているうちに、いつの間にかまわりの目も気にならなくなっていた。中嶋の真剣な眼差しを見ていると、小さなことを気にしていたこちらが恥ずかしくなってくる。

好きな仕事であっても、しんどさを感じるときもあれば、やる気をなくすこともある。どんな人間でも常に全力で仕事に取り組めるわけではない。探偵愛が強い中嶋であっても、仕事に飽きがくることもあるだろう。探偵を辞める理由で最も多いのが、〝飽きた〟という理由だという。対象者や場所は違っても、基本的には張り込みと尾行で、人の行動を調査しているだけなので、同じことの繰り返しだ。飽きてくるのも理解できる。

それでも中嶋は探偵の仕事にやりがいを感じている。

「これほど人から感謝される仕事もないですからね。私のように学歴も何もない人間でも、今日から探偵を始められるわけです。そんな職業って、他にはないんじゃないですかね」

直接依頼者と会う機会は少ないが、「涙を流しながら感謝していたよ」と聞かされたこともある。依頼者の人生に介入し、感謝されること。それが中嶋のやりがいになっている。弁護士や医師と同じように感謝される立場なのに、難しい資格は必要ない。人から感謝されるときの高揚感は何度味わってもたまらない。中嶋は、新人探偵に「探偵の素晴らしさ」と「探偵のやりがい」を語っているそうだ。きっと松岡修造のような熱弁を振るっているのだろう。

「なんでもそうかもしれませんが、好きでないと仕事って続かないですよね。たまたま私は好きな仕事に出会えたわけで、それはすごく幸せなことです。だから、新人にも探偵の魅力を伝えたいですし、より多くの人に探偵のことを知ってほしいです」

中嶋は、人々の暮らしの中で探偵が身近な存在になる理想を描いていた。自分が好きなものを突き詰め、人に熱く語ることで、その魅力を伝えていく。カメラであっても、探偵という職業であっても、それは同じだ。

中嶋少年は、戦車や戦闘機のプラモデルについて友だちに熱く語る子どもだったに違いない。サバイバルゲームの面白さを熱弁しては、友人を仲間に引き入れていたのだろう。純粋な心と熱い情熱を持ったまま大人に成長し、まっすぐに己の道を突き進んでいる。ときには暑苦しく思われることもあるだろうが、その思いが純粋なだけに、「面白そうだな」と共感する人も多いのではないだろうか。

中嶋を取材した私は「探偵をやってみたい」という気持ちになったし、探偵に依頼することがあれば、中嶋を指名したいとも思った。最初に会ったときよりも（ほんの二時間ほど前だが）、中嶋の身体が大きく見えた。ただでさえ大きな身体が、頼もしさもプラスされて、一回りも二回りも大きく感じられたのだ。

そのとき、中嶋の携帯電話が鳴った。仕事は休みだったのだが、社長からの電話のようだ。「ちょっと出てもいいですか？」と断って電話に出た中嶋は、先ほどまでの威勢のよさはすっかり消えて、頭をペコペコ下げながら「す、すみません」と謝っていた。詳しくはわからないが、どうも連絡ミスがあったようだ。ピンと伸びた背中は丸くなり、ハキハキとした口調もたどたどしいものに変わっていた。

その姿には愛着があり、親近感もあった。中嶋正則、三六歳、まだまだ修行中である。

# 第四章 ドリンクバー

渋谷のスクランブル交差点――。

初めて東京に出てきたとき、有名な交差点の人の多さに驚いた。肩と肩が擦れ合う距離で、ぶつからないように器用に歩く都会人の身体能力にも驚いた。今は京都で暮らしているが、一〇年ほど前は東京に住んでいた。一度は都会に慣れ親しんだ身体ではあるが、久しぶりの東京では思ったように動けない。押し寄せてくる人の波にあたふたしながら、鈍った身体に鞭打って前に進む。

日本で最も有名な交差点は、多い日で約四〇万人もの人が往来する。一回の青信号で約一五〇〇人。四七秒という短い時間に、千人以上もの人が行き交うのだ。渋谷のスクランブル交差点ですれ違う人は、当然ながら赤の他人だ。知らないだけで、その人には生活があり、人生がある。希望、悩み、欲望、後悔など、さまざまな感情を抱えて生きているはずだ。

そんなことを考えながら、スクランブル交差点を通り過ぎて道玄坂のほうに向かう。SHIBUYA109を左に進み、右手に見えるユニクロを通り過ぎたところの三階にロイヤルホストがある。夕方の五時前、ロイヤルホストに入店すると、まだ夕食前の時間にもかかわらず、窓際の席は若いカップルで満席だった。若者の熱気で湿度が二九％（勝手な推測）ほど上がっているのか、眼鏡が少しだけ曇る。一月という寒い時期だからかもしれない。

奥の席に案内されて、メニューを開く。昼食が遅かったため空腹ではないはずなのに、メニューを見ていると、節操なく腹の虫がざわつき始めた。軽くハンバーグでも食べようかと思いを巡らせていたところで、待ち合わせ相手から到着の電話がかかってきた。奥の席にいることを伝え、手を振って互いを認識する。笑顔でこちらに向かってきたのは、一六五センチくらいの背丈で細身の、まだ大学生のような男の子だった。

彼の名は、浦川涼介《うらかわりょうすけ》。ジャニーズ事務所にいても不思議ではないほどの爽やかイケメンで、反射的に「なんで探偵をしているんだろう？」という疑問が浮かぶ。

簡単に挨拶を済ませると、浦川は「ご飯食べてもいいですか？　朝から何も食べていなくて」と、二五〇グラムのハンバーグと大盛りごはんを頼む。ごはんは大盛りでも無料だ。私は午後二時に昼食を済ませた自分が恥ずかしくなり、腹の虫を黙らせることにした。互いにドリンクバーを頼み、浦川はオレンジジュース、私はホットコーヒーを取ってきて、再び向かい合った。

森　今日は仕事だったの？

浦川（以下、浦）　そうです。朝からずっと張り込みでした。

森　ちなみに、どんな依頼？

浦　詳しい依頼内容は聞かされていないのですが、別居している対象者が誰と住んでいるかの調査だと思います。その家をずっと張っていたんですけど、まだ誰も出てこなくて、僕だけ先に帰ってきたんです。取材だったもんで。

森　ご、ごめんね……。張り込みは、朝からずっと？

浦　はい。朝五時半からですね。

朝五時半からということは、一二時間近く張り込んでいたことになる。浦川は途中で抜けたということだから、他の探偵はまだ張り込んでいるのだろう。

森　朝から何も食べていないって、いつもそんな感じなの？

浦　あ、何もってわけではないです。簡単なサンドイッチとかは食べました。

浦　ちゃんとした食事は、ってこと？

森　そうです、そうです。そんな感じです。

浦　なるほど。ちなみに依頼内容って、あまり聞かされない？

森　そうですね。毎日いろいろな案件に関わりますから、いわれたことをこなしてる感じですね。午前中にある現場に行って、午後は別の現場に行くこともありますし。調査書である程度は把握していますが、詳しいことは僕のところまで降りてこないですね。

浦川が所属している探偵社では、相談員と調査員の役割が明確に分担されているそうだ。他の探偵も同じようなことをいっていたので、多くの探偵社で分業化されているのかもしれない。

依頼者と直接やり取りをするのは相談員の仕事だ。依頼内容から調査報告、アフターケアまで依頼者に寄り添った対応を行う。一方、調査を行う探偵は、依頼者と接することがない。他の章でも述べたが、依頼者や対象者に対して過剰な感情移入をさせないためだ。さらに踏み込んで聞こうとしたところで、店員が料理を運んできた。店員は機械的にソースの説明などをして、ロボットのような動きで隣の席の皿やコップを片付け始めた。

浦　食べながらでもいいですか？
森　もちろん。
それにしても、浦川はおいしそうに食べる。細い身体からは想像できないほど、次から次へと食べ物が口の中に運ばれていく。よほど腹が空いていたのだろう。久方ぶりの食事の邪魔をするのも悪いと思い、取材を中断することにした。私はコーヒーのお代わりに立ち上がり、浦川のドリンクも一緒に取ってくる。
どこから見ても今どきの若者が、実は探偵なのである。鋭い眼光をしているわけでなく、職人気質の探偵オタクでもない。見た目だけで判断して申し訳ないが、喧嘩が強そうでもなければ、頭が切れる雰囲気でもない。体育会系でもなければ、文学系でもない。リーダー体質でもなければ、孤独を愛するタイプでもなさそうだ。何かに飢えているようにも見えないし、夢や希望に胸を膨らませているようにも見えない。陰というものはなく、きな臭いものを一切感じさせない。何でも要領よくこなし、友だちと楽しく遊んでいそうな、今どきの若者である。
コーヒーを飲みながら、そういったことを考えていると、浦川のハンバーグはあっという間になくなっていた。気持ちいいほどの早食いだ。頃合いを見て話しかける。
森　いつもそんなに急いで食べるの？
浦　え？　そうですね。お腹が空いていたもので……。でもまぁ、早食いのほうかもしれないですけど……、みんなそんなもんじゃないですか？

探偵という職業柄、早食いが多いのかもしれない。張り込みや尾行など、目を離せない状況で、食事にありつく暇もないのだろう。食べられるときに食べようと思えば、自然と早くなる。それが習慣になっているようだった。

森　浦川くんは今いくつ？
浦　二三です。
森　探偵になってどのくらい？
浦　四カ月くらいです。
森　なんで探偵になったの？

唐突ではあったが、これを聞かないことには先に進めない。

浦　えーと……、普通に転職サイトで見つけたんです。
森　……。
浦　面白そうだなぁと思って。「ちょっと受けてみようかな」って軽い気持ちで受けて、入社したという感じです。
森　怖くはなかった？
浦　ちょっと怖かったですね。正直、胡散臭《うさんくさ》かったです。その頃、大学を中退して、二カ月ほどフリーターをしながら、グダグダしていたのもあります。
森　大学、中退したんだ？

浦　はい。四年生のとき、家庭の事情でほとんど学校に行けなくて、単位が足りなくなってしまって……。普通に就職するのもどうかなって。面白そうな仕事、なんか強みになる仕事がいいなぁって探していたんです。

森　家庭の事情って、どういうの？　話せる範囲でいいんだけど。

浦　簡単な話で、借金です。親の借金が大変になって、バイトをして家にお金を入れないといけなくなっちゃったんです。

見た目だけでは決してわからないものだ。あっけらかんとした浦川にも、さまざまな苦しみや悲しみがある。ポジティブな感情だけで生きていける人間など存在しない。ときには、自分ではどうにもならない出来事も起きる。人の人生をあっという間にのみ込む天災、あらゆる人間活動を遮断してしまうウイルスの発生、「なんで自分が」といいたくなるような事故や病気……。そういった避けることができない暴力がいつ自分の身に降りかかってくるのか、誰にもわからない。

浦川涼介は、一九九六年に埼玉県で生まれた。子どもの頃から友人に恵まれ、脇道にそれることもなくまっすぐに育った。両親と三歳違いの妹の四人家族である。

中学生のときはバスケットボール部に所属。背が低かったため、ガードと呼ばれるボールを運ぶポジションだった。作戦を考えて味方選手を動かし、試合をコントロールする重要なポジションである。本人曰く、弱小チームだったそうで、地区大会の二回戦か三回戦で敗退したそうだが、どちらで敗れたのか、はっきりと思い出せない。バスケ部に入部したきっかけは、「めちゃくちゃ背が低かったので、身長が伸びたらいいなぁ」という軽い動機だった。勉強のほうは可もなく不可もなく、理科や社会は好きだったが、数学は苦手だった。親に対する反抗期は少しはあったものの、親しい友人たちと充実した三年間を過ごした。

高校では、バスケットボールはスッパリと辞めて、何か新しいことをしようと決めていた。しかし、何がしたいのかわからないまま高校生になった。たまたま同じクラスの前の席の子と親しくなり、誘われるままに軽音部に入部した。その友人はベースをしていて、部員を集めていたのだった。楽器の経験はなかったが、持ち前の器用さでギターとベースをこなした。バンドメンバーの好きなジャンルがバラバラだったため、みんなの間を取って邦楽ロックのコピーを演奏していた。浦川自身は、本当はアニメソングをやりたかった。

中学時代までは多くの友人に囲まれていたが、高校時代は狭いコミュニティーの中で生きていた。特に理由はないが、軽音部の狭い世界の居心地が良かったのだ。数には関係なく、高校でも友人に恵まれたといえる。

熱心に受験勉強をしなかったため、希望する大学には入れず、すべりどめの大学に現役で入学。将来の夢や目標はまだ見つかっていなかった。大学に進学したのは、将来のことを考える時間がほしいからでもあった。

すでにプログラマーとして働いている高校時代の友人がいた。一人でプログラムを書いてスマホのアプリを作っている彼を、浦川は羨ましく見ていた。手に職をつければ、どこでも生きていけると憧れたが、高卒で一つの道に進む勇気はなかった。一生のことなので、大学でゆっくり考えたかったのだ。経済学部を選んだのも、その後の選択肢が幅広いためだった。

大学ではサバイバルゲームのサークルを立ち上げた。仲良くなった友人がミリタリーオタクだったのだ。

「ミリオタの友だちに誘われて、サバゲーのイベントに連れていってもらったら、かっこよくって。一回やったら、ハマっちゃいました」

仲のいい友人四人でサークルを立ち上げ、三年後には二〇人ほどまでにメンバーが増えた。エアガンを使用するので、普通の公園でのサバイバルゲームは禁止されている。貸し出されているフィールド（千葉県に多いそうだ）に出かける必要があるため、活動は基本的に土日が中心になる。また、他の大学のサークルと試合をしたり、サバイバルゲームのイベントに参加したりもした。

サークル内は男ばかりで女っ気はなかったが、付き合っている彼女はいた。実家近くの大学に通っている子で、居酒屋で知り合った。

「半分酔っ払った勢いで声をかけたんです」

ナンパである。その彼女とは、大学四年生のときに別れたそうだ。親の借金で家計が大変になり、ほとんど大学に行けなかった時期である。

浦川が小学校三年生のとき、父親は飲食店を始めた。開業のために融資を受け、借金を背負った。オープンな家庭だったこともあり、小さい頃から家に借金があることは知らされていた。飲食店の売上はそれほど多くなく、定期的に運転資金を借り続け、利子を返すだけでも大変な状況に陥った。

現状を変えるためには、ある程度まとまった金が必要となり、浦川は大学に行かずにアルバイト中心の生活を余儀なくされた。昼間はコンビニ、夜は居酒屋というアルバイトを掛け持つ生活が続く。常勤のバイトが入っていない日は、引っ越し作業などの日雇いにも精を出した。彼女との距離も自然と遠くなっていった。

その頃の気持ちを聞いてみると、熱を感じさせない返事が返ってきた。

「まぁしょうがないなって感じでした。そんなに重くは受け止めていなかったですね」

浦川は大学を退学することにした。単位が足りなくなったのもあるが、大学の授業料をもう一年払う余裕がなかったからでもある。結局、浦川の大学生活はサバイバルゲームとアルバイトで終わり、今後の人生について考える時間はなかった。

森　大学は卒業したかった？

浦　それはそうですね。でもまぁ、それも含めて仕方がないですね。その分、他の人にはない強みを見つけようという気持ちが強くなったのはあります。

森　今は付き合っている子はいないの？

浦　いないですね。

森　やっぱり恋人ができにくい仕事なのかな？

浦　いやぁ、うまくやっている人はいるんですよ。僕はまだこの生活に慣れていないだけで、慣れている人だと、結婚して家庭を持っている人もいますし。

森　友だちの影響は受けるほう？

浦　それはあるかも、ですね。ふらふらしているところを誰かに引っ張ってもらえるとラクだなぁ、とは思ってました。

浦川は、友人に誘われて何かを始めることが多い。バスケットボールを始めたのは、少しでも身長が伸びたらいいなという期待からだったが、「友だちと一緒に入ったのだったかな……」ともいっていた。新しいことに挑戦したい気持ちがあっても、その〝何か〟を見つけられずにいた。

刺激を求めているようでもある。しかもリアルな刺激だ。バスケットボールからバンドに移り、大学ではサバイバルゲームにのめり込んでいった。そして、探偵という職業。より強い刺激を求めているようにも見える。

今の世の中は、リアルな刺激が少ない社会でもある。欲は尽きないが、最低限の生活は生まれたときから満たされている。浦川の家庭は借金を抱えていて裕福ではなかったが、それでも子どもの頃から食べ物に困ったことはない。普通に学校に行って、部活をし、高校生にしては高価な楽器も買えた。

今はゲームやネットの世界でしか激しい刺激を味わえない。画面上で敵を殺したり、危険な洞窟を冒険したりすることは、ゲームの中だけの出来事である。ネットで探せば、ありとあらゆる疑似体験ができるし、面白い動画も溢れている。でも、それは本人にとってはバーチャルな刺激でもある。現実の世界でリアルな刺激を求めたくなるのは自然なことかもしれない。

森　初仕事って、覚えてる？

浦　上野で張り込みだったはずです。上野駅の近くにある居酒屋で、対象者が出てくるのを待っていました。

森　それは浮気調査？

浦　そうですね。その居酒屋で対象者たちが会っていて、路上で四～五時間くらい立っていましたね。

森　ずっと立ってたの？

浦　そうです。何もわからない状態だったんで、こんなに待つ仕事なんだって驚きました。

森　結局、どうなったの？

浦　実は、途中で帰ったんですよね。会社の規則で、研修中は終電までには帰らないといけないというのがあって。後から聞いた話によると、空振りだったみたいです。ワクワクしていたんですが、何もなく終わってしまって、ちょっと残念だった記憶があります。

森　残念だった？

浦　そうですね。何かが起きるような予感があったんだと思います。

森　何かが起きてほしかったんだ？

浦　期待していたんでしょうね。たぶん……。

森　これまで面白い事件とかあった？

浦　最近の話ですが、面白かったというか、びっくりした案件がありましたね。

東京ディズニーランド（および東京ディズニーシー）では、大晦日に特別なイベント「ニューイヤーズ・イヴ」が開催される。大晦日の午後八時から元旦の午前六時までのイベントで、特別なパレードが行われ、年越し花火も打ち上がる。このイベントに対象者が参加していた。一緒にいたのは、家族ではなく浮気相手である。

依頼者は三〇代前半の女性で、夫の浮気を調査してほしいという依頼だった。「ニューイヤーズ・イヴ」に参加するためには、競争率の高いチケットが必要になる。浦川らはチケットが取れず、駐車場に止めた車の中で待ち続けていた。

長い待ち時間を持て余していた浦川ら探偵は、この後の展開について互いに予想し合った。朝六時まで出てこないのか、メインイベントの打ち上げ花火が終わったら帰るのか。そのまま帰るのか、それともホテルに寄るのか。ホテルに行くならば、どの辺のホテルに行くのか。舞浜近くのホテルだろうか。いや、女性の家の近くにあるホテルに行って、朝方送ってから家に帰るのではないか。

新しい年が明けようとしている駐車場で、対象者の車近くで張り込んでいる探偵らは、紅白歌合戦を見ながら年越しそばを食べるのではなく、そんな想像を語り合っていた。探偵に恋人ができにくい理由、結婚生活がうまくいきにくい理由は、こういったところにもある。クリスマスや正月、バレンタインデーといった恋人たちや家族のイベントは、不倫調査の繁忙期でもあるのだ。

今回の案件は相手の女性も既婚者で、ダブル不倫であることがわかっていた。大晦日・正月という特別な日に家族を放って密会しているのだから、すでに開き直っているのかもしれない。

二人は朝四時過ぎにディズニーランドから出てきた。浦川らはいつでも追跡できるように車をスタンバイ。ところが、対象者たちの車は一向に動き出さない。しばらくすると、対象者たちの車が不自然に揺れ始めた。

車の中で始まってしまったのである。浦川らは、証拠を取るために、対象者の車に近づく。しかし、後部座席はスモークガラスで見えない。フロントガラスもカーテンのような布で覆い隠されていた。決定的な証拠は取れなかったが、車が揺れているところは動画で押さえた。

森　探偵の仕事は面白い？
浦　面白いですね。基本的に耐えることが多いですし、苦しい時間も長いですが、急に興奮したりするんですよ。そういう瞬間は忘れられないです。
森　興奮するんだ？
浦　そうですね。仕事が完璧にうまくいったときは興奮しますね。対象者がホテルに入って出る。その入りと出を動画で完璧に撮影できたときは、興奮します。
森　そっちの興奮なんだ。追っていた対象者がついに尻尾を出したという興奮ではないんだね。
浦　う〜ん……。どうなんでしょう？　それも興奮しますが、その二つの違いは僕にはないですね。
森　同じってこと？
浦　人の欲望を覗き見する興奮もありますけど、それは仕事と一体になっていることですから。
森　人間不信になったりはしない？
浦　ならないですね。「面白い人もいるなぁ」とか「あぁ、やっちゃった」というのはありますけど。
森　感情移入することは？
浦　ちょっとあります。「家庭での立場が弱くて、不倫に逃げちゃったのかなぁ」と想像したりはします。そういう気持ちもわかりますが、ダメなものはダメですからね。こっちは仕事をさせてもらうだけです。どちらかというと、本を読んでいる感覚に近いですね。
覗き見したときの興奮と仕事がうまくいったときの達成感が同じ、ということがうまく理解できなかった。対象者の尻尾をつかんだときの快感は、あくまでもノルマを達成したような感覚なのか。本を読んでいる感覚ということは、小説やスクリーンの中のフィクションの世界に近い感覚だということである。感情が揺さぶられることはあっても、自分とは違う世界の出来事として割り切っているのかもしれない。ビジネスライクな探偵なのかなとも思っていたが、そう単純でもなさそうだ。

浦　そういえば、人探しの依頼で、対象者を探し出したときは鳥肌が立ちましたね。人探しって、あんまり発見できないって聞いていたので、見つけたときは興奮しました。

「家出した息子を探してほしい」という両親からの依頼だった。家出した息子とは、二七歳の社会人経験もある男性である（当時は求職中だった）。

　家出の原因は、借金。対象者は、消費者金融から多額の借金をしており、父親のクレジットカードも無断で使用していた。すべての借金を家族に押し付けるようにして家を出たのである。家庭内夜逃げみたいなものである。

　対象者である息子の金遣いが荒くなったのは、キャバクラに通い始めたことが原因だった。依頼者である両親によると、前職を辞めた後から夜に出かけることが多くなったそうだ。友人と飲んでくるといっては、酔いつぶれて帰ってくることもあった。毎日のように出かけるのだが、これまで夜に出歩くことは少なかったし、それほど友人が多いタイプでもない。心配ではあっても、成人している大人である。何度か声はかけたが、強く問い詰めるようなことはしなかった。

キャバクラ通いが発覚したのは、クレジットカードの明細書からである。父親と息子は、明細書を前に怒鳴り合いになった。父親が怒る理由は明確だが、息子がいい返す根拠は何一つない。いたたまれなくなったのか、結局、息子は逃げるように家を出ていった。しかも、父親名義の携帯電話（家族共有で使用していた）とクレジットカードを持って。

後日、消費者金融からの督促状が届いたことで、息子の借金が明るみに出た。

息子が持っていった携帯電話に何度もかけたが、息子が出ることはなく、そのうち電源が切られてしまった。両親は、息子が自殺を考えているのではないかと心配して、探偵に依頼してきたのである。

浦川ら探偵は両親の協力を得て、契約している電話会社に携帯電話の捜索を依頼した。名義者であれば、携帯電話の位置情報を教えてくれるのだ。電源が入っていない場合は、過去の位置情報を教えてくれる。ただし、どの基地局で反応があるかしかわからず、半径数百メートルくらいの範囲のどこかという曖昧な情報しか得られない。捜索の結果、横浜の住宅街にいることがわかったが、運が悪いことに四つの基地局が重なり合っている地域だったため、詳細な場所まで絞り込むことはできなかった。

探偵たちは、八人でチームを組み、対象者が利用する可能性がある駅で張り込みを開始。四カ所に分かれて駅を利用する人たちを目で追った。通りすがりの人の顔を追う作業（面取り）は、思ったよりも重労働である。会社の出入り口で張り込むのと、四方八方からひっきりなしに往来する多種多様な人を観察するのとでは、まるで違う作業である。三〇分もしないうちに、目と脳が疲れてしまう。集中力も続かないので、浦川は先輩と頻繁に交代しながら面取り作業を行った。

何の成果もなく初日の調査は終了。その後、駅前での張り込みだけではなく、範囲内にあるコンビニなどでも張り込みや聞き込みを行ったが、何の成果も上がらなかった。

対象者が通っていたキャバクラにも聞き込み調査を行った。熱を上げていたと思われる女性に話を聞くことができたが、彼女は「最近は連絡もこないですね」と、さほど興味がなさそうに答えただけで、有力な情報は得られなかった。

対象者は、前職を辞めたときに気分転換と好奇心でキャバクラに行ってみたのだろう。女性との恋愛経験がほとんどなかったこともあり、一人の女性にのめり込んでしまった。女性に優しくされただけで舞い上がってしまったのかもしれない。女性にとっては、客の一人でしかなかったが、純な対象者は親密な関係だと勘違いした。多額の借金までして、足繁くキャバクラに通い、その女性を健気に指名し続けるほど惚れていたのは間違いない。

調査期間は、最初から二週間と決められていた。今回の人探しは不発で終わるのかと思われた調査最終日、事態は急展開を迎える。

立ち寄る可能性が最も高そうなコンビニで張り込んでいると、それらしき人物が現れたのである。

最初に発見したのは浦川だった。

「あ、あれじゃないですか?」と先輩に伝え、写真を撮った。その画像を依頼者に送り、対象者なのか確認してもらう。その間も、浦川らは対象者らしき人物を追う。依頼者からの「息子で間違いありません」という返事を得ると、浦川の体内にアドレナリンが一気に溢れ出した。

「もうびっくりしました。無駄骨に終わると覚悟していましたから」

尾行を続けて、住まいを確認。対象者は小さくて古いアパートに入っていった。作業服を着ていたため、何かしらの仕事をしているのだろう。やはり、女の影は感じられなかった。

浦川らの仕事は、生存確認をして住所を特定する(宅割り)ところまで。その後どうなったかはわからない。想像でしかないが、一時的に女性にのぼせ上がったけれど、返せないほどの借金を抱えて冷静になったのか、父親のカードを無断で使用した罪悪感に苛まれたのか、相手から拒絶されて我に返ったのか、もう一度働き始めたようである。もともと真面目なタイプなのだろう。少しずつでも親に返済していくつもりだったのかもしれない。実家のある東京から、逃げた横浜までの距離からすると、そう考えるのが自然だろう。

本人にも家族にも大きな痛手ではあったが、一人の男性が大人になるために必要な経験だったように思えてならない。依頼者から渡されていた写真の対象者は、心配になるほど純粋な顔をしていたそうだ。社会の悪や嘘、闇や汚れといった負の部分に一切触れてこなかったような表情だった。しかし、コンビニで見つけた対象者の顔つきは、明らかに違っていた。「目つきが鋭く、男っぽくなっていたので、最初は本人か確信が持てませんでした」という浦川の言葉からも、その変化の様子が窺える。

失敗や間違いは誰にでもある。我を忘れるほど人を好きになることもある。当の本人にとっては地獄のような時間だったかもしれない。それでも、後から振り返ると、貴重な時間だったと感じるのではないだろうか。そのときに戻りたくもなければ、同じことをしたいとも思わないが、あの濃密な時間はほろ苦い思い出として胸に深く刻まれるだろう。

すべてを投げ捨ててしまう過剰さも、たった一つの情動に支配される危うさも、若者の特権だ。親や友人、他人に迷惑をかけることはあるだろうが、みなお互い様である。大事なのは、そこから立ち直れるかどうかではないだろうか。

家出をした対象者はきっと前を向いていくように思われた。多額の借金をしてしまったし、両親には恥ずかしい思いをさせてしまった。最愛の人にも裏切られた（と本人は思ったはずだ）。自宅に戻るのすら憚《はばか》られたに違いない。それでも、彼には心配してくれる両親がいる。両親によって育まれた真面目な土壌もあるし、本人が生まれ持った力強い種もある。一度くらいしおれても、また雨が降れば成長していける。干ばつを乗り越えた彼の心は、より逞しくなるに違いない。

浦川も借金の返済で苦しんだ経験がある。自分の借金ではないだけに、この対象者よりも理不尽に感じていたのではないだろうか。そんな素振りを一切見せないが、つらかった過去の日々を乗り越えて、今の浦川がいるのだ。だからこそ、浦川にとって今回の案件が印象に残っているのではないだろうか。

森　他に印象深かった案件ってある？

浦　そうですね……。とても不思議な依頼がありました。手紙を渡してほしい、という依頼です。

森　手紙？

浦　そうです。普通に郵便で出せばいいんじゃないか、と思うんですが、相手の住所がわからないので、探偵に依頼してきたみたいです。

森　どういう依頼者だったの？

浦　三〇代前半の女性でしたね。手紙を渡したい相手というのが、元彼の今の奥さんなんですよ。

森　それは、ちょっと怖いね。

浦　ですよね。依頼者から手紙を預かって、元彼の奥さんに渡すわけですが、何が書かれているのか、何が入っているのか、想像するだけでも恐ろしいですよね。

森　中身は知らなかったの？

浦　僕は教えてもらえなかったですね。さすがに上の人はチェックしているはずですが……。だって、脅迫文だったりしたら、犯罪に加担したことになりますから。

森　それでも気になるよね。
浦　元彼は現在、名古屋のある高校で先生をしていることはわかっていたんです。それで、車で名古屋まで行ったんですが、ずっと手紙の内容が気になって気になって……。
森　どんな内容だと思ったの？
浦　一緒に行った先輩とあれこれ話していたんですが、どっちに考えても恐怖でしかないんですよね。
森　どっちに考えても？
浦　そうです。良いように考えたら、「彼はこんなところもあるけど、優しくていい人です。絶対に幸せにしてあげてください」といった内容ではないか、と。
森　それは怖いね。悪いように考えたら？
浦　う〜ん、犯罪にならない程度に彼の悪口ばかり書かれているパターンではないか、と想像していました。さすがに「こんな男とは別れたほうがいい」というのは脅迫に近いですからね。あとは、二人の秘密を暴露する系ですかね。リベンジポルノみたいな。
森　恐ろしい……。その依頼者は結婚しているの？
浦　いや、独身なんですよ。
森　悪いようにしか想像できないね。それで、結局どうなった？
浦　元彼が働いている高校で、朝から夜まで張り込んでいたんですが、なぜかその日は来なかったんですよ。
森　夏休みとか？
浦　いえ、平日です。普通に授業が行われているようでしたので、創立記念日とかでもないはずです。何かあったんでしょうね。風邪だったのか、研修があったのか、たまたま休みだったのか。
森　家はわからず？
浦　そうなんですよ。結局、手紙は渡すことができず、また名古屋から東京まで持ち帰りました。だから、手紙の内容はわからないままです。いまだにモヤモヤしますね。
森　聞いているだけでモヤモヤしちゃったよ。
浦　不思議な依頼もあるもんですね。
「ちょっとドリンクを入れてきてもいいですか？」といって、浦川はドリンクバーに向かった。私もコーヒーを入れに立つ。浦川はドリンクバーの前で少しだけ思案して、コカ・コーラとカルピスを半分くらいずつ入れていた。
「それって、おいしいの？」と聞くと、浦川は「初めてなんで、どうですかねぇ？」といいながら、一口飲む。「うん、まぁまぁおいしいですね」と屈託のない表情でいった。カルピスソーダもあるのに、あえてカルピスをコカ・コーラで割っていた。
そのときは変な飲み方をするなぁと思っていたのだが、後で調べてみると、かつてカルピスの原液をコカ・コーラで割って飲む「キューピット」という飲み物があったようだ。一九七〇年代に大阪の喫茶店で流行ったようで、今でもメニューとして残っているところもあるという。

試しにウェブで検索してみると、カルピス・コーラという名称のレシピもたくさん出てきた。ある界隈では人気があるようだ。ものは試しということで、自宅で「キューピット」「カルピス・コーラ」なるものを作ってみた。カルピスの原液にコーラを入れるだけ。本場のキューピットは輪切りにしたレモンを入れるそうだが、そういう細かいことは気にしない。スプーンでかき混ぜてグイッと飲んでみると、確かにおいしい。表現が難しいのだが、甘ったるい駄菓子のようなコーラだ（さっぱり伝わらないだろうが）。病みつきになる人も多いそうで、ミルクを加えてミルクセーキ風にするレシピもある。

その甘ったるいカルピス・コーラを飲みながら、浦川は失敗談を語ってくれた。

浦川はレンズ越しに対象者と目が合った。

レストランから出てきた対象者が浦川に近づいてくる。「バレた」と気付くのがわずかに遅れた。浦川は急いで逃げた。相手は「なんだアイツ！　撮影していたぞ！」と大きな声を上げるだけで、幸い追いかけてくることはなかった。捕まってカメラを壊されるような事態になれば、大失態だ。

経験を積むと、その人がどこを見ているのかがわかるようになるそうだ。遠くを見ているのか、ただ前を見ているのか、一点を集中して見ているのか、視線の区別ができるようになる。

「こっちのほうを見ていても、自分のことを見ているとは限らないですよね。視界の中に入っていても、風景の一部であれば目立たない。ぼんやり見ていたり、別のものを見ていたりする場合、その中に僕がいても警戒する必要はないんです。そういう風景の一部になっている視線と僕を見ている視線は、まったく違います。僕のことを見ているときは、鋭いというか目力を感じるというか、説明しにくいのですが、まっすぐこちらを見ているんです」

当時の浦川は、その視線の違いがわかっていなかった。最初のうちは、視界に入っているだけで、「僕のことを見ているんじゃないか？」とドギマギしていた。しかし、対象者が思ったほど自分を見ていないことに慣れると、今度は対象者の視線に鈍感になってくる。「どうせ見ていないだろう」と大胆になってくるのだ。慣れると警戒心が緩くなるのは、探偵に限らず、すべての人間にいえることかもしれない。油断大敵である。

自分を見ているのに、気付かない。もしくは、気付くのが遅い。一瞬で気付けば、すぐに対応できる。目線を外したり、スマホを見たりして、ごまかすことも可能だ。普通に道を歩いていても他人と目が合うことはある。でも、ずっと見られていることはまずない。ちょっと目が合ったくらいなら、こちらの正体は発覚せずに済む。

ホテルから出てくる場面は、調査でいえば大詰めである。そこで失敗してしまったら、どうするのだろうか。

「対象者に完全にバレてしまったら、もう自分が捨て駒になるしかないですね」

浦川の探偵社では、調査の際は最低でも二人で動く。一人が尾行に気付かれた場合、気付かれた探偵が消えて、もう一人の探偵が追い続けられる状況を作るのだ。対象者たちが食事を終え、レストランから出てきたところで、「あいつ、店に入る前にもいたような気がする……」と疑われたら、対象者たちはまっすぐにホテルには向かわなくなる。だからといって、「今日はやめておこう」とともならない。ほとんどの人は、疑わしい人間を撒《ま》こうとする。怪しい人物がいなくなれば、安心して次の行動に移すことができる。不貞の証拠を取るためには、気付かれたほうは捨て駒になって、もう一人の探偵のフォローに徹するのが最善策なのだ。

今回の対象者も同じで、浦川の姿が見えなくなったことで、案の定、逢瀬に走った。一度燃え上がった欲情は、そう簡単に鎮火しない。「ひょっとしたら、嫁が調査を依頼したのかも」という疑いが頭の片隅に浮かぶかもしれないが、「そんなわけないだろう」と楽天的に考えるのか、「どうせバレているなら、もういいや」と開き直るのか。どちらにしても問題を先送りにして、対象者の多くは目の前の情欲に溺れてしまう。

これは、浮気をしている人特有の習性かもしれない。浮気は、発覚するかもしれないというリスクと常に背中合わせの行為だ。「いつかバレるかもしれない」と思いながら背徳行為に身を投じるのだから、より情欲に流されやすいのではないだろうか。

探偵同士は、連携して行動するために、調査中は連絡を取り合っている。特に大事な場面では、携帯電話を通話状態にしておき、イヤホンマイクで会話することも多い。「自分、今、たぶん見られました。かなり警戒されているんで消えます。最後のところだけよろしくお願いします」といったやり取りをする。

ピンチの状況下で、どういう対応を取れるのか――。そこで探偵としての資質が問われる。修羅場になったり、失敗したとしても、冷静に次の判断ができるかどうか。浦川も、そういう先輩に憧れている。

「切羽詰まると、頭が混乱してしまいます。平然とした顔で、正解に一番近い行動ができる人はすごいですよね」

尾行していた対象者を見失ったら、普通は「どうしよう……。どっちに行った？」とあたふたしてしまう。対象者を見失うのは、探偵にとって致命的なミスなのだ。ただ、失敗したことはどうしようもない。大事なのは、いかにリカバリーできるか、である。

浦川の尊敬する先輩は、たとえ見失っても、「走っていなかったから、きっとこっちに行ったんじゃない？」「後ろ姿が見えないということは、この道を曲がったんじゃない？」と冷静に判断して、最も可能性の高い選択ができるそうだ。ある程度、対象者の行動を予測しているのだ。さらに「対象者がこうしたら、ああしよう」というふうに、常に先回りして、次の行動をシミュレーションしている。だから、見失ったとしても素早く対応できるのである。

「浮気相手の居住先近くで、対象者が急にいなくなったことがあるんです。僕は焦っていたんですが、その先輩はマンションのベランダ側に回り込んでいて、部屋に入るところを撮影していました。このマンションかもしれないって予測していたんでしょうね」

浦川は、また立ち上がってドリンクバーに向かった。カルピス・コーラは、喉が乾くのかもしれない（話していて、ただ喉が乾いただけかもしれないが）。

私は、浦川の後ろ姿を見ながら、リカバリーについて考えていた。リカバリーさえできれば、ミスはミスではなくなる。探偵の仕事だと、その場でリカバリーしなければいけないが、他の仕事、いや仕事だけでなくプライベートでも、ミスはいつでもリカバリー可能なのかもしれない。リカバリーできれば、過去の失敗はただの笑い話になる。「終わりよければすべてよし」というのは、リカバリーがうまくいった結果なのだろう。

そんなことを考えていると、今度は深緑色をした液体を持って、浦川は戻ってきた。「それは何？」と聞くと、「メロンソーダと野菜ジュースを混ぜてみたんです」と笑顔で返し、ちょっと微妙そうな顔で飲んでいた。

森　これからも探偵、続けていくの？

浦　どうなんでしょうね。う〜ん……、まだ探偵になって四カ月しか経っていないのでなんともいえないですが、ずっとは難しいんじゃないかな……と感じています。

森　どうして？

浦　無理して続けていくことはできるでしょうけど、体力的に厳しくなるんじゃないかな、と。

森　やっぱりしんどい？

浦　しんどいですね。今はまだ若いので、二、三日徹夜しても平気ですが、年上の先輩を見ていると、ずいぶん身体にきているようですし、実際に「しんどい」っていっていますしね。だから、もし続けるのであれば、独立して自分の探偵社を持って、依頼者の相談を受ける道になるんだと思います。

森　それはそれで、精神的にきついかもね。

浦　そうかもしれないですけど、興味はあります。

探偵になって四カ月しか経っていない浦川ではあるが、早くも将来の道をおぼろげながら模索していた。次の新しい刺激を求めているようにも見える。

浦川は、これからも探偵の仕事を続けるのだろうが、彼がどう成長、いや進化していくのか興味深い。新しい刺激は、慣れるにつれ薄まっていく。それに対して、より強く、より深い刺激を求めていくのか。それとも、まったく別の刺激を追うのか。どういう探偵になっていくのか、何ごとも器用にこなす彼だからこそ、勝手に想像が膨らんでしまう。

ゲームやネットといったデジタルな世界で嘘の刺激に囲まれて育ってきた世代——。現実の世界では、彼らは平等という名のもとで、熱量の少ない教育を受けてきた。相手を蹴落とすような競争を否定し、ありとあらゆる多様性を尊重する価値観で育ってきた。そんな世代の一人である浦川は、今リアルな世界に飛び出したばかりである。しかも、男と女の感情と欲望が入り乱れた複雑な世界だ。ずっと、「本を読んでいる感覚に近いですね」という浦川の言葉が引っかかっていた。今はまだ、浦川が住む世界とは別のバーチャルな世界でストーリーが進んでいるのであろう。その世界から飛び出して、自分が主人公になったとき、どういう世界が待ち受けているのか。少なくとも新しい刺激を彼に与えてくれるに違いない。

浦川は、いつの間にか、メロンソーダと野菜ジュースを混ぜた〝野菜メロンソーダ〟とでも呼ぶべきものを飲み干していた。慣れていないだけで、飲んでいるうちにおいしくなってきたのかもしれない。さらに、「オレンジジュースも混ぜたほうがおいしいかも」とつぶやきながら、もう一度ドリンクバーに向かっていった。

第五章

# ハードボイルドの葛藤

真夜中の探偵事務所――。依頼人の女性は、ある書類を盗み出すため、事務所に忍び込む。知られてはいけない真実が、調査報告書に書かれているのだ。暗闇の中で家探しをする依頼者に、待ち構えていた探偵は静かに口を開く。

「探しものならここにありますよ、奥さん」

濃紺のシャツにライトグレーのネクタイを締め、黒いスーツで身を包んだ探偵は、タバコの煙を吐き出しながら、左手に持った調査報告書を依頼者のほうに投げる。

「これがほしいんでしょ?」

痛々しい傷を負った探偵の顔には、いくつもの絆創膏が貼られている。妖艶な依頼者は、動揺した素振りを微《かす》かに見せるが、色仕掛けでごまかそうとする。

「いいえ、あなたにお目にかかりたくて来たんですの。ご迷惑だった?」

「とんでもない。嬉しいですよ。お待ちしておりました」

ひどい怪我をしている探偵を気遣って、優しく手当てをしようとする依頼者。その手をはねのけて、探偵は核心に迫る。

「手当てをしようとするなら、最初から殺そうとしないことだ。俺たちはね、そんな利己的な暴力よりも、ほんの何気ない優しさがほしいんだ」

これは、一九七九年から一九八〇年にかけて放送されたテレビドラマ『探偵物語』(日本テレビ系列）の第2話「サーフ・シティ・ブルース」のワンシーンだ。

依頼内容は、二年前に家出をした娘を探し出すこと。父親が病気で死にかけており、最後にひと目だけでも会わせてあげたいという妻からの依頼である。依頼者は資産家の後妻で、娘にとっては義母にあたる。探偵の工藤俊作は、依頼どおり家出娘を探し出したが、何者かに娘を殺害されてしまう。結局、夫も娘も死んでしまい、依頼者は莫大な遺産を相続することになった。残された証拠を隠滅するため、真犯人である依頼者は探偵事務所の家探しを決行したのである。

松田優作が演じたのは主人公の私立探偵・工藤俊作。ハードボイルドで二枚目ではあるが、コミカルで母性本能をくすぐる、当時では斬新なキャラクター設定だった。自由をこよなく愛し、いわれのない謝礼は受け取らない。トレードマークの黒いハットをかぶり、イタリア製のバイク・ベスパにまたがる姿に、女性だけでなく、男性も憧れた。

そんな松田優作のような探偵が横浜にいる。


男の名は、村上健二《むらかみけんじ》――、現在五〇歳のベテラン探偵である。濃紺のジャケットにダメージデニムをはき、足元のローファーは丁寧に磨かれている。きれいな白髪は短く整えられ、切れ長で鋭い目つきが年配男性の色気を醸し出していた。銀幕の世界から飛び出してきたような渋い探偵である。

村上は、JR横浜駅から徒歩一〇分ほどのオフィスマンションで、小さな探偵社を営んでいる。事務所の中には、村上と事務員用の机、小さな応接セットが置かれていた。どれも高価ではないが、こだわりのある家具で揃えられている。昭和を感じさせる応接セットは、長年愛情をかけられてきたことが窺える。家具に使われている木材は独特のナツメ色をしていた。刑事ドラマに出てくるような味気ない部屋ではあったが、年代ものの家具たちが名脇役を演じていた。

福島県出身の村上は、高校を卒業した後、地元で防災関係の仕事に就く。しかし、長続きせずに辞めてしまい、ピザの宅配バイトなどをして日銭を稼いでいた。

村上は元来、困っている人、弱っている人を助けたいという思いが強い男だった。友だちや後輩から相談を持ちかけられると、親身になって話を聞いた。手助けできることがあれば、労力を厭わずに動いた。人間関係のもつれや他の集団とのいざこざといった些細な問題が多かったが、女友だちから恋の相談を受けたこともあった。

テレビドラマで松田優作や沖雅也が演じる探偵の姿を見るにつれ、村上は探偵に憧れるようになった。バラエティ番組に探偵がよく出ていたのも、村上が探偵に興味を持ったきっかけである。

福島県にある探偵社を電話帳で調べて、片っ端から電話をかけたこともあるが、どこも募集していなかった。当時は、人員が足りないような職業ではなかったのである。

「まぁ、仕方ないよね。どこも募集していないんだから」

憧れの職業があっても、その門戸が狭い。探偵に限らず、最初の一歩が最難所である職業は多い。

福島県の探偵社は、個人で経営しているところばかりだった。彼らがどこで探偵の修行をしてきたのかは知らないが、自分一人、もしくは家族を養うだけで精一杯なのだろう。人を雇うほど余裕のあるところは近場にはなかった。

当時付き合っていた彼女は、東京の大学に進学していた。子どもの頃から互いの家を行き来する幼馴染で、村上は「いずれ一緒になるんだろうな」という思いを描いていた。彼女は東京で一人暮らしをしていて、アメリカ文学を専攻していた。卒業後は福島県に戻ってくる予定だった。一年近く遠距離恋愛を続けながらアルバイトをしていたが、村上は次第に寂しくなってきた。彼女とあと三年も遠く離れたままでいるのが耐えられなかった。

そんなとき、横浜の大学に進学した友人に電話で相談した。彼女のこと、仕事のことを率直に話した。友人の「探偵といえば横浜だろ！」という言葉に、村上は明るい道筋を見た。横浜に行けば、彼女とも会えるし、憧れの探偵にもなれる。すべての悩みが解決できるように思われたのだ。幸いなことに、横浜に住んでいる友人の部屋は広く、駐車場もあるという。村上は車に布団と身近な生活品だけを積み込んで横浜に向かった。しばらく居候《いそうろう》をさせてもらい、探偵で収入を得られるようになれば、自分でアパートを借りる予定だった。

ところが、友人の下宿先に到着してみると、風呂なし、トイレ共同の四畳半の部屋だった。駐車場もなく、仕方なく路上駐車していたら、翌朝には駐車違反のステッカーが貼られていた。友人は村上のために嘘をついたのだろう。うだつの上がらない村上の尻を叩いてくれたのである。村上は後に引けなくなった。家族や地元の友人に、「横浜に行って探偵になる」といって出てきたのだ。すぐに引き返すほどかっこ悪いことはない。

まずは職を見つけなければいけない。片っ端から探偵社に電話をするつもりだったが、幸先よく、最初にかけたところから「面接に来てほしい」といわれる。浮かれた気持ちで面接に行くと、「探偵学校に入らないといけない」といわれた。「探偵になるための学校があるんだ」と合点したが、その費用が三〇万円もかかる。しかも、下宿ではなくアパートを借りなければならないともいわれた。生活費すらままならないのに、そんな大金は払えないし、アパートを借りる金もない。その場では「考えます」といったものの、他の探偵社を探すしかなかった。

電話帳に載っている探偵社に順番に電話をかけたが、福島のときと同じでどこも雇ってくれない。都会でも状況は変わらないようだった。

そんな中、唯一面接してくれたのが、横浜の黄金町《こがねちょう》にある探偵社だった。

「社長が面接するっていうんで、行ったら即採用。明日から来てくれって。その社長がまた渋くって、まるで宍戸錠《ししどじょう》みたいだったんだよね」

一九九四年から公開が始まった映画『私立探偵 濱マイクシリーズ』。永瀬正敏演じる主人公の濱マイクは、キレやすいが、友だち思いで危険を顧みないキャラクターである。キレたら手をつけられなかった狂犬マイクの師匠にあたるのが、役名もそのままの宍戸錠である。元刑事ではあるが、見た目はやくざそのもの。友だちを助けるためにマフィアの抗争に首を突っ込もうとする濱マイクを力づくで説得したりもする。強面ではあるが、愛情溢れるオヤジだ。

映画の舞台になったのが、まさに横浜の黄金町だった。映画で登場する洋食屋や喫茶店は実際に先輩探偵たちの行きつけで、濱マイクの探偵社があった横浜日劇も当時は実在していた。この探偵社は、映画のモデルになったともいわれているそうだ。それだけ有名な探偵社だった。

映画から飛び出したような探偵の世界に、村上は二〇歳で飛び込んだ。

かつての黄金町は青線地帯だった。売春行為を目的とする特殊飲食店が集っていた地域を赤線、赤線の周囲に営業許可なしで売春行為を行っていた地域を青線と呼んでいた。

京浜急行・黄金町駅の改札を出て、高架に沿って日の出町駅方面に歩いていくと、「ちょんの間《ま》」と呼ばれていた二間ほどしかない小さな店が所狭しと立ち並ぶ。肌を露出した外国人女性が一階のカウンターに座っていたり、入口に立って、女性を物色している男性客を誘惑する。交渉が成立したら、一階のカーテンを閉めて二階に上がり一・五畳ほどの部屋で行為に及ぶ。相場は二〇〜三〇分で一万円程度だった。

二〇〇〇年代前半には、約二五〇店舗ほどのちょんの間があったといわれ、赤やピンクといった怪しげな光を放っていた。ちょんの間以外に、路上には「立ちんぼ」と呼ばれる外国人女性も大勢いた。路上や大岡川《おおおかがわ》沿いの広場、ホテルの前で、男性に「お兄さん、遊び？」と声をかけ、ラブホテルに誘導するのだ。

二〇〇五年に行われた大規模な一斉摘発によって、ちょんの間も立ちんぼも街から姿を消した。

濱マイクの事務所だった横浜日劇も、同じく二〇〇五年に閉館した。賑やかだった街は、今は祭りの後のような落ち着きのない静けさに包まれている。

村上が探偵になったのは一九九〇年。まだ京浜急行の高架下にちょんの間があった時代だ。アジアや中南米の娼婦たちの故郷の味を提供する飲食店も多く、独特の香辛料の匂いが路地まで立ち込める国際色豊かな街を舞台に村上の探偵人生が始まった。

最初は気軽な気持ちで探偵になった。彼女が大学に行っている間に探偵の修行をして、授業が終わったら一緒に過ごそうと思っていた。「石の上にも三年」といわれるように、三年ほど探偵の修行をして、彼女と一緒に福島に戻って自分の探偵社を構える夢も描いていた。だが村上は、まだ探偵の大変さを知らなかった。

「ちょっと張り込んで、相手が出てきたら追いかけるイメージでいたんだけど、入ってみたら、張り込みばっかでキツかった。彼女とも会えないしね」

村上の最初の仕事は、大手企業の情報流出事件だった。仕事について何も教わらないうちに、多くの社員が出入りする本社前で張り込みを開始。一枚の写真を見せられて、「目に焼き付けて覚えろ！」とだけ指示された。その写真の人物が情報を流出させた張本人だと見なされていたのだ。

当時の写真は、デジタルではなく印画紙に焼き付けられたもの（紙焼き写真）だったため、紛失したら一大事である。今の時代のようにメールで画像データを送り直せば済む話ではなく、依頼者に頭を下げてネガを貸してもらい、もう一度写真を焼かなければいけない。一枚しかない写真は貴重だったため、一度しか見せてもらえず、探偵たちは目に焼き付けるように覚えていたのだった。村上は車の中から本社に出入りする数百人の社員を見ていた。しかし、まったくわからない。似ている気もするし、違う気もする。そのうち、みんな同じ顔に見えてくる。

ところが、すごい先輩がいた。「あ、あいつだ！」と一瞬でわかるのだ。「探偵の世界にはこういう特殊能力を持っている人がいるんだ」と感心したという。

情報を流出させたと目される社員を尾行して、誰と接触しているかを調べるのだが、新人の村上は先輩の後をついていくだけだった。大きな案件は、いくつかの探偵社の人間が関わっているものだ。依頼を受けた元請けの探偵社が他の探偵社に協力を要請する。末端の村上にとって、事件の全貌など知る由もない。「見て覚えろ」という社風で、先輩は何も教えてくれなかった。

朝の五時に下宿先を出て、夜中の一時や二時に帰ってくる。平均睡眠時間は三時間くらいしかなく、張り込みをしている昼間に先輩と交代で仮眠を取っていた。そんな生活が、ほとんど休みなく二カ月も続いた。

その後も村上は、プライベートのない探偵業務に忙殺された。関西のお笑い芸能プロダクションの会長を尾行したり、大手パチンコメーカーの社長を追いかけたり、某テレビ局の視聴率改ざん事件の調査など、大きな事件を請け負うこともあった。アパートを探す暇などなく、友人の下宿先から動けずにいた。

村上が勤めた探偵社は、商売下手だった。宍戸錠似の社長は、金のない人でも、人情で依頼を引き受けてしまう。手持ちがないというので、一五万円で一カ月間徹底的に調査したこともある。生まれたばかりの乳飲み子を抱えた女性がやってきて、「夫が浮気をして……」と涙を流しながら訴えることもあった。彼女は生活費を入れてもらえないので、金を持っていない。それでも社長は「金は後でいいから。村上、行ってこい」と、依頼を引き受ける。最初は怖いだけの社長だったが、そういう男気を見るうちに、尊敬の念を抱くようになっていた。

最初は誰の調査をしているかすらあやふやだった村上も、業務に慣れるにつれ、張り込みの仕方、尾行の技などを学んでいく。先輩たちにも可愛がられ、教えを請いながら、調査内容についても聞けるようになってきた。

何のために調査をするのか、なぜその人物を追っているのか、どういう輩がバックにいるのか……。先輩たちでも詳しく知らされていないケースもあったが、想像を交えながら話をするのが楽しかった。何時間もの張り込みは、ただ苦痛な時間ではなく、先輩から情報を得られる貴重な時間であり、学びの時間でもあった。夢見ていた映画のような痛快さはなかったが、現実の探偵業の面白さが少しずつわかり始めていた。だからこそ、昼夜を問わず仕事に邁進できたのだろう。

しかし、村上は三カ月で探偵社を辞めた。

彼女にフラれたからである。

村上が探偵になった一九九〇年代前半は、携帯電話も普及しておらず、事業用に使われていたポケベルが、個人に浸透し始めた時代である。ポケベルとは、無線で相手を呼び出すための通信機器で、会社から外出している社員に電話番号を送り、その社員が公衆電話から会社に折り返す。企業用のものは、呼び出しベルとして使われていた。プライベートでは、数字でメッセージを送り合うのが流行った。「1410」は「愛してる」、「33414」は「寂しいよ」、「500731」は「ごめんなさい」、「999」は「サンキュー」などといった語呂合わせが若者の間でブームになっていた。

ポケベルでメッセージを送るために公衆電話に行列ができ、まるでゲーム機のように番号を高連打する光景が見られるようになった。テレフォンカードは必需品になり、使用済みテレフォンカードを改造した偽造テレフォンカードが大量に出回って社会問題にもなった。

プライベートがなかった村上は、彼女と会う時間が取れず、ポケベルで連絡し合うしかなかった。頻繁にポケベルを鳴らすわけにもいかず、仕事に行く前と終わった後くらいしか、彼女に連絡ができずにいた。半ば彼女を追いかけて上京してきた村上であったが、探偵にのめり込むうちに、仕事を優先するようになっていた。二〇代というのは、そういう時期でもある。特に一昔前の男性には、二〇代を修行の時代と位置付け、プライベートを犠牲にして、徹夜で仕事をしたことを誇るようなモーレツな仕事人間が多かった。それを「男の美学」だと考え、女性たちも理解してくれるものと思い込んでいた。

ところが、探偵の仕事を始めてわずか三カ月で、村上と彼女の間には距離が生まれる。好きな職業に就けて一意専心《いちいせんしん》している村上は、彼女が寂しさを募らせていたことに気付かなかった。電話しても繋がらなくなり、ポケベルを鳴らしても返ってこなくなった。近くにいるはずなのに、会うこともできなければ、電話で話すこともできない。彼女にとっては、遠距離恋愛よりもつらい状況だったのかもしれない。若い二人の関係が自然消滅したのも、言葉どおり自然の成り行きだった。

また、当時の村上は依頼者に感情移入しすぎるところがあった。浮気調査も多く、男女のドロドロした欲望に振り回されるのも、まだ二〇歳の村上には精神的な苦痛だった。

「浮気調査って、えげつないから俺は嫌なんだけど、どうしても依頼者の肩を持ってしまうんだよね」

依頼者の気持ちに寄り添うことは大事だが、距離を置いて接していかないと心が疲弊してしまう。村上は、体力的にも精神的にも弱りきっていた。

村上は探偵の仕事から離れたが、故郷に逃げ帰るわけにもいかない。横浜の友人の下宿で世話になりながら、さまざまなアルバイトをしたが、ぽっかりと空いた心の穴を埋めてくれるものは何もなかった。

探偵社を辞めて数カ月ほど経った頃、探偵の先輩から「人手が足りないから手伝ってほしい」という連絡をもらう。尊敬する先輩からの頼みでもあり、退屈な日々に嫌気が差していたこともあって、調査を手伝うことにした。正社員として働いているときは薄給だったが、外注扱いだと日給が一万円というのも乗り気になった理由だった。

久しぶりの調査はあいかわらず退屈で、長時間の張り込みはつらかった。でも、心の奥深くで沸々と湧き上がる何かを感じずにはいられなかった。その思いは小さな種火となって、村上の心で静かに燃え始めたのである。

何度か手伝っているうちに、探偵という仕事の本質を理解するようになってきた。外注という立場もあり、冷静に依頼者や案件を見られるようにもなった。改めて、弱った人や困った人を助ける仕事にやりがいを見出すようになったのである。

探偵には嫌な面もたくさんある。肉体的には重労働であり、精神的な苦痛も伴う。人の情欲をつけ回すのは、村上の性《しょう》に合わない。それでも、探偵という仕事が潜在的に持っている魅力に引き込まれていった。

一〇〇%好きになれる仕事など、存在しない。好きなことを仕事にしたほうがいいとはよく耳にするが、一〇%でもやりがいがあればいいほうである。また、つらかったり苦しんだりしたからこそ、味わえる達成感もある。それは仕事でも恋愛でも同じかもしれない。

普通に生活していたら知りようもない大物の裏側も見た。企業調査で大きな事件に関わることも多く、社会の闇を暴いているという高揚感もあった。村上の傷を癒やすものは、探偵しかなかった。濃密な時間が慌ただしく流れていくうちに、つらい経験は淡い思い出に変容していた。


二五歳のとき、村上は元の探偵社に復帰した。外注として業務を行うのではなく、正社員として所属することにしたのである。辞めてから五年が経過していた。

宍戸錠似の社長に連れられて、探偵業界の会合に村上も参加したことがある。会合といっても、新橋の雀荘を貸り切っての麻雀大会である。そこには探偵業界の重鎮らしき者たちが集っていた。一九九〇年代半ばは、まだバブルの残り香が漂っていた時代である。金にゆとりがあれば、不浄な金が生まれる。その金は不正や不貞に繋がるため、調査依頼も多くなる。すでにバブルが弾けていたとはいえ、まだ探偵業界は潤っていた。

会合に参加していた幹部たちは、ブランドの服や靴に身を包み、ヴィトンやエルメスといった高級ブランドのセカンドバックを脇に抱えていた。村上の目には、言葉は悪いが〝品のない成金〟のように映った。大手探偵社の経営者とも話したが、「こういう人でもトップになれるんだ」と、首をかしげてしまうような人もいた。村上には、金を持っているだけで、魅力的な人物がいない世界にも見えた。

「もちろん別格のオーラを放っている人もいたけど、遊び人みたいな人ばっかだったんだよね。うちの社長は、ヤクザみたいな見た目だからオーラはすごかった。人望もあって人脈も広かったけど、儲かってはいなかった。もっとうまくやれば、儲かるのにって思いもあったよね」

村上は、頑張れば自分の事務所を持てるという確信と、探偵として生きていく覚悟を固めた。

宍戸錠似の社長は、金に対して無頓着で、映画に出てくる探偵を地で行くような貧乏探偵社だった。給与は手渡しなのだが、その額は適当で、睡眠時間を削りに削って働いたのに月給が一二万円ほどしかなかったときもある。時給に換算すると、二〇〇円くらいになる。義理と人情に厚い社長ではあったが、実際に身を粉にして働くのは、村上ら現場の探偵だ。

経営が苦しい探偵社は他にも多くあり、犯罪に手を染めるところも出てきた。当時の村上には兄弟のように親しくしていた探偵仲間がいたのだが、彼の探偵社は盗聴が得意なことで有名だった。

「うちはやっていなかったけど、盗聴なんて当時はどこもやってたんじゃないかな」

村上は、その探偵仲間から聞いたエピソードを教えてくれた。

彼は有名なスポーツ選手の家に盗聴器を仕掛けたこともあれば、何人もの大物政治家を盗聴していたこともあるという。彼の探偵社の盗聴技術は評判を呼び、企業から直接依頼されることもあったそうだ。

戸建ての家では、電柱によじ登って電話線に盗聴器を仕掛ける。マンションの場合だと、配電盤と呼ばれるボックスの中に盗聴器を取り付ける。ただ、配電盤の中にはマンションの部屋数だけ配線があり、どれが対象者のものかわからない。そのため、もう一人の探偵が盗聴する相手の家に電話をかけ、その間に目的の配線を探し当てるのだ。電話中でないと検知できないため、通話を延ばさなければいけない。仕掛ける相手が政治家だとすると、「先生はご在宅ですか？」といって電話をかけ、「この前の講演会、素晴らしかったです」とか「個人献金はどうすればできますか？」とか、適当なことをいって時間稼ぎをする。

携帯電話が普及していなかった時代は、公衆電話を使うわけだが、探偵同士の姿が見えないため、かける時間を決めておき、五分以上は通話を長引かせないというルールで行っていたそうだ。それ以上だと、怪しまれるからだろう。五分で無理だったら撤収する。危険を冒さず、無茶をしないことが重要だった。押すべきところと引くべきところを熟知しているからこそ、プロなのである。

腕のいい探偵は、何十本もある配線の中から三本くらいに絞ることができる。何階の何号室かはわかっているので、経験と勘で当たりをつけておくのだ。ビニールの皮膜を剥がして検知するので、すべての配線を調べる時間はない。狙いどおりの配線が判明したら、小さな箱を取り付ける。そこまでの作業を五分で終わらせるのである。

小さな箱は二〇メートルくらいまで音声を飛ばすことができる無線機。カセットテープを仕込んだ受信機を適当なところに隠し、作業は終了。カセットテープは、電話がかかってきたときだけ作動する。それでも二日に一回はテープと電池を交換する必要がある。

盗聴器を他人の電話回線に取り付ける行為は、電波通信事業法に違反する犯罪ではあるが、盗聴は情報を得るための有効な方法であることも確かであった。

二〇〇三年、大手消費者金融会社・武富士の武井保雄《たけいやすお》会長（当時）が逮捕された。容疑は、電気通信事業法違反、いわゆる盗聴である。飛ぶ鳥を落とす勢いだった金融会社の、しかも上場を果たした企業の闇が暴かれた一大事件だった。

発端は二〇〇〇年秋に武富士の株価が暴落したことだった。ある雑誌の記事が原因と判断した武井は、執筆者だったジャーナリストの盗聴を指示。付き合いのあった探偵社に依頼して、ジャーナリスト宅に盗聴器を仕掛けた。その盗聴器を仕掛けたのが、村上が親しかった探偵だった。

やがて、盗聴に関わった法務課長（当時）の法廷での自白によって事件が明るみに出る。武井の逮捕に連動して、実際に盗聴した探偵らも逮捕。村上の友人も拘置所に留置された。

盗聴罪というものは存在しないため、警察は電波法違反や住居侵入罪、電気通信事業法違反など、関連する罪で摘発する。盗聴に関する犯罪は、通常、生活安全課が担当する。ところが、友人を逮捕したのは警視庁捜査第二課だった。

捜査第一課は殺人や強盗、誘拐などの強行犯を担当し、捜査第三課は空き巣や万引きなどの犯罪、捜査第四課は暴力団などの取り締まりを行う。そして、捜査第二課は知能犯事件を担当する部署である。政治家や官僚の汚職、業務上横領、詐欺や背任などの企業犯罪を扱っている。ちなみに汚職は〝サンズイ〟という隠語で呼ばれて、業務上横領（ギョウヨコ）や詐欺（ゴンベン）、背任（セナカ）よりも格が上だといわれている。汚職の役人を捕まえるのが捜査第二課の使命なのである。

武富士の事件も政治家が絡んでいる可能性があったようだ。武井の逮捕で手打ちになったのは、大物政治家からの圧力があったのかもしれない。さらに警察内部の汚職が関係していたという噂も流れた。「サンズイ」を挙げることを信条としている捜査第二課が、電気通信事業法違反で武井と関わった探偵の立件だけで折れた。それだけでも、何かしらの強い力が働いたと考えることもできる。

「盗聴……、つまり電気通信事業法違反の時効って三年なんだよ。彼が盗聴したのが二〇〇〇年で、捕まったのが二〇〇三年。まぁ、なんか裏があったんだろうね」

友人は、電気通信事業法違反で、懲役一年、執行猶予三年の有罪判決を受けた。

二〇〇一年に、村上は独立していた。会社を辞めたのは、人情だけで仕事を請け負ってしまう社長の方針に納得できなくなってきたから。探偵の給料は少なく、理不尽に思えて耐えられなくなっていた。独立したといっても、古巣の探偵社（宍戸錠似の社長の会社）の仕事を請けていたので、仕事内容は変わらなかった。ただ、外面《そとづら》がいいのか、社長は外注先への支払いはよかったのである。

二〇〇三年の友人の逮捕を機に、村上は探偵を辞めることも考えた。弱き人を助けたいとの思いから選んだ探偵だったが、あまりの忙しさに業務をこなすだけになっていた。意に沿わない依頼の報酬でも受け取らないと生きていけない。仕事を回してもらう探偵社からの依頼は、どんな内容であっても断ることができない。そんな中、兄弟のように親しくしていた友人が逮捕されたのである。あの気のいい人間でも逮捕されてしまう世界。村上は、探偵という仕事自体に懐疑的になっていく。

村上は試しに別の仕事を探してみたが、厳しい現実が待っていた。高校卒業後、会社勤めをしたこともあったが、たった数カ月の職歴だったため、一般的な社会人経験はないに等しい。履歴書を送って面接に進んでも、社会人経験がほぼない三三歳を雇ってくれるところはない。結局、村上が進める道は探偵しかなかった。

村上が探偵の仕事に対するジレンマで悩んでいた頃、宍戸錠似の社長は探偵を引退して、事務所を畳んでしまった。すでに高齢だったこともあるが、社長のやり方についていけずに辞めていく探偵が続いたのも理由だった。

決意新たにやり直そうと思っていた村上は、仕事を取るところからスタートしなければならなかった。探偵の仕事は、依頼者から直接依頼される自社案件と、他の探偵社からの請負案件がある。自社案件を増やすためには、依頼者を呼び込むために多額の広告費をかけなければいけない。そうなると、個人事務所では、広告費の必要ない請負案件が主力になってくる。

独立していたとはいえ、宍戸錠似の社長からの請負案件ばかりだったので、他社へのツテはないに等しかった。どこの探偵社も横の繋がりを活かし、互いに協力して調査を遂行している。村上も横の人脈を広げるために、同業者の飲み会や麻雀大会に積極的に参加した。一度現場を手伝って信用してもらえれば、また仕事を振ってもらえる。一〇年以上の経験があり、大きな案件にも携わってきたことで、村上は自らの探偵スキルに自信を持っていた。

当時は、探偵学校が流行っていて、多くの探偵社がその授業料も収入源にしていた。探偵になりたい者を集めて、座学と実習を教える。卒業すると探偵になれるわけだが、受け入れる探偵社は限られてくる。仕方なく探偵社をフランチャイズ化して数を増やすのだが、実務経験のない素人探偵ばかり。雨後の筍のように、次から次へと素人探偵が現れては消えていく。

難しい現場を経験してきた村上は、他の探偵とはレベルが違う。張り込む場所は、現場ごとに最適な場所が異なるのだが、探偵の経験値によってその判断に違いがある。

「一〇年くらいやっていると、張り込む場所って、誰でもここって決まるんだよね。でも、現場には若いやつばっかりなんで、なんでそんなとこで張り込むの？って思うことが多かった」

村上の探偵スキルは、他の探偵社から一目置かれるようになる。簡単に下見をしたら、出口が何カ所あって、どこに何人配置するという判断が瞬時にできる。調査の大まかな流れも予測できるので、自然と現場のリーダーを任されるようになっていった。

中堅の探偵であっても、それぞれに得手不得手があり、尾行一つ取っても、車を得意とする者もいれば、バイク、徒歩での尾行を得意とする者もいる。村上は、どれもが得意だった。

また、面取りも優れていた。面取りとは、対象者を確認することである。大きなビルから出入りする者の中から、調査対象者を見つけ出す。そう、村上が最初の仕事ですごいと感心した能力である。場数を踏むにつれ、村上も同様の能力が身についていたのだ。村上が人を見分けるときに注目するのは「耳」だという。

「顔のパーツって年齢を重ねると変わるけど、耳だけは変わらないんだよ。目とか口って似た人いっぱいいるけど、耳の形や位置は百人いたら百人とも違う。ただ、女性は難しいね」

女性は化粧で変わるし、耳も髪に隠れることが多い。村上は「女はケツで覚えるね」と笑った。

下品に聞こえるかもしれないが、自分のフェチで判断すれば、見誤ることがないらしい。興味のない人にとっては、同じような顔をしたアイドルグループであっても、好きな人にとってはそれぞれが個性的に見えるのである。

若い探偵ばかりの現場で、三〇代半ばの村上はベテランの域に達していた。どの現場でも重宝がられたのである。

探偵に復帰した後も、村上はもがいていた。探偵という道を歩み続けるための自分なりの価値観を見出せずに苦しんでいたのだ。

「俺は何のために探偵になったのだろう?」「スキルがあるといっても、それは誇れることなのか?」「このまま探偵を続けることに意味があるのか?」「社会に必要なのか?」「何が生きがいなんだろうか?」……。

社会の裏側を見てきた村上は、これまでの生き方、そして今後の生き方を考えずにはいられなかった。破壊が起これば、再生が始まる。今までの生き方を疑うからこそ、新しい生き方を見つけられるのかもしれない。

村上の頭に浮かんだのは、『探偵物語』の工藤俊作、松田優作のかっこいい姿だった。金と権力といった欲望にまみれた社会の中で、自由をこよなく愛し、貧乏ではあっても金のために自分の信念を曲げない。職業差別や性差別をせずに、弱っている人を助ける探偵像だった。

人は悩んだり、行き詰まったりすると、原点に立ち返るものだが、それは探偵という仕事を教えてくれた宍戸錠似の社長の姿でもあった。探偵として拾ってくれた社長、商売下手で不器用な社長。人情と仁義を大切にしたからこそ、儲けの少ない仕事も引き受けざるを得なかったのかもしれない。弱っている人を助ける一方で、事務所の経営は行き詰まり、身内であるはずの社員に迷惑をかけていた。社長はそのジレンマに苦しんでいたのだろう。社員が去っていく姿を見ながら、事務所を畳む決意をした社長の寂しそうな背中が忘れられない。

村上が探偵として成長できたのは、間違いなく社長と、社長を慕って集まった先輩たちのお陰である。村上の理想像がはっきりと描かれた。それは社長の姿だった。社長のやり方に異を唱えた村上であったが、突き詰めてみると、結局そこに戻ってきた。問題は、理想と現実が大きくかけ離れてしまったことにある。ギャップが大きいほど、ストレスも歪《ひず》みも大きくなる。不誠実にもなるし、悩みの種が増殖することにもなる。

理想と現実を近づけるためにはどうすればいいいか。村上はまず、適正な価格で仕事を請け負うことを決めた。金のために働かないといい切ればかっこいいが、それが難しいことは重々承知していた。適正な価格を謳って、まっとうな仕事をする。その信念を貫こうと決心した。

「商売上手なところは、うちよりも三倍から五倍も高い料金を取っているし、ボッタクリみたいなところもある。うちは料金表を出して適正にやっている。だけど、料金表を出していても嘘をつく探偵社はいっぱいあるんだよ。対象者を見逃したのに、平気で『出てきませんでした』って嘘の報告をしたり、たいした調査もせずにでたらめな報告書を書いたり……。五人体制の調査だといってるけど、どう見ても一人でやっているのもある。報告書がすべて本物かってことだよね」

調査内容の規模によって料金は変わる。探偵の数が増えれば、調査料も高額になってくる。村上の探偵社はホームページで料金を明示し、明朗会計を信条にしている。

浮気調査の場合、基本料金は四時間六万五〇〇〇円。一台の車両代、下見調査料、調査報告書作成費も含まれている。延長料金は探偵一人で一時間六〇〇〇円。初回限定プランでは、探偵二人で七時間六万五〇〇〇円となる。サービスプランもあり、探偵二人で八時間調査を行う場合は、九万八〇〇〇円となっている。

「まぁ、儲からないね。真面目に誠実にやっているけど、いつまでも貧乏探偵社のままだよ。偉そうなことをいってたけど、結局社長と何も変わらないね」

村上は笑っていたが、少し誇らしげでもあった。金よりも大事なものがある。金持ちにはなれないけれど、生活するくらいは稼げる。弱き者から金を吸い上げるのではなく、弱き者を救うような仕事をしたい。そういう村上の信念は、虐待調査という形で現れる。

二〇一〇年の児童相談所における児童虐待相談対応件数は、五万六三八四件（厚生労働省の発表）。

年間五万件を超え、両親による残酷な虐待事件も報道され、子どもの虐待が注目され始めた（厚生労働省による二〇一九年の速報値は一九万三七八〇件）。

テレビで児童虐待の報道を見ていた村上は、「子どもの虐待を監視するのに、探偵の技術が役立つのではないか」と考えた。役所の人間が、相談を受けて家庭訪問しても、文字どおり門前払いに終わることも多い。探偵であれば、もう少し踏み込んだ調査ができる。

「我々なんて、グレーな方法ではあるけど、監視することも虐待の証拠を取ることもできる。子どもの命がかかっているんだったら、俺は利益が出なくてもやるよ」

今では、虐待調査を謳っている探偵社も増えたが、村上の探偵社がその走りだったそうだ。それほど依頼は多くなかったが、強く記憶に残っている案件もあった。

依頼者は三〇代前半の母親。娘は先天性の病気があり、寝たきり状態だった。自分で呼吸することができず、喉を切開して気管にチューブを繋ぎ、人工的に酸素を肺に送っていた。痰《たん》が詰まると呼吸ができずに死んでしまうため、二四時間、介護が必要だった。

母親は「娘が性的虐待を受けているのではないか」と疑い、村上の事務所に依頼してきたのだ。

「この子は動けないのですが、あ、あの……、股間をいじられているようなんです……。証拠を取って、その人物を訴えたいと考えています」

子どもはまだ五歳だったが、まるで人形のようにきれいな顔をしていた。

「本当にかわいい顔をしていた。びっくりするくらい。最初聞いたときは、五歳で？って不審に思ったけど、あんなにきれいな顔だったら、わからなくもないって思ったくらいだよ」

依頼者も美人だった。難病を抱える母親として講演活動を行っていたためか、疲れている様子で目のまわりに隈《くま》ができていたが、透明感のある顔が夏目雅子に似ていると村上は思った。

子どもの介護は、依頼者（母親）と父親、依頼者の母親（祖母）、そしてヘルパー（女性）が交代で行っている。依頼者がいない間に性的虐待が行われているとすれば、犯人は父親か祖母、ヘルパーの誰かである。依頼者の見立てでは、「夫が虐待している」ということだった。男性は父親だけというのが理由である。真実を確認し、証拠を取るために、村上は自宅に隠しカメラを設置して、十日間、二四時間、監視することにした。

講演活動はしているが、それはボランティアに近いもので、依頼者には金銭的な余裕がなかった。訪問介護のヘルパーを頼むだけでも、それなりの費用がかかる。村上は「これは人助けだ」と思い、格安で仕事を引き受けた。依頼者の自宅は茨城県。横浜から茨城まで行くだけでも、高速代とガソリン代が一万円ほどかかる。カメラを設置しに行くときと、十日後にカメラを回収するときの二往復。それだけで、調査費の半分以上が消えた。

通常は、カメラの設置場所を確認するための下見をする。電源やカメラを隠すのに最適な場所を確認してから、機材を準備するのだ。今回は遠距離だったため、下見をせずに現場に入った。あらゆる状況に対応できるように、機材の種類もいくつか用意していた。

いざ依頼者の部屋を見てみると、カメラを隠すのにベストな場所がすぐには見当たらなかった。カメラ自体はCCDカメラなので小さい。しかし、記録媒体であるハードディスクが大きいのだ。今では、小さくて大容量のハードディスクがあるが、その時代はビデオデッキほどの大きさだったのである。

唯一設置できそうなタンスの上にカメラを仕掛けたが、依頼者は「こんなの夫に見つかる」とい い張る。「設置しているところを見ているから、バレると思うけど、知らない人からしたらバレるはずがない」と村上は確信していた。父親は「自分の家に隠しカメラが仕込まれている」と思ってもいない。人は意識していないものは、目の前にあっても気付かないものである。依頼者を説得して、タンスの上にカメラを設置して横浜に戻った。

十日後、カメラとテープを回収した。依頼者とは、証拠が写っているところだけを切り取って渡す約束をしていた。十日分のデータとなると、二四時間×十日なので二四〇時間ものデータになってしまう。村上が持っていた機材では、再生しながらでしかダビングができなかった。すべてのデータをダビングするには、調査期間と同じだけの日数、つまり十日間もかかるのだ。そのための証拠部分だけを渡すという約束なのである。

事務所に戻った村上は、早送りをして画像をチェックした。二四〇時間すべてを確認した。ところが、依頼者がいうような性的虐待はなかった。疑われていた父親は、とてもいい人のように見えた。会社から帰宅すると、食事の用意もしていたし、子どもの介護にも積極的だった。昼間は依頼者の母親やヘルパーが来て、丁寧に子どもの世話をしていた。一番何もしていなかったのは、依頼者だった。

「何も写っていませんでした。性的虐待の形跡は一切ありませんでした」と電話で報告をすると、「わかりました。データを全部ください」と依頼者からいわれた。

「は？　冗談じゃないって感じだよ。事前に約束しましたよね、って。まぁ、納得できなかったんだろうね。その気持ちもわからなくないから、全部焼くことにしたよ」

ハードディスクからＤＶＤに三倍速でダビングできる機材を新たに購入。調査費用以上の出費になった。三倍速でも四日かかった。途中でＤＶＤの交換もあるので、放置しておくこともできない。

調査報告書とＤＶＤを渡してから数日後、様子が気になっていた村上は依頼者に電話をかけた。それまでの依頼者は強い女性のイメージだったが、電話の向こうから聞こえてきた声は弱々しかった。おそらく自分でも映像を確認したのだろう。画面に写っていた自分の姿と自分の認識の違いに衝撃を受けて暗然としている可能性もある。

彼女の様子がおかしかったので、無理をいって依頼者の母親に電話を替わってもらった。依頼者との会話で、母親と一緒にＤＶＤを見たことが窺えたからだ。どの段階から知っていたかは不明だが、母親は今回の依頼のことを知っていたのである。

依頼者の母親に話を聞いてみると、依頼者は精神的に参っている状態であることがわかった。先天性の難病を抱えた我が子を世話してきた母親。子どもが幼い頃は、四六時中付きっきりだったに違いない。責任感の強い女性であるからこそ、自分を犠牲にして娘に尽くす。病気の娘に対して懺《ざん》悔《げ》の気持ちも強い。今ほど家族の協力を得られていなかったのかもしれないし、自分一人ですべてを抱え込んでいたのかもしれない。

詳しいことは詮索できないが、これまでの苦労は想像を絶するものだったのだろう。肉体的なつらさよりも精神的なつらさのほうがキツイものである。被害妄想にかられることを理解しつつも、やるせない気持ちがあるのも確かだった。

「完全に赤字だし、向こうからは感謝の言葉一つないし……。なんでこんな仕事、引き受けちゃったんだろ、みたいには思ったよね」

現実はテレビドラマのようにはいかないものである。どんなに人のために働いても、報われないことがある。人助けだと割り切っていても、誰からも感謝されずに、ただ時間と金が失われ、疲労だけが残ることもある。自分の中で完結できればいいのだが、人間とは人から承認されないと気が済まないややこしい生き物でもあるのだ。


虐待調査ではないが、子どもの親権が絡んだ案件もあった。

夫婦が離婚をする際、まずは二人で財産分与の割合や慰謝料など、子どもがいる場合は親権や養育費、面会の回数などの話し合いを行う。合意に至らない場合は、家庭裁判所で離婚調停が行われる。男女二人の調停委員が、双方の意見を個別に聞き、妥協点を模索する。それでも合意ができなければ、家庭裁判所に離婚訴訟を申し立てる。つまり、裁判で互いの主張をぶつけ、客観的な判断をしてもらうのである。

離婚調停を優位に進めるためにも、裁判で争うためにも、証拠が欠かせない。相手の浮気が原因で慰謝料がほしいのであれば、相手が浮気している証拠が必要だ。子どもの親権が譲れないとき、相手に親としての資質が欠ける証拠を取ることもあり、探偵の出番でもある。

男性の依頼者から、親権を取るための調査を依頼された。妻は学校の教師だったが、新宿歌舞伎町のホストに入れ込み、不倫関係になった。家庭を顧みず、ホストのところに何日も外泊していた。それでも、子どもの親権を譲ろうとしない。妻本人は親権にこだわっていないが、妻の両親が孫を手放したくなかったのである。

村上は、依頼者の妻（対象者）の浮気調査を開始。ホストの家に入るところと出るところの写真も押さえた。浮気調査としての証拠は取れたことになる。

ところが、親権は取れなかった。裁判で負けてしまったのである。探偵である村上の仕事は不貞の証拠を押さえるまで。裁判は弁護士の仕事だ。村上が紹介した弁護士ではあったが、相手の弁護士のほうが一枚上手だった。

相手の弁護士は、村上が取った不貞の証拠をずる賢い言い訳で覆《くつがえ》してきたのである。

村上は、対象者がホストの家に入るところを撮影すると、夜中一二時に現場を離れて事務所に戻った。仮眠を取った後、再び午前六時に現場に戻り、張り込みを開始。午前八時過ぎに対象者がホストの家から出てくるところを撮影した。

問題となったのは、深夜一二時から午前六時の六時間。その間にホストの妹が帰宅したため、夜は三人で過ごした。だから不貞ではない、と相手の弁護士はいい張ったのである。「そんなはずはない」と確信していても、相手の言い分を否定するためには証拠が必要になる。「妹は別のところにいた」「二人で過ごしていた」という証拠を提出しなければいけない。それができない限り、こちらの負けなのである。

「まぁ、職業は関係ないだろうけど、とんでもない教師もいるんだって思ったよ。学校にいえばクビになっちゃうような話だから。そこまでやればよかったのかなって思うこともあるけど、それをやったらダメな職業だから。俺らは依頼されたことをやるだけだよ。あと、張り込みは夜通しやらないと証拠にならないんだって勉強にはなったね」

子どもの親権は日本ではほとんどのケースで母親が取る。二〇一七年の司法統計によると、調停で決定した未成年者に対する親権者は、九一％が母親、父親はわずか九％でしかない（総件数二万五八八件のうち、母親が親権を取ったのは一万九一六〇件、父親が親権を取れたのは一九五九件。母親と父親の親権件数を合計すると総件数よりも多くなるのは、兄弟姉妹の親権者が別々になることがあるためである）。

特に子どもが幼いとき、子どもの世話は母親が中心的な役割を果たしている場合が多い。子どもの福祉を考えると、たとえ離婚の原因が母親の不貞だとしても、父親が親権を取るのは難しい。離婚の原因と親権は別問題であり、最も重要視されるのが子どもの福祉なのである。母親が育児放棄をしていて、日頃から父親が子どもの世話をしている場合などでないと、父親は子どもの親権を取れないのである。

今回の案件も、たとえ対象者の不貞が立証されたとしても、子どもの親権を取れない可能性は高かった。それでも何日も家に帰らずにいる証拠があり、育児放棄と見なされれば、親権を取れるのではないかと希望を抱いて調査したわけである。

欧米では、夫婦が離婚しても、原則として父親と母親、両方に親権を認める共同親権を採用している国が多い。

「日本の法律って遅れているから、我々がやっていかないと、とは思っているんだけどね。そういえば、子どもを拉致した案件もあったな」

子どもを拉致というのは穏やかではない。事の詳細を聞かせてもらった。

まだ探偵業法が施行される前の案件だった。依頼者は三〇代後半の男性。妻の浮気が発覚し、問い詰められた妻は逆ギレして、七歳と五歳の娘を連れて実家に帰った。半年以上経っても、依頼者は子どもに会わせてもらえない。村上の探偵社に駆け込んできたときは、藁《わら》にもすがる思いだったろう。

子どもがどういう生活を送っているのかという現状の調査、そして妻の浮気調査も行った。今も浮気が続いていたら、その証拠が後々、離婚調停で役立つかもしれないと考えたのである。その上で、子どもを連れ戻したいという。

共働きで仕事をしていた妻は、同僚の男性と不倫関係になった。ちなみに、不倫は職場で起こることが多いそうだ。いつから不倫が行われていたかはわからないが、自宅での妻の様子が少しずつ変化してきた。携帯電話を手放さず、夫婦の会話も減った。残業が増えて妻の帰宅が遅くなった。月に一度くらいの頻度だが、休日出勤も増えた。「おかしくないか？」と聞いても、「忙しい時期なの」「仕事だから仕方がない」など、温度のない言葉しか返ってこなかった。

依頼者は、悪いとは思いつつも妻が寝ている間に、携帯電話を見ることにした。罪悪感よりも猜疑心のほうが強くなってしまったのである。妻の携帯電話はロックがかかっておらず、簡単に見ることができた。

メールのやり取りを見て、疑惑は確信に変わった。自分とのやり取りでは使わないような絵文字が多用されており、いつ会うかの相談もしていた。依頼者は、嫉妬心よりも自尊心を傷つけられた。

正直に心の内を吐露する依頼者に、村上は好感を持った。依頼者の話しか聞いていないので、本当のところはわからない。依頼者に対する不満が浮気に繋がった可能性も大いにある。少なくとも夫婦の間に何かしらの問題があったのだろう。このような状態に至るからには、双方に理由があるものである。

それでも、村上には依頼者が嘘をついているようには思えなかったし、家族のことを第一に考えていて、娘たちの将来を本気で心配しているようにしか見えなかった。

依頼者の両親にも会う機会があった。子どもを連れ戻すことができたなら、祖父母とも一緒に暮らす予定だったが、この祖父母であれば間違いないという人柄だった。長く話したわけではないが、依頼者の妻の悪口は一切いわず、孫の心配だけをしていた。彼らの切実で真摯《しんし》な訴えに「協力してあげたい」という思いが芽生えるのは、村上にとっては自然なことだった。

村上は「うちは人情的なことが絡むと安くしちゃうんだよね」と笑っていた。いつの間にか、村上は師匠にあたる宍戸錠似の社長と同じようなことを口にするようになっていた。

妻の実家には、妻の両親、妻、そして二人の子どもが同居していた。朝、祖母が自転車を押しながら上の子を小学校に連れていく。自転車の後ろには、まだ眠そうな下の子が乗せられていた。母親は新しい仕事に就いていて、子どもの登校時間にはすでに出勤していた。仕事は工務店の事務職なのだが、聞き込み調査によると、祖父のコネで雇ってもらったようだ。

妻の実家は、依頼者である夫が子どもを連れ戻しに来るかもしれないと、警戒していた。そのため、祖母が上の子の送り迎えをしていた。上の子を学校に送ると、祖母は下の子を買い物などに連れ回す。村上は祖母を尾行して、その行動を細かく観察した。

「おばあちゃんが下の子を叩くんだよ。行儀が悪いとか、いうことを聞かないとかで。そういうのを見てると、なんとかしなきゃって……」

一週間調査をした結果、実家に戻って転職したばかりの妻に男の影はないものの、子どもを連れ戻す隙はほとんどなかった。特に下の子はずっと祖母と一緒だった。幼稚園や保育所に行っていなかったため、文字どおり四六時中、祖母の監視下に置かれていた。

依頼者と相談した結果、上の子だけを連れ戻すことになった。どう作戦を練っても、二人同時に連れ戻すことは難しいと判断したのだ。学校の前で祖母と別れた後、校門をくぐるまでのわずかな時間しかチャンスはなかった。

今回のケースは、一歩間違えれば犯罪である。自分の子どもとはいえ、別居中の子を勝手に連れ去る行為は禁じられている。ただ、離婚が成立していないため、父親にも親権がある。親権者による連れ去り行為は、ケースによって裁判所の判決が揺らぐほど、グレーな問題でもある。

決行日、依頼者の家族全員が乗る車は学校の近くで待機。上の子が祖母から離れて校門をくぐろうとした瞬間、村上は子どもと祖母の間に車を滑らせて、左後ろのドアを開けた。依頼者である父親は娘の名前を呼んで、車の中に連れ込んだ。半年ぶりの親子対面だった。向こうの祖母はすぐに気付き、警察に通報している様子だった。村上は車を急発進させて、その場を後にした。何台ものパトカーが来て大騒ぎになったようだが、その頃には車は高速道路に入って、依頼者の自宅に向かっていた。

犯人が父親であることは、すぐに判明する。しかし、親権を持つ父親だったため、刑事事件にはならず、警察も動かなかった。実力行使による連れ去りではあったが黙認されたのだろう。探偵業法が施行される前だからこそ実行できた探偵業務だった。

その後、夫婦間で協議が行われ、子どもを一人ずつ引き取ることで離婚が成立。通常は母親の親権が優位になるのだが、母親は主張してこなかった。孫を叩く祖母の姿を村上が撮影していたため、裁判で争ったら二人とも取られると思ったのかもしれない。村上の調査が役立ったのである。

「後日、依頼者の家でお寿司をご馳走になったんだけど、まぁ楽しそうに生活していたよ。お姉ちゃんからお礼もいわれた。表面的かもしれないけど……。妹と離れ離れになってるしね。いつも叩かれていた妹はどうしているんだろう……？　こういう案件に関わると、心が痛む。後味の悪い仕事だったな」

「金が人生だなんて寂しい生き方、もうやめようじゃないか。世の中にはねぇ、考え方一つでもっとまともに、面白おかしく暮らせる方法はいくらでもあんだよ」

松田優作主演のドラマ『探偵物語』の12話「誘拐」は、探偵の工藤が罠にはめられて、誘拐犯の片棒を担いでしまうストーリーだ。資産家の令嬢だと偽っていた誘拐犯の女性に、工藤は金だけが人生ではないことを熱く語りかける。

金がなくて心が貧しい人はいるだろうが、金があっても心の貧しい人はいる。金と心の豊かさは無関係とまではいえないが、簡単にイコールで結ばれるものでもない。

村上の探偵社は、他社よりも調査費が安いだけでなく、緊急性があったり、情が絡むと、ほぼボランティアになっても依頼を受けてしまう。「他のところみたいにうまくやれればいいんだけどね」とボヤきながらも、ビジネスライクな他社とは違う生き様にプライドを持っているようだった。

大きな事件に関わりながら探偵の腕を磨いた二〇代、探偵の仕事に疑問を抱いて自分を見詰め直した三〇代、社会に貢献できることを模索し続けた四〇代。それぞれの時代で理想と現実の狭間でやるせない気持ちを抱えながらも、懸命に前を向いて歩いてきたのだろう。五〇代になった村上は、金とは関係のないところで、充実した探偵生活を送っている。

松田優作に憧れて探偵になった男は、「人に優しい探偵でいようと思ってやっているだけだよ」と笑っていた。


一年ほど前、恋人だった幼馴染が亡くなっていたことを知らされた。

彼女とは、別れた後も年に一度か二度くらいではあったが、連絡を取り合っていた。「誕生日おめでとう」「あけましておめでとう」といった簡単なメールのやり取りだったが、わずかに繋がっているだけでも、嬉しい気持ちになった。やましいことなどないが、昔の恋人はいつまでも特別な存在である。男の身勝手な感情かもしれないし、彼女が同じように特別に思っていたかどうかまではわからない。

福島県の初夏は、やませと呼ばれる冷たくて湿った風が太平洋から吹き抜ける。やませが止むと本格的な夏がやってくる。やませと夏の到来を何度も繰り返しているうちに、彼女とのやり取りは途絶えるようになった。互いに結婚をして、彼女は子育てに忙しくなったのだろう。気にはなっていたが、元気に暮らしているものと思っていた。四〇代でこの世を去るのは早すぎる。

「彼女がいなければ探偵にならなかっただろうし、もういないのかと思うと寂しいね」

去年の夏、福島県に帰省したとき、村上は彼女の墓参りに行った。八月だというのに、細かな霧雨が降っていた。

# 第六章

# 探偵を辞める日

探偵を辞める男がいると聞いて紹介してもらうことにした。

その理由が知りたかった。仕事を辞めるという節目には、人間らしいストーリーが存在し、生々しい心の葛藤も生じる。その決心の背景に探偵という仕事の本質が隠されているのではないかと思ったのだ。

私は、会社からリストラを言い渡されたことも、倒産で職を失ったこともある。どちらの場合も、現状への不満、将来に対する不安と微かな期待など、さまざまな思いが交錯し、自分のことを真剣に考え直すきっかけになった。良くも悪くも、人生の転換期であることは間違いない。

三月二九日の午前一〇時、新宿歌舞伎町近くのファミリーレストランで取材に応じてくれる探偵と待ち合わせをしていた。探偵を辞める者の取材場所としてファミレスは適しているだろうか。答えにくい話題まで掘り下げていく可能性を考えたら、人目に触れない場所が好ましいのではないか。そういう思いもあったが、取材場所は相手からの指定だった。仕事上、都合がよかったのだろう。

新宿駅の東口から地上に出て、スタジオアルタ前に出る。新宿随一の待ち合わせ場所は、朝の一〇時でも人でごった返していた。大学生や高校生といった若い人が多いのは春休みだからだろう。スタジオアルタを通り過ぎてＡＢＣマートを左に曲がり、石畳で整備されたモア4番街を歌舞伎町方面に向かって進む。大きなトラックが何台か止まっていた。朝の時間は商品などを集荷する業者が多数出入りしている。片側四車線の靖国通りを渡って右に向かう。左側に見えてきた新宿ゴールデン街の入口を少し過ぎたあたりに指定されたファミレスがあった。

待ち合わせの一〇分ほど前に着いたが、店内は空いていたので、エントランスで待つことにする。店員さんに「お一人ですか？」と声をかけられたが、待ち合わせで二人であることを伝え、その場で待つことにする。

これから取材する探偵の名は吉村直樹《よしむらなおき》、二十代後半の男性である。三十歳手前というのは、悩みの多い時期だ。ある程度仕事に慣れてきた頃で、自分の状況を客観的に見渡せるようになる。将来の自分、これからの仕事、そして結婚を含むプライベートなど、あらゆる人生の悩みが荒波のように押し寄せてくる。まだ別の道を歩める可能性が残されている分、悩みや迷いも多い。今とはまったく違う職業に就くことも可能で、大げさにいうと、人生をやり直せる、ギリギリの年齢なのである（本当にやり直せるのかは本人次第でもあるし、どれほど年を取ってもやり直せる人もいる）。

その三〇歳手前で、吉村は決断しようとしている。探偵になった年齢はわからないが、もう中堅の域に入っているのではないか。紹介時の簡単な説明では、新人ではない様子が窺えた。探偵の仕事に慣れてきた吉村は、将来の自分を想像したに違いない。ロールモデルになるような憧れる先輩が身近にいなかったのか、四〇歳、五〇歳になった自分が探偵として活躍している姿を思い浮かべられなかったのではないだろうか。肉体的にも精神的にもキツイ探偵を何十年も続けるためには、確固たるモチベーションが必要だ。多くの探偵が、三〇歳前後で自分の人生を見詰め直し、ある者は決意を新たに探偵道に突き進み、ある者は探偵業から去っていく。

探偵を辞めるという吉村に会うにあたり、そんなことを思い描いていた。初めて会う人物の取材では、相手のことを想像してしまう。真面目なタイプだろうか、話しやすい人柄だろうか、無口な堅物だろうか。あらゆる可能性を想像して、意味もなく緊張する。十数年も取材を続けてきたが、初対面での苦しい緊張感だけは変わらない。ただ、その緊張感を黙らせて、相手に悟られないようにするすべだけは身についた。

緊張がピークを通り越して、疲労が顔を出してきた頃、吉村らしき人物が店に入ってきた。身長は低めでほっそりとしている。顔は整っているが、地味な印象があり、少し神経質そうに見える。ジャケットにチノパンという目立たない服装だ。探偵の制服ともいえるほど、定番の格好だった。「吉村さんですか?」と相手を確認して、こちらの名刺を渡す。吉村は「名刺は持っていなくて……」と、頭を下げながら名刺を受け取った。

これまでに何人かの探偵に会ったが、誰も名刺を持っていなかった。新人だとまだ名刺を持たされていないこともあるが、何年も探偵をしている者でも持っていない。聞いてみると、正体を知られないためでもあるが、悪用されないためでもあるという。人を脅したり、詐欺まがいの犯行に及ぶ可能性を危惧しているのだ。そういえば、これまでに何人かの警察官と出会ったことがあるが、誰からも名刺をもらったことがない。同じような理由があるのかもしれない。

店員に案内されたボックス席に向かい合って座った。先に注文をして、取材の意図を伝えた。あらかじめ聞いていたのだろう。吉村に戸惑いはなかった。シャイな性格なのか、口数は少ない。自分から話すことは少ないが、こちらの質問には答えてくれる。決してコミュニケーション能力が低いというわけではなさそうだ。周囲を気にしながらではあったが、話しにくいこともためらわなかった。歌舞伎町近くのファミレスを指定してきたのは、ざわついた店のほうが話しやすかったのかもしれない。まわりの人たちは、誰もこちらを気にしていなかった。

辞めるのは今月末だという。取材を行ったのは三月二九日（二〇一九年）だったので、吉村はあと三日で探偵を辞めるということだ。

吉村直樹は、一九九〇年生まれの二八歳（取材当時）、岡山県の出身だ。小学校三年生のときにサッカーを始めた。できたばかりの地元のクラブチームに入ったのだが、サッカーに興味があったわけではなかった。人数が足りないという理由で、近所の上級生から誘われたのだ。

きっかけは何であれ、吉村はサッカーに夢中になり、毎日ボールを蹴るサッカー少年になる。運動神経もよく、チームではフォワードを任された。点取り屋であり、エースでもあった。ただ、チームはそれほど強くなかった。

サッカーは高校卒業まで続けた。サッカー部のない高校に進学したため、同じクラブチームでプレーを続けた。高校でサッカー部を作る活動もしたが、実現することはなかった。

岡山県の山間にある実家は、祖父の代まで農業を営んでいた。父親は会社員で、家は貧しいというわけではないが、裕福でもなかった。大学に進学できないほどではないが、私立大学は親の負担が大きいと考えた。田舎の町だったため、どこの大学に行くにしても下宿になる。私立大学で下宿代もかかるとなると、年間の負担額は二〇〇万円を超えるだろう。四年間通うとなると、一桁違ってくる。

本人が決めたことか、親からいわれたのかは定かではないが、吉村には国公立大学しか選択肢がなかった。その状況はよくわかる。私も同類で、私立大学に進学することは頭になかった。しかも、通える範囲内にある国公立大学だけだった。幸い、京都市内に住んでいたため、選択肢はいくつかあった。京都、大阪、神戸あたりまでなら通学可能だ。場所によっては、滋賀や奈良も通学圏内。国立大学だけでなく、公立大学まで含めると一〇校以上の選択肢があった。

全国の国公立大学に目を向けられるため、吉村は選択の幅が広かったはずだった。

「僕はどちらかというと、ひきこもりで行動的じゃないんですよ。なので、地元から離れるのが、怖いというか、不安というか……」

吉村は地元、岡山大学への進学を希望していた。小さい頃は勉強もできたが、高校に入って学業をおろそかにしたため、岡山大学には到底合格できそうにない。浪人も考えたが、年子《としご》の弟と同じ学年になるのも嫌で、現役で行けそうな大学を探した。地元を離れての下宿にはなるが、同じ中国地方の鳥取大学であれば、距離的にも近く、合格の可能性も高かった。

吉村は、鳥取大学工学部に無事入学。鳥取での一人暮らしが始まる。大学でもサッカーをしようと思っていたが、アルバイトが忙しく、サッカーをする時間がなかった。親からの援助と奨学金もあったが、生活費の大半は自分で稼ぐことにしたのだ。親に負担をかけたくない思いが強く、最低限の仕送りしかもらっていなかった。

ホームシックもひどかった。このくらいの年齢の男子は、少なからず親元を離れたいものだが、吉村の一人で新しい世界に飛び出したい願望が、生活に対する不安や心配よりも大きくなることはなかった。

「高校時代は一人暮らしなんて想像すらしていなかったですし、実際にしたら寂しいというか、不安に押しつぶされる感じだったんですよ」

夏休み前くらいに、ようやく同じ学部の数名と親しくなった。人当たりは悪くなく、誰とでも話せるのだが、広く浅い関係ではなく、狭く深い友人関係を望んでいたこともあり、友人は慎重に選びたかったという。誰とでも友だちになりたいわけではないのだ。

ホームシックは克服したが、言葉にできない憂いが常に漂っていた。機械工学の勉強とアルバイトの日々で、大学生らしい楽しいことはほとんどなかった。サークルにも所属せず、工学部は男子ばかりで、女の子と知り合う機会もなかった。

三年生の夏、吉村は大学を中退することを決意する。

「単純に大学が嫌だったというのもあるし、仮にあと一年半頑張ったとしても、意味があるのかな、と思ってしまって……。大学を出ていると就職にいいとかいわれるけど、僕、ひねくれているんで、そういうのに違和感があって……。卒業しても普通でしかないなと思ったら、残りの一年半、自由にダラダラしたほうがいいとなったんですよね。親には迷惑をかけるけど、それ以上に中退することが重要だったんです」

意味がわからない方もいると思うが、中退経験のある私には、いいたいことがなんとなくわかる。

私は大学では物理学を学び、大学院で惑星科学を専攻した。修士課程では太陽系が生まれた過程を研究したが、博士課程では惑星探査機を製作する部門に鞍替えした。楽しそうな研究に見えるかもしれないが、そう単純でもない。

まず、すべての学生が将来、研究職に就けるわけではない。研究職のポストは限られており、無職になる可能性が高い。実際、博士号を取得したにもかかわらず、どこにも所属できないオーバードクターと呼ばれる人が溢れていた。

私がほんの少しだけ関わったのは、水星に行く予定の探査機だったのだが、打ち上げ予定は一〇年後といわれていた。当時二六歳の若者にとって、一〇年という時間は長かった。一つのことに一〇年も費やせるほど、盲目になれなかった。朝九時に研究室に行き、夜遅くまで研究し、家に帰って朝方までその日の課題をこなす。睡眠時間は四時間くらいしかないのに、給料が出るわけでもない。奨学金という名の借金を積み重ねてまでやる意味を見出せなかった。

ちなみに、ＪＡＸＡ《ジャクサ》（宇宙航空研究開発機構）とＥＳＡ《イーサ》（欧州宇宙機関）の共同プロジェクト「ベピコロンボ（BepiColombo）」は、そのときから一六年後の二〇一八年一〇月二〇日、フランス領ギアナの宇宙センターから打ち上げられた。ベピコロンボには、二つの探査機が搭載されている。そのうちの一つが、ＪＡＸＡ担当の水星磁気圏探査機「みお」だ。今後、水星周回軌道上で切り離され、水星周辺の磁場を計測したり、水星の表面にある希薄な大気などを観測したりすることになっている。水星の周回軌道に到着するのは、さらに七年後の二〇二五年一二月の予定である。

二〇〇二年六月、世の中が日韓ワールドカップで盛り上がっている頃、私は大学院を辞めることを決意した。日本の快進撃に浮かれている世間を尻目に、私は暗い穴に逃げ込んでいた。その言葉どおり、研究室にも行かず、家の中に閉じこもっていたのだった。

世の中と自分の置かれている立場の違いがつらかった。自分のまわりにだけ、生ぬるい水の中にいるような重苦しさと息苦しさが漂っていた。この状況を抜け出すためには、現状をゼロに戻すしかなかった。

吉村も同じような思いだったかはわからないが、似ている部分もあるのではないだろうか。破滅願望とまではいかないが、ゼロからやり直したい思いは誰にでもある。迷路で行き止まりにぶつかったら、後ろに戻って別の道を探すしかない。先の展望がなかったとしても、今の状況から逃げ出すことが優先事項なのである。

大学を辞める決意をした吉村だったが、親からはもちろん反対された。何度も説得されたが、吉村は自分の意思を曲げるつもりはなかった。

最終的に、まずは休学することになった。休学中の授業料はかからなかったからだ。両親としては、「ちょっと休んだら、また大学に行きたくなるかもしれない」と思ったのかもしれないが、半年ほど経った三月末になっても、吉村の気持ちに変化はなく、退学届を大学の事務所に提出した。

「僕は、ゼロか一〇〇かみたいな性格なので、スパッと辞めたかったんですけど……。親に説得されて猶予期間があってもいいかなと、休学することにしたんです。でも、やっぱり変わらなかったですね」

大学を中退した吉村は、岡山の実家に戻った。その半年後に再び実家を出ることになるのだが、その半年間は、おそらく吉村の人格形成、人生の価値観に多大な影響を与えたであろう、とても重要な期間になる。

最初から店内の目を気にしていた吉村だったが、一呼吸置いて前後左右を見渡した。あまり人に聞かれたくない話なのだろう。人に聞かれたくないが、誰かに聞いてほしい話でもある。矛盾しているように感じるかもしれないが、自分の恥部を見られる恥ずかしさと自分一人で抱え込んでいる秘密を開放したい思いが同居しているのだろう。

吉村は少しいいにくそうに、出会い系サイトで遊んでいたことを告白した。二一歳の男子であれば、誰でも女の子と遊びたい。遊びたい気持ちは健全ではあるけれど、不特定多数の女の子と遊びたいとなったら、大きな声ではいえない。世間は、いかがわしいものを見るような目に変わる。

大学時代は工学部だったこともあり、女の子との出会いはほぼ皆無。大学を中退するまで、吉村は女の子と付き合ったこともなかった。モテないようには見えないが、人よりもシャイな性格が邪魔をしていたのだろう。

「高校時代とか、好きな子とか気になる子はいましたが、周囲の目を気にしていましたね。そこまでして付き合いたいとは思わなかったです」

三年生の春、大学に退学届を出した直後、吉村は異性と初めての経験をした。相手は、高校時代に仲が良かった同級生だった。

彼女から、久しぶりに春休みに会わないか、という内容のメールが届いた。何度かやり取りをしているうちに、なぜか会う前に付き合うことになった。なぜ付き合うことになったのか、吉村はよく理解できていなかったが、相手は付き合うという形にこだわっているようだった。彼女の圧に押された形だったが、吉村に断る理由はなかった。

吉村はまだ鳥取市に住んでいたが、彼女とは岡山市で会う約束になった。彼女は岡山市内の大学に通っていたからだ。鳥取駅から岡山駅までなら、特急スーパーいなばに乗れば、二時間弱で到着できる。

久しぶりに会った彼女は、高校時代とは雰囲気が変わっていた。大学生になり女性らしくなっていて、垢抜けているように見えた。倉敷まで足を伸ばし美観地区を観光してから、岡山市の繁華街である表町商店街の長いアーケードをブラブラして回った。チェーン店の居酒屋で食事を済ませた後、彼女の下宿先に向かった。

初めて入る女の子の部屋は、男兄弟しかいない吉村にとって未知なる空間だった。家具やカーテン、寝具の色合いも違えば、自分の部屋にはない可愛らしい小物がたくさん置いてある。見える物だけではなく、漂っている匂いや空気まで違う。

吉村と彼女は裸で抱き合った。二人とも、初めてだった。


翌朝、吉村が目覚めたとき、彼女の様子が昨日とは微妙に変化していた。少しよそよそしく感じられたのだ。今にして思えば、昨夜の彼女は無理して明るく振る舞っているようだった。童貞を卒業したばかりの吉村は、そのことにあまり気をとめず、彼女と別れて鳥取に戻った。鳥取の下宿を引き払うためである。その後、彼女にメールをしても、そっけない返事があるだけで、そのうち返信すらなくなった。

「高校時代は多少なりとも僕に好意を持っていたようでしたが、そのときはちょっと違っているように感じました。確信はないですけど、遊ばれたような気がします。ひょっとしたら、彼女はメンタルが弱いところもあったので、寂しさを埋めたかったのかもしれません。看護の勉強でストレスがたまっていたんでしょうか……」

吉村も彼女も純粋だったのだろう。互いに貞操観念を持っていたのかもしれない。「結婚するまでは」というほど強い思想でなくても、「最初は好きな人と」と考えていた可能性は高い。会う前に付き合うことにこだわった背景には、そういった事情があったように思われる。「付き合っているのだから、エッチしてもいい」と、自分に対する言い訳も含まれていたはずだ。

吉村は傷ついたが、「そういうものか」という思いのほうが強かった。これまで大事にしていたものがそうではないと気付いた瞬間だった。長年抑制されていた欲望は、壊れた蛇口のように、四方八方に勢いよく噴き出し始めた。吉村が出会い系サイトにのめり込んだのは、それからだった。

手っ取り早く、そして後腐れなくセックスができると考えたのだ。実家に戻って何もすることがなかった吉村は、ほぼ一日中スマホで出会い系サイトを眺めて時間をつぶした。

出会い系サイトで書き込みをしたり、めぼしい相手にメッセージを送ったりする。中には「会いたい」と思わせながら、あれこれ理由を付けてやり取りを引き延ばし、ポイントのために課金させる、通称「サクラ」と呼ばれる女性も多い（女性のフリをしている男性もいる）。アルバイト感覚でサクラをしている者も多く、出会い系サイトの運営会社から報酬を得ているのだ。他にも、援助という名の売春を交渉してくる者や業者もいる。しかし、毎日何時間もサイトを見ていると、サクラか業者か、援助目的なのかといった判別ができるようになる。

大学を中退したばかりでアルバイトもしていない二一歳の男子は、潤沢な資金を持っていない。奨学金の残りでなんとか生活していたが、それもいずれ返さなくてはいけない借金である。無駄な課金もしたくなければ、一回の行為で二万円も三万円も払うことなどできない。単にエッチがしたい希少な女性を根気よく探すしかない。幸い、時間だけはたっぷりとあった。

女性と会うためなら、吉村は広島でも島根でも車を走らせた。片道だけで二時間、三時間かかっても平気だった。時間と同じように、女性への興味と性欲も溢れるほどあった。約束の時間まで余裕があれば、高速を使わず、ひたすら下道を走った。女の子と合流してもホテルには行かず、その子の家に行くか、車の中で絡み合った。気が合いそうな女の子もいたが、吉村は後腐れのない〝大人の関係〟を保った。

「その頃は、よくないんですが、ある程度のことまでできたら、もういいやって感じでした。本当にいい人がいれば、また違った関係もあったんでしょうけど、だいたい住んでいる場所も離れていますしね。一回きりの関係ばかりでした」

二一歳の春から秋にかけて、吉村は出会い系の世界で生きていた。これまでの遅れを取り戻すかのように、オスの本能がままに行動した。吉村が望んでいたとおり、ダラダラとした生活を送っていたわけだが、そんな時間が長く続くと、新たな不安が顔を出す。

「出会い系中心の生活が、いつ終わるんだろうというのもありましたし、やっぱりこのままニート生活というのもよくないと思い始めたんです」

会う約束を取りつけたとき、実際に女の子と会えたとき、そして欲望が満たされたとき、脳内には大量のアドレナリンやドーパミンが分泌される。出会い系に中毒性があるのか、見知らぬ異性との関係に中毒性があるのかはわからないが、一度ハマるとなかなか抜け出せない。将来に対する不安と一回だけの関係という背徳感に浸かりながら、吉村は出会い系サイトの中毒から逃れられずにいた。

一〇月一日、吉村は二二歳になった。

この日、吉村は決意した。「新しい環境でやり直そう」と。「東京に行って、仕事を見つけよう」と重い腰を上げた。その日のうちに、岡山駅に行き、東京行きの夜行バスに乗った。両親は驚いていたが、反対はしなかった。半年間もニート状態だったので、自ら行動を起こしただけでも嬉しかったのかもしれない。少しではあるが、現金も持たせてくれた。

夜行バスの中で、これからのことを考えていた。何をしたいのかはまだわからなかったが、東京には何かがあり、自分の知らない世界が広がっているように思えた。高速道路をひた走るバスが、どこか知らないところに連れて行ってくれる。希望も期待もあったが、同時に不安もあった。

次の日の早朝、吉村を乗せた夜行バスは東京駅八重洲南口に到着した。ほとんど眠ることができず、一〇時間近くもかかった。「もう二度と乗りたくない」というくらい、疲労感があった。夜行バスを降りてから、JRで新宿に行き、小田急線に乗り換えて下北沢に向かった。

吉村は、東京に行くなら下北沢と決めていた。アジアン・カンフー・ジェネレーションといった日本のロックが好きだったこともあり、〝東京＝下北沢（シモキタ）〟という印象があったのだ。シモキタには、有名なバンドがデビュー前にライブを行っていた伝説のライブハウスが多数存在する。

高円寺と並び、シモキタはバンドマンの聖地なのだ。

その日は一日中、シモキタを歩き回り、シモキタのネットカフェで一晩過ごした。シモキタにいるというだけで、新鮮な気分だった。昨日はまだ岡山の田舎にいた自分が、今は憧れのシモキタにいる。そう考えるだけで気持ちが高揚していた。

翌日、住む場所を見つけるために不動産屋に行った。ところが、予算の四万円以内で住める物件は、シモキタにはなかった。地域を都内に広げて探してもらうと、板橋区にユニットバス付きの物件が見つかった。すぐに内見させてもらうと、古いアパートの一階で、きれいとはいえなかったが、静かな場所だった。礼金がなく、敷金も一カ月分だけだったこともあり即決。審査が下りて契約書を交わすまではネットカフェで過ごし、三日後に賃貸契約が締結されてから引っ越した。引っ越しといっても荷物はリュック一つしかない。ほぼ手ぶらだったため、最初の一週間はフローリングの上で寝ることになった。

「寒すぎて寒すぎて、死ぬかと思いました。カーテンすらない。人があまり通らないところだったので関係ないんですけど」

その後、寝具など必要最低限のものは実家から送ってもらった。吉村は今も、その家賃四万円の板橋のアパートで暮らしている。

部屋が決まれば、今度は職探しである。すぐにでも働き始めないと生活ができないため、手っ取り早くコンビニでアルバイトをすることにした。大学時代に経験があったからである。近所のコンビニで、主に深夜のシフトに入った。鳥取は全国的に見てアルバイトの時給が低く、東京の時給の高さに驚いたが、東京は物価も高かった。

コンビニのバイトは、二年ほど続けることになる。その間、正社員の職を探そうとは思いながらも、なかなかやりたい仕事を見つけられなかった。いや、真剣に見つけようとしていなかった。

二年続けたコンビニを辞めたのは、オーナーから「正社員にならないか」という誘いがあったからだ。アルバイトであれば、どんな仕事でもかまわないが、正社員となれば話が変わってくる。吉村は、なぜだかコンビニの仕事にプライドを持てなかった。

「毎日、いろんな人を見るわけじゃないですか。言葉は悪いですが、頭の悪そうな客がいっぱいいて、コンビニの店員を完全に下に見ているんです。そういうのって、ちょっと違うんじゃないかと思っていたんで、コンビニで正社員になるつもりはなかったです」

箸が入っていなくて「箸、入ってねぇぞ！」と怒鳴られたり、弁当を電子レンジで温めたとき「温めすぎだろ！」とクレームをつけられたりする。弁当を温める時間は決められているし、熱いかどうかの感覚は人それぞれである。吉村にとって、それはストレスがたまることだった。こういった連中から、下に見られたくなかったという。

吉村はプライドが高かった。小さい頃から勉強もスポーツもできた。ほとんど勉強しなくても国立大学に入学できた。中退してしまったが、それもまわりの同級生とは見ているものが違ったからである。機械工学の勉強をして、卒業後は判を押したようにメーカー企業の研究職に就く。レールに敷かれた人生を歩みたくない。吉村のプライドが許さなかったのだろう。オーナーからの誘いを断った吉村は、アルバイトも辞めることにした。

東京に出てきた後も、吉村の出会い系中毒は治まっていなかった。前ほどの執着はなくなったが、暇な時間があると、どうしてもサイトにアクセスしてしまう。田舎よりも東京のほうが女性からのカキコミ件数も多く、新しいカキコミがないか、ついチェックしてしまうのだ。

コンビニのバイトを辞めた頃、吉村は茨城県に住んでいる女の子と知り合った。彼女はまだ大学生だったが、バイトを辞めたこと、再び無職になったことを優しく理解してくれた。週末にはわざわざ東京まで来てくれて、いつの間にか付き合うようになった。

真剣に思える彼女ができると、男の本能にスイッチが入る。「獲物を仕留めなくては」という大昔の狩猟本能は、現代では「金を稼がなくては」という仕事本能にすり替わっている。吉村も彼女のために正社員の仕事を探すことにした。

真剣に探せば、興味が持てそうな職が目に飛び込んでくるものである。それが探偵という職業だった。吉村は、「探偵」という二文字の字面《じづら》に惹かれたのだった。

「僕、割とそういうところがあるんですよ。デザインに惹かれるというか、直感で決めてしまうところがあるんですよね。ただ、物騒というか怖いイメージもありました」

募集していた探偵社は、知名度も規模も大きなところだった。吉村が探偵に興味を持った二〇一四年は、どこの探偵社も人員が足りない状況だったという。運転免許証とやる気さえ持っていれば、簡単に探偵になれたそうだ。研修期間は設けられていたが、それは現場で先輩を見て学ぶというスタイルだった。入社した次の日、吉村は早くも現場に送り込まれた。

直接、恵比寿の現場に向かうと、初対面の先輩が二人いた。一人は三〇代半ばくらいのベテランで、もう一人は二〇歳くらいの若い男だった。ベテラン先輩と吉村が一緒に行動し、若い探偵はバイク担当だった。初めての調査は、典型的な浮気調査。恵比寿のイタリアンレストランで対象者が現れるのを待つところからスタートした。

妻である依頼者からの情報で、その店に予約していることがわかっていたのだ。対象者は四〇代で中小企業の取締役、自由に使える金も多い。タクシー移動も予想されるため、バイクでの尾行も想定しての布陣である。

レストランの前で張り込んでいると、情報どおりに対象者が現れた。時間差で浮気相手と思われる女性（三〇代後半くらい）も入店していった。

二時間ほど張り込んでいると、二人一緒に店から出てきた。少し周囲を警戒している様子だったが、結局、恵比寿駅西口にあるラブホテルに入っていった。先輩探偵は、その一部始終をカメラに収めていた。吉村は、その姿を後ろから眺めているだけだった。

先輩たちが強面だったこともあり、吉村は不安に駆られた。

「正直にいうと、ヤバイ業界に足を突っ込んだんじゃないかって不安になりました。実際に話をしてみると、すごくいい人たちだったんですけど、最初は怖かったですね」

毎日同じことの繰り返しに嫌気が差していた吉村にとって、探偵の仕事は刺激的だった。毎回違う人を尾行し、いろいろな場所に行く。コンビニでアルバイトをしていたときとはまるで違った。

吉村には、毎回違う人と違う場所で逢瀬を交わす出会い系に共通する緊張感と中毒性があるように感じられた。

吉村が関わった調査は、ほとんどが浮気調査だった。結婚しているのに他の異性と交わる男女。道徳観に反していると頭ではわかっていても、不貞をやめられない性。浮気調査をする度に、「みんなそうなんだ」という気持ちになるという。

長く性に対して我慢していた吉村は、不本意な初体験によって一気に目覚めてしまった。一人でも多くの女性とセックスがしたかった一方で、欲望を抑えられない自分に対して罪悪感を持っていた。制御不能な欲に慄《おのの》くこともあった。そんな吉村にとって、浮気調査は自分への免罪符になっているのかもしれない。

吉村にとって、探偵の仕事は性に合っていた。アルバイトをしているときは、「今日はバイトに行きたくない……」と思うことが度々あった。誰でも同じだろう。仕事に行きたくない憂鬱な日は必ずある。しかし、探偵の仕事に対して、吉村は一度もそういう日がなかったという。女性との待ち合わせを別にすれば、自称「ひきこもり体質」という吉村にとって、奇跡のようなことだろう。

「今まで、億劫な気持ちになったことがないんですよ。興味のある仕事だからかもしれないです」

知らない他人の生活を覗いたり、知らない世界を垣間見たりすることに、とりわけ興味があった。個人的な興味とリンクするところが多く、仕事とプライベートの境を感じない。プライベートの一部が仕事になったようなものだという。それなのに、なぜ探偵を辞めるのか。謎だけが残る。

一方で、吉村は探偵の仕事に怖さも感じている。

「人を尾行するのはいつも怖いですよ。依頼を受けてやってることですから、悪いことをしているわけじゃないんですけど、尾行していて震えることもあります。もし相手にバレてしまったら、何かされるんじゃないかって……」

吉村は何よりも暴力を恐れていた。痛めつけられる恐怖心が強かったが、暴力ですべてを正当化する理不尽さも許せなかった。すぐに暴力に訴える輩を見下していたが、それに抗えない自分もいた。

吉村は対象者に捕まって怖い経験をしたことがある。

二〇代後半の女性の依頼で、対象者である夫の浮気調査をしているときだった。夫が浮気をしていることはわかっていたが、離婚を有利に進めるために正式な証拠がほしいという依頼である。

実家に帰っていた対象者は、浮気相手の家によく通っているという。まずは対象者を尾行して、浮気相手の家を突き止めるところから調査を開始。対象者の勤務先に夕方から張り込む。

調査を開始する前は、必ず現場の下見をする。その際、一緒に調査をする者とは別に下見をするのが探偵の基本だ。マニュアルで教えられるわけではないが、経験的にそのほうが見落としがないらしい。

「いろんな人の視点で下見をすることが大事なんです。先入観があると、出入り口を見落としたりすることもあるので」

　終業時刻になると、ビルの表玄関が閉まるところもある。鉄格子が降りてしまった表口からは一切出入りができないように見えるし、裏口には守衛が常駐している。従業員は裏口から出入りするのだと思い込んでしまうと、ミスに繋がることもある。表口の鉄格子は、内側から開けられる扉がついていて、ビルから出られるところもあるのだ。だからこそ、先入観を持たずに複数の目で下見をすることが重要なのである。下見をした後、軽く打ち合わせをする。互いに気付いた点や対策などを共有し、調査方法を話し合う。

　この日の吉村らは、午後四時から張り込みを開始したが、対象者が出てくるのはもっと後だった。事前情報で午後六時半を過ぎないと対象者が退社しないことはわかっていた。万が一に備えて、早めから張り込みを開始してほしいという依頼者の要望だったのだ。もう一人の探偵は、対象者の別の動きにも備えるため、車で待機していた。

「絶対に動きがないとわかっているとき、〝俺、何してんだろう〟って思いますね。正直な話、寝てしまってても問題ないんですが、やっぱり何が起こるかわからないから、意識は切らせないですし」

　無駄な時間のようにも感じるが、その時間も調査報告書に記載できる。何の動きもなかったことも一つの成果なのである。そういう意味では無駄な時間ではないが、動きのない現場で何時間も張り込みを強いられる探偵の気持ちもわからなくはない。

張り込み中、探偵はそれぞれ違う時間の過ごし方をしている。吉村はスマホで飲食店などの情報を見ることが多い。いろいろな土地に行くため、人気のラーメン店などを探して、仕事終わりに寄ろうかなどと思案する。そういったことも、つらい張り込みのモチベーションになるのだ。

「食べ歩きとか好きですから、常においしそうな店を探していますね。張り込みの時間をどう過ごすかは、この仕事の醍醐味かもしれないです」

吉村も含め、探偵は音楽を聞いていることも多い。先輩の中にはずっとゲームをしている探偵もいるそうだ。「この人、ちゃんと見てるんだろうか」と思っていたら、対象者が出てくる瞬間は絶対に見落とさない。ゲームをしながらでも、意識は出入り口のほうに向いているのだろう。中には、何もせずにジッと見ているだけの人もいるという。

浮気調査の話に戻る。情報どおり午後六時半過ぎに会社から出てきた対象者を尾行する。地下鉄丸ノ内線で池袋まで行き、東口を目的もなさそうに歩いていると、電話がかかってきたらしく、誰かとスマホで話し始めた。ニヤけた顔からすると浮気相手だろう。対象者はジュンク堂池袋本店のほうに歩いていく。書店の入口で立ち止まり、しばらくすると二〇代前半の女性が現れた。後からわかったことだが、この女性は同じ会社の同じ部署の社員だった。上司と部下の関係である。

二人は、東通りのほうに歩いていき、ビストロに入っていった。大きな窓ガラスの開放的な店だったため、吉村らは少し離れたところで待機。立ちながらの張り込みになった。暗い外から明るい店内はほぼ丸見えである。逆に明るい店内から暗い外は見えにくいため、吉村らは数十分おきに店内の様子をチェックしに行ける。所在の確認をしながら、まだかかりそうか、もうすぐ出てきそうかといった雰囲気も探る。

探偵の中にも、勘のいい人、要するに〝持っている〟人がいる。吉村の先輩に、まさに〝持っている〟人がいるそうで、その探偵のエピソードを教えてもらった。

彼女からの依頼で「彼氏が元カノと暮らしているのではないか調べてほしい」いう調査だった。彼氏のアパートの外で張り込みをするわけだが、数日調査しても女性の出入りは確認できなかった。ところが、その先輩と組んだ日、ベランダに女性の洗濯物が干してあったのだ。いつの間に出入りしたのかわからないが、彼氏の部屋に元カノがいる様子なのである。アパートの出入り口を張り込みつつ、元カノが姿を現すかもしれないため、たまにベランダを確認しにいく。出入り口から出てきたときの動画よりも、彼氏のベランダに元カノが現れた動画のほうがいい。彼氏の部屋にいたという確かな証拠になるからだ。だからといって、ずっとベランダを見張っていたら、アパートから出ていくところを見逃してしまう。

一時間おきにベランダの確認に行くのだが、〝持っている〟先輩がふらっと撮影に行ったとき、元カノが洗濯物を取り込んでいる場面に遭遇。顔を撮影することに成功した。

「一時間おきに経過の映像を撮影するとしたら、僕なら一時、二時というように、ちょうどの時間に行くと思うんですよね。でも、その先輩は関係のない時間にふらっと撮りに行って、成果を出すんです。他にも今まで一度も動きがなかった現場で、その先輩が担当した日に対象者と第二対象者が接触することが度々あります。持ってますよね」

本筋に戻るが、ビストロから出てきた対象者と浮気相手は、池袋駅東口に戻り西武池袋線の急行に乗り込んだ。吉村が徒歩で追い、もう一人は車で移動を開始した。ひばりヶ丘駅で乗り換えて秋《あき》津《つ》駅で下車。実家のある駅ではないため、おそらく浮気相手の自宅があるのだろう。その時点で、すでに夜の十時半を回っていた。

二人は手を繋いで住宅街の夜道を歩いていく。駅から一〇分ほどのアパートの前で立ち止まる。彼女の部屋に入ると思っていたが、アパートの入口あたりで長々と立ち話を始めた。会話の内容までは聞こえないが、痴話喧嘩をしているわけでもなく、深刻そうな雰囲気もなかった。秋津から東京都内に戻る終電は午前〇時一分発。すでに午後一一時を回っているため、今日は部屋に入らずに帰宅するつもりなのかもしれない。

「今日は空振りになってしまうかも」と吉村は考えていた。空振りで終われば、また日を改めなければいけないし、調査費用も嵩むので依頼者の金銭的な負担も増える。浮気相手の家が判明したことは成果の一つではあるが、部屋に入って出てくるところを撮影できなければ浮気の証拠にはならない。「ここまで来たんだから、成果を出したい」と吉村は焦っていた。いや、探偵であれば誰でもそう思うだろう。今日だけでも何時間も追いかけてきたクライマックスである。肩すかしで終わってもいいと思う探偵などいない。

対象者と浮気相手の二人は、アパートの入口から移動した。吉村は「よし、行った！」と心を弾ませ、二人の後を追ってアパートの敷地内に入っていく。彼女の部屋は一階のようで、二人は一階の内廊下を奥に歩いていく。部屋に入る瞬間を撮影するため、吉村はビデオカメラを回しながら、意気揚々と追う。ところが、二人は部屋の前で雑談を始めた。内廊下まで飛び出した吉村は、対象者と目が合ってしまう。冷たい緊張が背筋を走っていく。吉村は二階の住民のフリをして階段を上っていったが、男は血相を変えて追いかけてきた。

「お前、撮ってただろ？」

「い、いえ、撮ってないです」

対象者は確信していたのだろう。尾行されていることに気付いて、部屋には入らずに様子を見ていたのかもしれない。男は逃げられないように吉村のベルトをつかんでいる。吉村は必死になって言い訳をする。どういう言い訳をしたかは覚えていないが、適当なことをいってごまかそうとした。そのうち、男のベルトを持つ手が緩む瞬間があった。吉村はその隙を逃さず、男の手を振り切って逃げ出した。

相手は三〇代の男であり、少なからず酒が入っている。小さい頃からサッカーでならした吉村は、「絶対に逃げ切れる」と、足には自信を持っていた。しかし、吉村の頭の中はパニックで真っ白になっている。来た道を戻ればよかったのだが、反対方向に走ってしまったのだ。最初の角を曲がると、そこは袋小路だった。

「警察呼ぶぞ、こら！」と怒鳴られ、吉村は再び囚われの身となった。絶対絶命のピンチに陥り、吉村は自分が探偵であることを白状してしまう。しかも、撮影した動画のデータもその場で削除させられた。探偵の掟を破ってしまったのである。

「自分が探偵だとはいってはいけないし、カメラの映像も見せてはいけないいんです。そのときの僕は未熟だったので、探偵だということを白状した上に、撮っていた映像を対象者の目の前で消しました。示談というか、その場を早く終わらせたい一心で……」

人は追い込まれると、すべてを吐き出して、ラクになりたいものである。正直に白状すれば、許してもらえるだろうと考える。暴力を振りかざされた吉村は、すぐに白旗を上げた。証拠の映像を消したこともあってか、男は一定の理解を示して、妙に打ち解けてきた。対象者の男は「誰からの依頼か？」としつこく聞いてきたが、吉村は「それだけは勘弁してください」と最後の砦だけは死守した。仲良くなったとまではいかないが、「もう遅いですから、終電で帰りましょう」と笑い合って終わらせようとした。

しかしながら、けたたましいサイレン音を撒き散らせて、パトカーがやってきた。吉村と対象者のやり取りを見ていた住民が警察に通報したのである。対象者と話がまとまって帰宅できるはずが、警察官に事情を説明しなければいけなくなった。結局、車で移動しているもう一人の探偵に拾ってもらって帰宅することになる。

「発覚後に、なぜ、帰ることに固執していたか」というと、吉村は次の日に始発の新幹線に乗って名古屋に行く予定があったからだ。SNSで知り合った名古屋の女の子と会う約束をしていたのである。出会い系サイトは廃《すた》れてしまったが、吉村の女性を求める病《やまい》はSNS上で細々と続いていた。証拠を押さえて早く帰宅したい、という気持ちが焦りを生んだのであろう。

結局、仮眠程度しか取れず、早朝に乗り込んだ新幹線の中で、吉村は爆睡していた。

ちなみに、名古屋の女の子とは、好きなバンドのファンという繋がりだった。同じ音楽の趣味の人を無差別にフォローしていたのだが、たまたま彼女が吉村の地元を旅行したようで、思わずコメントをしたのだ。それをきっかけに、音楽の話などのやり取りをして、仲良くなっていった。その日会うのは、二回目だった。男であれば誰でも浮足立つ状況に違いない（探偵に成り立ての頃に付き合っていた彼女とは、彼女の就職を機に別れていたそうだ）。

この話には、後日談がある。

調査は、対象者が警戒するようになったこともあり、完全に行き詰まっていた。吉村の心には、この案件がその後も引っかかっていた。失敗したことほど忘れられず、喉に刺さった魚の骨の違和感のようになくならないものだ。

別の調査で秋津の近くまで行ったときのことだった。調査が終わって帰ろうとしていると、ふと気になって、一悶着あった浮気相手のアパートに車を走らせたのだ。今にも太陽が昇りそうな夜明け前の静かな時間だった。眠い目をこすり、疲労を覚えながら、期待もせずに様子を見に行った。少しだけ遠回りして家に帰るくらいの軽い気持ちだった。

ところが、アパート近くのコインパーキングに対象者の車が止められていたのだ。正体がバレた日は電車移動だったのだが、他の日は車移動が多く、車種とナンバーは把握していた。吉村はすぐに上司に連絡して、他の探偵が駆けつけた。そして、対象者がアパートから出てくるところの撮影に成功したのである。このときばかりは、吉村は〝持っている〟探偵だった。

探偵という職に魅力を感じていた吉村に辞める理由を聞いてみると、体力的にキツイからだという。今まで仕事に行きたくないと思ったことはないといっていたが、それは精神的なものであって、肉体的なキツさは別のようだ。深夜までの残業が続いて寝不足だと、誰でも会社に行きたくない。また、業務に慣れてきたのも一因かもしれない。経験を重ねるうちに、調査に対する刺激が弱まるのは想像に難くない。少なくとも、睡眠不足の身体に活力を与えるほどの栄養剤ではなくなったのではないだろうか。

探偵がどのくらい大変なのか、最近のスケジュールを教えてもらった。

三月二日　一〇時～一四時、一六時～一九時
三月三日　休み

三月四日　一三時～一六時半
三月五日　八時半～一四時半、一八時～二二時半
三月六日　八時半～一二時、
三月七日　休み
三月八日　一〇時～一九時
三月九日　八時～二〇時
三月一〇日　一七時～三一時（翌日の朝七時）
三月一一日　一六時～二四時
三月一二日　七時～一四時半、一八時～三五時（翌日の一一時）

一日でシフトが二回組まれているところは、別の案件の現場である。空き時間があるように見えるが、移動時間と下見の時間も含まれている。単純に勤務時間だけを見ると、それほどハードではないように見えるが、不規則な勤務時間であり、ときには朝まで徹夜の日もある。緊張を強いられる時間も長く、精神的な疲労もかなり蓄積されるに違いない。

二八歳の吉村にとって、今はまだ体力的に耐えられるかもしれないが、長く続けられるのか不安になるのは当然のことだった。「一〇年後は可能でも、二〇年後、いや三〇年後はどうだろう？」と。

吉村は「この仕事に生涯を賭けられないですよ」といっていたが、そのときの吉村の表情が気になっ

た。何かを隠しているような気がしたのだ。

「日々の忙しい生活から解放されたい、というのもあります」

忙しい日々に忙殺されていると、目の前にある業務をこなすことが精一杯で、現在の自分の状況、将来のことなど、大事なことを考える余裕などない。時間と心に余裕がないと、仕事の意義や人生の意味といったことは頭によぎることすらない。忙しいほど仕事があるのはいいことだが、今の吉村には忙しい日常から離れる時間が必要だった。

他にしたいことは見つかっていないが、吉村はまず探偵を辞めることにした。吉村は、行き詰まったら、迷わずリセットボタンを押せる。大学を中退したときも、実家でのニート生活から抜け出すときも、コンビニのアルバイトを辞めるときも、後先考えずに一度ゼロの状態に戻すことができた。良いか悪いかは別にして、普通はこれができない。次の働き口が決まっていない、何も目標が定まっていない状態で仕事を辞めるのは難しい。何も考えずにとにかく現状から抜け出して、その先のことは、後でゆっくりと考える。遠回りをしているように思えるが、長い人生で見ると有意義な時間であり、近道になる場合もある。

吉村がそこまで考えているわけではないだろう。ただ現状の息苦しさから逃れたいだけかもしれない。その逃避の理由について、吉村は次のように話していた。

「探偵を三年半ほどやって、僕もかなり変わったと思うんですよね。でも、自分ではその変化を実感できないんです。浮気をしている人を毎日のように追いかける。それが日常になってしまって、感覚が麻痺しているような感じです。一旦、自分を見詰め直したいんです」

非日常の世界で暮らしていると、それが日常になってくる。自分の気持ちが、非日常の世界に埋もれていく怖さを感じるのかもしれない。これ以上加速する前に、ブレーキを踏まなければいけない。自分が自分でいられる世界にとどまるために。

吉村は、声のトーンを少し小さくして、もう一つ理由を教えてくれた。

「正直にいうと、プライベートを優先したいんですよね。休みも融通が利かないですから、あまり友だちとも会えていないし、女の子とも遊べない。仕事とプライベートを両立するのが理想ですが、探偵業は難しいですね。この業界、結婚している人は少ないって聞きますし……。やっぱり一度考え直したいってことですかね」

こっちの理由が本音かもしれない。体力的につらいのも、自分を見詰め直したいというのも本当のことだろう。ただ、本音は女の子と遊ぶ時間がほしいのではないだろうか。吉村の話を聞いていると、彼の中での優先順位は、常にそれが一番であると感じた。先ほどの吉村は、女の子と遊びたいという不純な自分に対する羞恥心を隠していたのかもしれない。

話を聞いた他の探偵も、途中で一度探偵業から離れている人が多かった。最初は興味本位で飛び込んだ探偵という職業だが、慣れてくるにつれ疑問も生まれてくる。ときには修羅場を目の当たりにすることもある。依頼者のためではあっても、人を不幸に陥れているのではないかと悩むような案件もある。多くの探偵は悩み、立ち止まる。そのまま去っていく者もいれば、自分なりの意義を見つけて戻ってくる者もいる。

どんな職業であれ、三〇歳手前というのは、そういう年齢ではないだろうか。探偵という職業は、よりその傾向が強いのかもしれない。探偵は、誰かの隠し事を暴く仕事である。揺るぎない信念がなければ、気持ちの悪さがつきまとう。怨念のような違和感を振り払うために、吉村は探偵を辞めるのかもしれない。

吉村は世の中の違和感に敏感だった。大学を出て就職することに違和感があった。初体験までは簡単に女性とエッチすることにも違和感を覚えていた。コンビニの傍若無人な客にも違和感があった。プライベートを犠牲にして仕事を優先する生活にも違和感を覚えた。違和感と向き合うのは、正直しんどい。気にしないで済むなら、もっとラクに生きられる。吉村は、至るところに潜んでいる違和感を無視せずに正面から対峙することで、自分の存在価値を見出そうとしているようだった。インタビュー中に「俺は他のやつらとは違うぞ」といったプライドを滲ませていたのは、それゆえではないだろうか。

最後に、これからどうしたいか聞いてみた。

「まだ、何も考えられないです。また探偵の仕事をするかもしれないし、実家に帰ったほうがいいかな、とも思っています、長男ですから……。う〜ん……、強いていうなら、音楽が好きなので、曲を作ったり、バンドを組んだりするのもいいかもしれないですね。面倒くさがり屋なんで、わからないですけど……」

探偵を辞める悲壮感も、新しいことに挑戦しようとする高揚感もなかった。周囲の目を気にしながら淡々と自分の恥部まで話してくれた吉村は、空気を読む若者らしい器用さを持ちつつも、自分の欲を優先する逞しさも併せ持っていた。根は臆病でありながらも、見知らぬ女性と会ったり、スパッと仕事を辞めたりする大胆さもある。

吉村は今後も、相反する二つの感情に振り回されながら、自分を模索する旅を続けるのだろう。いずれ確固たる自分の価値観を見つけて、影響力のある人間になっていくのではないか。そう感じさせる男でもあった。

取材した日から二年近くが経過した。その後、吉村が何をしているのか気になっていた。原稿の確認で連絡を取った際に聞いてみたいと思っていた。しかし、メールのやり取りだけで、電話で話をすることはかなわなかった。

メールには「ちょっといろいろあるので、すみません」と書かれていた。余計気になったが、彼にも事情があるのだろう。私は「いつか話ができる日がきたら、教えてください」と書いて送信ボタンを押した。

第七章

# 女探偵、現る

これまでの取材で、探偵の仕事には女性が欠かせないことがわかった。探偵は二人一組で動くケースが多いが、ラブホテルに潜入するときに女性がいないと不自然だし、女性を尾行する際は女性探偵のほうが怪しまれにくい。男二人で行動するよりも、男女ペアで動くほうが、周囲からも警戒されにくいものである。

しかし、女性探偵に話を聞く機会がなかった。男性探偵に比べて、女性探偵の数は少ないようだ。体力的に厳しいことは想像できるし、偏見もあるのか、職業の一つとして選択肢に挙がりにくいのだろう。探偵というのは男の職業だという先入観もあるのかもしれない。それでも最近では女性探偵の数が増えてきたと聞いていたが、「私は探偵です」といいにくいのか、取材に応じてくれる女性探偵が見つからなかった。

会えないと余計に会いたくなるのが人間の性である。どうしても話が聞きたいという感情が、日増しに強まっていった。これまでに話を聞かせてもらった探偵にも協力を仰いで、女性探偵に声をかけてもらった。今回の書籍の取材がほぼ終わりに差しかかった頃、ようやく話をしてもいいという女性探偵が現れた。

本書の第一章に登場した真鍋探偵が、自身が経営する探偵社の女性社員を説得してくれたのだ。快諾してくれたのか、半強制的なのかはわからないが、こちらとしてはありがたい。さっそく話を聞く手はずを整えることにした。

取材を行ったのは、真鍋探偵と同じ事務所である。数カ月ぶりに訪れた事務所の会議室は見事なほど変化がなかった。整頓された机の上には、必要最低限のものしか置いていない。清潔感はあるが、どことなく殺風景でもある。レンタルオフィスの会議室といった感じだが、久しぶりの来訪に安堵するような懐かしさも感じられた。

会議室で編集者Kと待っていると、真鍋と一緒に若い女性が現れた。真鍋は「何でも聞いてください」とだけいい残し、仕事に戻っていった。取り残された三人は形式的な挨拶を交わす。

女性は、前田《まえだ》あゆみと名乗った。大きな目が魅力的な童顔の女性である。肩にかからない程度のまっすぐに伸びた黒髪、ジーンズにトレーナーというラフな服装、必要最低限の化粧が、まるで高校生のように見えた。街中で見かけても探偵とは思えない、至って普通の女子である。

森　年齢を聞いてもいい？

前田（以下、前）　自分、二三です。一九九六年の早生まれです。

女性に年齢を聞くのは失礼ではあるが、取材である以上、気にしてはいられない。ちなみに取材を行ったのは、二〇二〇年一月末。新型コロナウイルスが騒がれ始めた頃である。まだ日本では本格的な流行が訪れておらず、対岸の火事を見るかのごとく、中国武漢《ぶかん》の異様な街の様子を他人事のようにテレビで眺めていた時期である。前田は二月が誕生日だといっていたので、話を聞いたのは二四歳になる直前だったことになる。

森　どのくらい探偵しているの？
前　まだ一年くらいです。
森　なんで探偵になったの？
前　自分、本当は警察官になりたかったんです。大学生のときに警察官の試験を受けたんですけど、落ちてしまったので、しばらくパチンコ店でフリーターをしていました。チェーンのパチンコ店だったのですが、アルバイトなのに二年ごとに異動があるんです。それを機に正社員として就職したくて転職することにしました。
　前田は自分のことを「自分」と呼ぶ。若い女性にしては珍しいが、警察官に憧れていたことが影響しているようだった。刑事ドラマで登場する警察官は、「自分」「本官」という一人称を使うことが多い。そのほうが警察官らしいのだろう。実際の警察官は人それぞれだろうが、「私」が一般的だと聞いたことがある。世間のイメージに前田も感化されたのかもしれない。
森　それで探偵の募集を見つけた？
前　そうですね。自分、やっぱり警察官になりたかったので、似たような仕事を探していたら、警備とか探偵とかが出てきて、探偵って面白そうだなと思いました。
森　そんなに警察官になりたかったんだ？
前　ずっと警察官に憧れていました。小学生のとき、迷子になったことがあるんです。友だちと買い物に行ったのですが、友だちと別れた後、帰り道がわからなくなったんです。あまり行ったことがないところだったので……。自分、方向音痴なんです。

今でも前田は方向音痴だそうだ。方向音痴の探偵、というのは大変そうだねと聞くと、笑いながら「大変です」と答えていた。

森　迷子になったときに助けてくれたのが警察官だったんだ？
前　そうなんです。泣きながら交番に行ったのですが、そのときの警察官がイケメンで、かっこよかったんです。それから、自分も警察官になって人助けをしたいと思うようになりました。

神奈川県で生まれた前田は、小学校五年生のときから「将来は警察官になる」という明確な目標を持った。中学校で柔道部に入部したのも、高校で射撃部を選んだのも、すべては警察官になるためだった。

射撃競技には、クレー射撃とライフル射撃がある。クレー射撃は、空中に飛んでくるクレー（小さな皿のようなもの）を撃ち落として得点を競う。ライフル射撃は、固定された的を撃って得点を競い合う競技だ。どちらもオリンピックの正式種目であるが、高校の部活で一般的なのはライフル射撃である。

銃規制の厳しい日本では、高校生が本物のライフルを持つことはできない。そのため、多くの高校の部活動では、ビームライフルで競技を行っている。ビームライフルとは、実弾を使わずに光で的を照射するものだ。

私のような四〇代にとっては、ビームライフルといえば『機動戦士ガンダム』である。銃からエネルギーの塊のようなビームを照射して、相手のモビルスーツを溶かして爆発させる。ビームサーベルとともに、ガンダムの主要武器として、当時の子どもたちのガンダム遊びに欠かせないアイテムだった。

もちろん、高校の射撃部で使用するビームライフルは安全なもので、特別な資格も許可もいらない。誰でも気軽に射撃を楽しめる、ライフル射撃の入門といえるだろう。

前田が通っていた高校は、このビームライフルだけでなく、エアライフルも使用していた。エアライフルは、火薬を使用した普通の銃ではなく、空気や不燃性のガスで弾丸を発射する銃のことだ。鉛の弾丸を使用するため、かなりの威力を持っている。狩猟用のライフルでも使用されているくらいだ。そのため、エアライフルを所有する場合は、公安委員会に届け出て許可を得る必要がある。

中学の柔道部でも、高校の射撃部でも、前田は有力選手というわけではなかった。柔道での得意技は「体落《たいおとし》」だったとはにかみながら教えてくれたが、黒帯を取得するほどではなかった。射撃も同県に強豪校があって、全国大会に行ったことはなかった。柔道をしておけば、射撃をしておけば、警察官になったときに有利だろう、というくらいの気持ちで部活を楽しんだ。

大学で法学部を選択したのも、法律について学ぶことが、警察官として役立つと考えたからである。これだけを聞くと、警察官という夢にまっすぐ進んでいるように見えるが、前田はそれなりに青春時代を謳歌していた。大学では、体育会系のボクシング部にマネージャーとして入部。かっこいい先輩がいたからという、いかにも女子大生らしい理由だった。それ以外にも、飲み会がメインのテニスサークルにも所属していた。

憧れていた先輩は、見た目がかっこいいだけでなく、ボクシングも強くて、話も面白かった。二〇一二年のロンドンオリンピックで金メダルを取った村田諒太選手に似た、ワイルド系のイケメンだった。

「自分、かなり面食いだと思います」と、本人がいうように、見た目で惚れてしまう性格なのだそうだ。村田諒太似の先輩にも一目惚れだったが、四年生である先輩が卒業したため、前田も一年であっさりとボクシング部を退部。前田の片思いは、憧れのまま終了のゴングが鳴った。

大学四年生になり、同級生たちが就職活動に精を出し始めると、前田は警察官になるべく、公務員試験の勉強を始めた。前田は、地元の神奈川県警察ではなく、東京の警視庁を受験した。採用人数が多いというのがその理由だ。ただし、女性警察官の採用は少ない。警視庁の採用ページで二〇二〇年（令和二年）度の募集要項を確認すると、男性警察官の採用予定人数は一〇二〇名。一方、女性警察官の採用予定人数は一八〇名となっている。同ホームページによると、男性警察官の倍率は五倍から六倍で、女性警察官の倍率は七倍から九倍ということなので、女性のほうが難関である。前田が受験した年度も、おそらく同じような倍率だったに違いない。

一次試験では、教養、論文（作文）、国語の科目があり、身体検査と適性検査も行われる。また、初段以上の武道やスポーツの成績、語学などの各種資格も考慮され、合格すれば二次試験に進むことができる。二次試験は面接がメインで、さらに詳細な身体検査と適正検査が行われ、体力検査も行われる。
警察官のハードルは高そうだが、前田は合格すると信じて疑わなかった。小学生の頃からの「警察官になりたい」という夢は、「警察官になるもの」という既定路線に変化していたのだ。それだけに試験に落ちたときのショックは大きかった。

森　今でも警察官にはなりたいの？
前　そうですね。再チャレンジしたいです。やっぱり公務員という安定した職業はいいですよね。警察官の制服もかっこいいですし。
森　制服が好きなんだ。
前　自分、けっこう制服好きなんですよ。医師の白衣も好きです。

探偵として最初の仕事は、まさに白衣を着た医師の素行調査だった。医師である夫が「本当に仕事をしているのか」を調査してほしいという、妻からの依頼である。
対象者である夫は、病院の勤務医であったが、「給料が少ない」という理由で、わずかな金額しか家庭に入れてくれない。無駄遣いをしているようにも、貯金をしているようにも見えなかった。平日は毎日、病院に勤務しているが、その割に収入が少ない。不審に思った妻が、何か隠し事があるのではないかと探偵に依頼してきたのである。

探偵の研修期間中は、あまり難しくない案件を担当することが多い。今回のように、病院での張り込みがメインで、ほとんど動きがない案件から業務に慣れていくのだ。しかし、張り込みだけだからといって、難易度が低いというわけではない。張り込むとき、出入り口から見えにくい場所がなかったり、車を止める場所がなかったりすると、難易度が高くなる。

先輩探偵と病院の駐車場に車を止めて、対象者の様子を窺う。対象者は確かに病院に勤めていたが、少々休憩が多いようだった。三時間ごとに外に出てきては、自分の車で休憩していた。休憩時間は一五分くらいのときもあれば、一時間ほどのときもあったが、それは昼休みだからかもしれない。「仕事をサボっている」といえるほどではなさそうだった。

前田はその調査に一回しか関わらなかったので、その後どうなったかは知らないそうだ。何もなかったのかもしれないし、予想外のことが起きたのかもしれない。単純に勤務形態について嘘をついていた、という落ちではないかと想像していた。勤務医だといいながら、実際は非常勤で時給制だったのでは、と。謎は謎のままであるが、事件が潜んでいるとは思えない、平和な依頼といえるのではないだろうか。

森　探偵の仕事は面白い？

前　そうですね。面白いというよりは、やりがいがありますね。調査が成功して依頼者が喜んでくれたら、よかったなぁってなります。
森　もともと人助けがしたかったんだもんね。
前　はい。警察官の仕事と重なるところはあります。最近のことですが、月に一回しか浮気相手と会わない対象者がいて、その限られた日にキスシーンを撮影できたときは、嬉しかったですね。
森　それは、どういう依頼だったの？
前　男性の依頼者で、奥さんの浮気調査です。対象者である奥さんが「こういう人と会うんだぁ」って友だちに話していたようで、それが旦那さんの耳に入ったみたいです。
森　ずいぶん脇の甘い人だね。いつも決まった日とかに？
前　そうではないみたいです。毎月、友だちと飲みに行くことが数日あるようで、そのどこかで接触しているようです。「今日、飲みに行くといっています」という連絡が依頼者からあって、急遽チームを組んだって感じです。
森　尾行は、家を出るところから？
前　対象者は働いていたので、職場からでした。たしか一七時半くらいに会社を出て、居酒屋に入ったのが一八時半くらいだったでしょうか。二一時過ぎには居酒屋から出てきました。
森　その間、ずっと外で待っていたの？
前　そうです。先輩と二人、外で立ち（立ったままでの張り込み）でしたね。一度だけ、店内の様子を見るために中に入りました。「待ち合わせなんですけど、もう来ているかもしれないので見ていいですか？」ってお願いして、店内を見させてもらいました。
森　二人は仲良く飲んでいた？
前　はい、短時間でしたが、そのときの動画も撮影しました。対象者は店内で待ち合わせをしていたので、相手の顔も確認できました。
森　居酒屋を出た後は？
前　手は繋いでなかったですけど、肩を寄せ合うように歩いていきましたね。どう見ても恋人のように見えるんですけど、決定的な証拠ではありません。二人で飲んで仲良く歩いているだけでは、浮気って断定できないですから。
森　どこからが浮気かって、個人差もあるしね。
前　そうですね。そこは難しいところです。

一緒に食事をしただけでも浮気だという人もいれば、キスくらいは挨拶のようなものだという人もいる。身体の浮気は許せても、心の浮気は許せない……、そういう人もいるだろう。風俗は浮気になるのか、キャバクラはセーフなのか……。浮気というのは心の問題も含まれるため、人によって境界線が曖昧である。育った国や文化、宗教によっても変わってくるし、世代や性別によっても考え方が違う。究極の多様性といえるのかもしれない。ただ、相手の考え方を尊重することは難しそうである。

判例では、婚姻関係にない男女が複数回にわたる性行為をすれば、それは不貞行為とみなされる。重要なポイントは〝複数回〟という点だ。一回の証拠をつかんだとしても、それだけでは不貞行為とみなされないことがある。一度の過ちは気の迷いとして処理され、浮気であったとしても不貞行為にはあたらない。離婚の理由にはならないのである。法の番人はそう考えているのだろう。

複数回の不貞行為という証拠を取るためには、何度も調査しなければならないが、その分調査費用も高額になってくる。対象者にすべての証拠を開示しないのは、「どこまで知っているのだろう？」と思わせて、浮気を認めさせるため。一回の証拠しかなくても、何もかも知っているかのように振る舞うのだ。やましいことがある対象者は、大概がそれで落ちる。その場の重苦しい状況から逃げるように、浮気を認めるのである。

前　その後、二人は公園を散歩して、ベンチに座りました。しばらくすると、キスが始まりました。とても濃厚なキスでした。

森　キスだけ？

前　そうですね。外だったので、それ以上はなかったです。誰がどう見ても恋人同士のキスでした。

森　相手はどういう人だったの？

前　対象者が通っていた体操教室の先生でした。四〇代くらいです。ひょっとしたら相手も既婚者かもしれませんが、まだそこまではわかっていません。浮気相手の宅割（自宅住所を特定すること）

をしたかったんですが、相手が自転車だったんで、追えませんでした。次回会う日を待っているところです。
森　次の機会がきたら、また前田さんが担当するの？
前　そうですね。この案件は指名なので、たぶん自分が担当します。
森　指名があるんだ？
前　対象者が女性の場合、女性の探偵を指名する依頼者も多いです。

男性からの依頼、つまり対象者が女性となる依頼が増えてきたこともあり、女性探偵の需要が増えている。尾行する対象が女性の場合、探偵も女性のほうが警戒されにくい。男性よりも防衛本能が強い女性は、知らない男性がついてきていないか、反射的に確認するものである。夜間の住宅街を尾行する場合は、特にそうだろう。ときには、オートロックの入口を一緒に入らなければいけないこともある。女性探偵のほうが行動しやすい場面が多いのだ。

また、男性・女性に関係なく、異性のほうが視界に入りやすい傾向がある。前田も「あの人イケメンだなぁと印象に残ったら、別の場所で会ってもすぐ気付きますよ」といっていた。同性よりも異性に目が行きがちなのは、誰でも同じだろう。「かっこいい人いないかな」「かわいい子いないかな」という心の声は、無意識な視線として表れているのかもしれない。

女性探偵が重宝される理由はそれだけではない。対象者が女性専用車両に乗った場合、男の探偵では手も足も出ない。男性が入りにくい場所を対象者(女性)が訪れることも多い。百貨店やショッピングモールなど、女性を対象にしたフロアで男性がウロウロしていると目立ってしまう。

森　女性ならではのつらさってある?

前　そうですね……。トイレですかね。男の人のように簡単にというわけにはいかないので、ちょっと代わってもらって、コンビニに走ったりします。そのためにも、なるべく水分を取らないようにしています。

森　会社や同僚から女性として気遣ってもらうことはあるの?

前　いや、ないですね。生理休暇もないですし、つらくても気遣ってもらえません。

森　そのあたりは、女性探偵がもっと増えてきたら変わってくるんだろうね。他に女性ならではのことってある?

前　訪問をやらされることが多いです。

森　訪問というのは?

前　イチタイ(第一対象者)が浮気相手の家を直接訪れる場合、浮気相手であるニタイ(第二対象者)の顔がわからないですよね。ずっと家の中にいて外に出てこない、もしくはイチタイだけが出入りして、ニタイの動きがない場合があります。そういうとき、インターフォンを押して浮気相手が出てくるところを別の探偵が撮影するんです。

森　それってかなり勇気がいるね。
前　ホント、緊張します。自分、緊張しいなんで。
森　どういうふうに訪問するの？
前　よく使うのは、（第二対象者の）ポストに入っている郵便物を抜いて、「すみません、うちに郵便物が間違って入っていたんですけど、見てもらってもいいですか？」という方法です。後は、「ベランダに物が入ってしまったんですが、取ってもらえないでしょうか？」というのもあります。
森　その場合、何かベランダに投げ入れるわけ？
前　そうですね。洗濯物が飛んでいったのを装って、服を投げ入れたりしますね。
森　かなり強引だね。
前　だから緊張するんですよ。強引でも、面割り（対象者の顔を撮影すること）したいときってあるんです。

前田は、最近あった面白い依頼を教えてくれた。

企業からの依頼で、「辞めた人を怖がらせてほしい」という一風変わった内容だった。優秀な社員がヘッドハンティングされて転職したのだが、そのことを後悔させてほしいのだという。

対象者が自宅から出てくると、家の前に変な五人が待ち構えて、対象者を睨んでいる。電車に乗っているときは、その五人の探偵が対象者に接近して、顔やスマホを覗いたり、あからさまに対象者の写真を撮ったりする。エレベーターに乗ったら、探偵たちも乗り込む。会社から出てきたら、やはりその五人が待ち構えていて、自宅まで陰湿についてくる。

完全な嫌がらせだ。しかも、子どものいたずら並である。ぎりぎり犯罪にならない程度の嫌がらせ、ということなのだろう。

このような嫌がらせを月曜日から金曜日まで続けた。対象者は、最初はまったく無警戒で、気付いてさえもいない様子だった。さすがに日を追うごとに、怪しい連中の存在に気付き、水曜日には何度も後ろを振り返ったりするなど、警戒心を強めていった。しかしながら、対象者のほうから話しかけてくることも、通報することもなかったそうだ。

この仕事は普段と違い、探偵は姿を隠す必要がない。探偵にとっては、たまったストレスを発散できる痛快な仕事だった。「次はどんなことをしようか」と、探偵同士でアイデアを出し合ったという。前田も「こんなことしちゃっていいのかなって思いましたが、ものすごく楽しかったです！」と飛びきりの笑顔を見せてくれた。

依頼者である企業（対象者が勤めていた会社）は、それで満足したのだろうか。対象者は会社を裏切って、ライバル会社に転職したのだろう。社内の情報や顧客を持っていったのかもしれない。何かしらの理由があって、対象者に警告したかった可能性もある。無言の脅しも含まれていないと、大金を使って探偵社に依頼する理由が思い浮かばない。

まっとうな理由などない可能性もある。腹の虫が治まらないだけだったのかもしれない。この世の中は醜い感情で動いている。もっともらしい理由など、後から何とでも付けられる。対象者にとっては怖い体験だろうが、聞いている者としては、思わず笑ってしまう話だった。どうでもいいことだが、この調査費は経費で落ちるのだろうか。落ちるとしたら、勘定科目は何と記載するのだろうか。「雑費」にできるほど安い金額ではないだろう。

この話には後日談がある。

嫌がらせを受けた男性は、前田の探偵社に今度は依頼者として現れたのだ。依頼内容は、「勤めている会社の企業調査」である。要するに、今回の嫌がらせは新しく転職した会社によるものではないかと疑い、調査を依頼してきたのである。一連の嫌がらせが、前の会社からによるものだと、この男性は最後まで気付かなかったことになる。

森　そんな会社、辞めてよかったのかもしれないね。

前　新しい会社を調査しても、何も不審なところはなかったので、対象者だけがいまだに「あれは何だったんだろう?」ってモヤモヤしながら暮らしているんじゃないですかね。

森　モヤモヤしてるだろうね。

前　間違いないと思います。それとは別の依頼ですが、自分ら探偵がモヤモヤしたままの案件もあります。失敗ではないんですが、不発といいますか、どうなっているのか理解できないような案件でした。

森　それはどういう依頼だったの？
前　対象者は男性で、奥さんからの素行調査です。対象者である旦那さんが週に二、三日しか家に帰ってこないみたいで、ほとんど外泊しているという状態でした。
森　それは浮気調査ではないの？
前　浮気調査も素行調査の一種なんです。外泊が多いだけでは浮気とは断定できないので、一応、素行調査ということで開始しました。勤務先の退社時から調査をスタートしたのですが、途中でニタイ（第二対象者）の女性と接触して、その女性の家に入っていきました。
森　やっぱり浮気だったんだ？
前　まぁそうなんですが、そんな単純じゃなかったんですよ。

前田ら探偵は、第二対象者の家を終電近くまで張り込んでいたが、動きがなかったため、その日は解散して、翌早朝に張り込みを再開した。次の日の朝には出てくるだろうと待っていたが、出てこない。平日ではあったが、仕事は休みだったのだろう。

前の晩、前田はドアの間に落ち葉を挟む仕掛けをしておいた。出入りを確認するためだ。翌朝確認すると、落ち葉は落ちていた。ドアを開けなければ落ちないように挟んでおいたので、誰かが出入りしたのは間違いない。その間に対象者が帰宅した可能性も否定できないが、依頼者に確認すると、自宅には戻っていないので、そのまま張り込みを継続した。

昼過ぎに動きがあった。第二対象者の家から女性が出てきたのだ。しかも、第二対象者ではない女性が出てきたのである。前田ら探偵の頭の中は〝はてな〟になる。「なんだ？ こいつは？」と。状況を整理すると、昨晩は対象者と第二対象者の二人きりではなかったということだ。夜中に出入りしたのは、この女性だったのかもしれない。「二人とも女性だから、不貞は不貞だよね？」ということで、調査は続けられた。

それからしばらくすると、対象者と第二対象者が出てきて、パチンコに行ったり、コンビニに寄ったりなどして時間をつぶしていた。文字どおり、暇な時間をつぶすようにブラブラしていたのだった。「対象はいつ自宅に帰るんだ？」という疑問をよそに、対象者は一向に帰る気配を見せない。今晩も第二対象者の家に泊まるつもりなのか、近所のスーパーで夕飯の買い出しを始めた。そこで、なんと昼間に出ていった謎の女性と合流したのである。しかも、その女性の彼氏と思われる男性も一緒だった。結局、対象者らは四人で第二対象者の家に戻っていったのである。

第二対象者の部屋は典型的なワンルームであることがわかっており、四人で過ごすには狭すぎる。前田の頭の中は混乱に陥っていた。「四人はどういう関係なんだろう？」「ニタイは何をしている人物なんだろう？」「そもそも、あの部屋は誰の部屋なんだろう？」……。

四人が一緒にいるという状況では、不貞が行われていたとしても、証拠能力は弱くなる。仲間で遊んでいただけだといわれれば、その反証ができないからだ。夜中のうちに誰かが帰るのではないかと、夜通し張り込んでみたが、その日は誰の出入りもなかった。

調査三日目――。その日も対象者は会社に出勤せず、第二対象者の部屋で過ごした。第二対象者の女性も仕事に出かけない。この女性は働いていないのかもしれない。その日も、前日と同じように一日をダラダラと過ごして終わった。対象者はその日も自宅には帰らず、第二対象者の部屋に戻っていった。

結局、そこで調査は打ち切りとなる。依頼者が諦めたのだ。これ以上調査費用はかけられないという判断だった。

森　それはモヤモヤするね。
前　もう少し調査すれば、何かわかったかもしれませんが、真相は謎のままです。
森　対象者が部屋にいるとき、訪問はしなかったの？
前　ちょうどいい郵便物がなかったのもありますし、相手の存在が謎だったので、訪問する理由が難しかったのもあります。
森　彼女の家かどうかも怪しいもんね。
前　そうなんですよ。張り込み中にドアに耳をあてて室内の音を聞いたりもしました。何も聞こえなかったですけど……。あと、ドアのポストから覗いたりもしました。
森　そこまでするんだ。何か見えた？
前　靴があるのだけは見えました。ずっと覗いているわけにもいかないので、何かチラシを入れて、チラッと覗く程度なので、よくわからなかったです。
森　この案件もそうだけど、他にも日常的に浮気をしている男女を見ていて、前田さんはどう思ったりするの？
前　そうですね……。自分、そういうのは何とも思わないです。自分の彼氏が浮気していたら、話は別ですけど。
森　今は彼氏は？
前　はい、います。パチンコ店で勤めていたときの同僚です。
森　どういう出会いだったか、聞いてもいい？
前　自分から声をかけました。顔が好みだったので……。

彼氏が酒好きだったこともあり、前田は飲みに誘ったそうだ。何度も飲んでいるうちに、彼氏彼女の関係になったそうだが、話はそれほど単純ではなかった。

当時の前田には彼氏がいたのである。前田の気持ちはすでに切れていたようだが、同棲していたこともあり、なかなか別れをいい出せずにいた。彼氏の家に住んでいたので、自分が出ていかなければならず、かといって身を寄せる場所もなかった。要するに、一時期二股をかけていたことになる。

最終的に、前田は元彼の家を出て、新しい彼氏の家に転がり込んだ。今も、そのまま一緒に暮らしている。

森　彼氏は探偵の仕事についてどう思っているの？
前　すごく理解してくれています。自分、仕事の話はあまりしないんですけど、長いと二日くらい帰れないじゃないですか。そういうときでも、家事とかしてくれています。
森　心配されたりは？
前　たぶん、そんなに心配はしていないはずです。睡眠不足だったりすると、「大丈夫？」って、身体の心配はしてくれますけど。
森　逆に、二、三日家を空けると、彼氏のこと心配にならない？
前　心配にならないですね。もし浮気していたら、すぐに気付くと思います。
森　さすが探偵だね。この仕事をしていて、そういう感覚は鋭くなった？
前　鋭くなりましたね。

前田は今の彼氏との結婚も視野に入れているそうだが、彼氏にはまだその気がないらしい。探偵という特殊な職業上、恋人ができにくいと聞くが、前田は順調な交際を続けているようだった。一緒に生活をしている安心感が互いの信頼に繋がっているのかもしれないが、それだけではないだろう。
同棲しているからこその悩みや心配もあるのだ。なかなか家に帰ってこない、いつ帰ってくるかわからないというのは、予定も立てられないし、行動も制限されてしまう。早く帰ってくると思えば、夕食を一緒に食べたいし、外出もしにくくなるだろう。にもかかわらず、予定が変わって相手の帰宅が遅くなったら、その期待は不信や喧嘩の種に変貌する。小さな心の澱《おり》になり、二人の間に深い溝を生み出す可能性も秘めている。

一人で待ち続ける孤独は、体験してみると想像以上に心を蝕むものだ。人間の想像力というのは、良い想像だけでなく、悪い想像においても限りがない。負の無限ループが頭の中を這いずり回り、心の養分を吸い尽くしていく。耐えられない不安と寂しさを埋めるように、心ない誘いに身を委ねてしまう相手を責めることができるだろうか。

結婚していれば、その悩みや心配はより大きくなるだろうし、子どもがいれば、また別の悩みも生まれる。男性探偵の不規則な帰りを待つ妻の苦労やストレスは計り知れない。探偵の取材を進めていくにつれ、探偵にとって結婚生活というのは鬼門なのだと感じていた。

時間に不規則な職業は他にもたくさんあるが、仕事の始まりと終わりが定かではない職業は限られる。予定が立たない相手との生活は苦行でしかない。期待が裏切られ続けるにつれ、最初から期待しないように防衛本能が働く。諦めの境地に達したとき、「なぜ結婚しているのだろう?」という疑問が脳裏を占領しても不思議ではない。

今の時代では珍しくなりつつあるが、探偵業界はいまだ、そういう世界である。依頼者の要望、対象者の行動に左右される業務だけに、働き方改革が進みにくいのだ。プライベートを犠牲にして働くスタイルは、最近の若者には受け入れられにくいだろう。すぐに辞める人が多いのも頷ける。
前田も今後の働き方について、思うことがあるようだ。

前　まだ警察官になりたいというのは諦めていないですけど、探偵を続けるにしても、このままずっと同じようには働けないですよね。

森　やっぱりしんどい？

前　そうですね。休みが不規則なので、プライベートの予定が立てられないというのがネックですね。うちの会社はまだいいほうで、今後、固定休を作っていこうという動きがあるみたいですが……。何曜日が休みってはっきり決まっていれば、また違ってくるのでしょうけど……。

森　探偵を続けるとしたら、どういう探偵になりたい？

前　依頼者と直接関わる相談員という立場になりたいです。依頼者に寄り添いながら、一番近くで手助けをしたいです。

森　相談員にはどうやってなるの？

前　調査員としての経験を積んだ先にあるのでしょうが、社内でも相談だけの人は少ないですね。相談員兼調査員みたいな人は何人かいます。会社が大きくなっていけば、相談員も増えるので、まずは目先の調査を頑張るしかないですね。

困っている人を助けたい――。助けを求めている人に手を差し伸べたい――。前田の根本にあるのは人助けの精神である。それは小学生の頃に受けた警察官の優しさに起因するといっていたが、生まれ持った気質がそれによって開花しただけであろう。多かれ少なかれ誰もが、人に助けられ、人の優しさや温かさに触れてきたはずだ。共感力の強い前田は、依頼者の気持ちに寄り添える、心優しい探偵になるだろう。

探偵というタフな仕事を何年も続けるためには、給与や勤務時間といった待遇面での改善だけでは難しいのかもしれない。前田のような正義感の強さ、人のためという奉仕の精神がないと、身が持たない職でもあるのだろう。生半可な気持ちで継続できる仕事ではないのだ。

森　探偵になって、何か変化したことある？

前　あんまり飲みに行けなくなりましたね。深酒すると、次の日しんどいですから。あとは、ちょっと太ってしまいました。

森　それはなんで？

前　不摂生な生活が続いているからですね。張り込みしているときも、どうしてもお菓子とかつまんでしまいます。変な時間にご飯を食べますし、コンビニ弁当ばかりなので。

森　今、何が食べたい？

前　焼き肉ですね。

# 第八章 セカンドキャリア

真木亮一《まきりょういち》は、ビジュアル系バンドのベーシストとして活動していた。インディーズではあったが、事務所に所属して、何枚ものアルバムをリリースしたプロのミュージシャンだった。バンドの運営はバンド活動による収入だけで賄《まかな》えていたが、真木個人は他にアルバイトをしないと生活ができなかったそうだ。同期のゴールデンボンバーがブレイクしたように、真木のバンドも何かのきっかけで檜舞台に立つ可能性は少なからずあったのではないだろうか。

そんな彼が今は探偵をしている。輝かしい表舞台から、対象者の実態を暴く裏舞台へと真逆とも思える職業に鞍替えしたきっかけは何だったのか。異色の経歴を持つ探偵に話を聞いた。

午後三時、JR五反田駅の改札口で探偵の真木と待ち合わせをしていた。以前に五反田駅に降りたのは、かれこれ十数年も前のことだ。当時勤めていた会社の忘年会か何かの後、先輩と一緒に五反田駅の東側にある飲み屋に行った記憶がある。残念ながら女の子がいる店ではなかったが、周辺にはピンクの電飾が施された怪しい店が乱立していた。当時の五反田は、夜の街であり、風俗の街というイメージがあった。私の記憶の中では、ずっと五反田はピンク街だった。

ところが、十数年ぶりに降り立った五反田の様子がどこかおかしい。駅にはアトレができており、女性が入りやすそうなカフェが並んでいる。駅ビルには二〇二〇年三月開業のホテルメッツが神々しくそびえ立っていた。五反田での取材と聞いて、少し身構えていた身としては、ちょっと拍子抜けだった。

五反田は昔、ＳＭクラブのメッカだった。第二次世界大戦で焼け野原となった五反田は、戦後、闇市として賑わう。隣の大崎に多くの工場が立ち並び、その労働者たちを癒やすための風俗街として発展していった。高度経済成長時代に入り、大規模な都市計画によって新宿や渋谷といった街は次々と開発が進んだが、五反田はいい意味で取り残され、近年まで煩雑で猥褻な街として生き残ってきた。

五反田がＳＭクラブのメッカになったのは、日本で草分け的なＳＭクラブがこの地で開業されたためなど諸説ある。いずれにせよ、ＳＭという性癖が大衆文化として認められていない時代、その人気は地中深くで確実に張り巡らされ、受け身を愛する男性の欲望にまとわりついて離さなかった。二番煎じのおこぼれを頂戴すべく、同じような形態の風俗店が乱立するようになる。需要が増えれば供給が増え、供給が増えれば需要が増える。経済の理論が正しく絡み合い、ＳＭの聖地（性地ともいう）として崇《あが》められるようになっていったのだろう。

近年、都市開発の手が五反田にまで押し寄せてきた。風営法の改正などもあり、現在ではＳＭの聖地という仰々しさは感じられない。ほとんどはデリバリー店に姿を変え、新しい時代での生き残りにしのぎを削っている。五反田周辺にＳＭに特化したデリバリー店がいまだに存在するのは、そういった歴史が存在するからだ。姿・形は変われど、文化は逞しく生き残っていくものである。

そんな五反田駅の改札で、今回の主役・真木亮一を待っていると、背が高く、細身の男性が近寄ってきた。ドクロ柄の長袖Tシャツに細身のダメージジーンズ、黒の革ブーツといった姿は、明らかに普通の勤め人のものではない。平日の午後三時に街を歩いている人としては、どこか異様な雰囲気を漂わせていた。

軽く挨拶を交わしてから、東口にあるカラオケ店に向かった。元ミュージシャンだからカラオケ店というわけではない。じっくりと落ち着いて話を聞くのに、カラオケボックスは最適なのである。周囲に聞かれたくない話もしやすいし、室内の適度な狭さが、初対面同士の心理的距離を少しずつ縮めてくれる。二時間から三時間ほどの取材で奥深いところまで聞くのに、これほど便利な場所はない。

ちょっとした世間話の後、取材の意図を話したところで、真木は釘を刺してきた。

「俺の話、あんま面白くないかもよ。俺は探偵になろうと思ってこの業界に入ったわけじゃないし、続けたいとも思ってないし、興味もないから。仕事だからやってるだけ」

とても面白そうな男である。

真木亮一は、一九八三年、父親が五二歳で母親が四二歳のときに、東京都調布市で誕生した。父親は会社を経営していたこともあり、裕福な家庭の一人息子として、「甘やかされて育てられた」そうだ。本人には金持ちという意識はなかったようだが、小学校から私立に通い、ピアノやサッカー、体操、水泳、書道など、多くの習い事をさせてもらったそうなので、それなりに裕福だったに違いない。

ただ、父親の仕事を聞くと、「なんか船の会社をやっていたような……」と言葉を濁す。「小さいときに両親の仲が悪くなって、父親とは別々に暮らしているんで……。父親と関わりがないというか、今でも年に一回、正月に会うくらいだよ」と、長らく父親との関係は希薄なようだ。両親は離婚せずに別居のまま、今に至る。

教育にうるさい家庭だったようで、都内の小中高一貫教育の私立学校に通っていた。小学生のときは学年トップの成績で、中学校の入学式で新入生を代表して挨拶をしたほどだった。

小学生の頃から地元のサッカーチームに所属し、中学生でもサッカーを続けた。しかし、反抗期を迎えた頃、真木は不良に憧れるようになる。成績が優秀だったことで学校から特別扱いされていたが、それを逆手に悪さをしていたそうだ。といっても、無断欠席くらいのかわいいものである。

「勉強しないで遊んでばかりいるのに、なぜか成績はいいみたいな、〝できる不良〟に憧れていたんだろうね」

学校の同級生は優等生ばかりだったこともあり、不良に憧れていた真木は地元のヤンキーらとつるむようになる。

「不良連中と遊んでると、仲間たちは走り屋系とバンド系に分かれていったんだよね。俺はギターをかき鳴らしているやつの家に入り浸たってたから、バンドに目覚めた感じかな」

バンドに目覚めたきっかけは、ＸＪＡＰＡＮが好きだったからでもある。ちょうどその頃、ギタリストのｈｉｄｅ（ヒデ）が亡くなった。一九九八年五月の出来事だった。一五歳の真木は、大きな衝撃を受けた。友だちとバンドを始めるべく、自分のギターを購入して練習に明け暮れた。学校の成績は、バンドへの情熱と反比例するように下降していった。

高校生になった真木は、地元の連中だけでなく、学校の友だちともバンドを組んだ。四人でバンドを組もうとなったとき、ドラムはいたが、残りの三人がギターだったため、真木はベースに転向した。ギターをうまく弾けていないと、真木自身が感じていたのも理由だった。以来、真木はベースを弾き続けてきた。

進学校で校則も厳しい高校だったが、教師を説得して「軽音部」を創設した。ただ、ロックをやっているのは真木のまわりにいる数人くらいで、全体から見れば日陰の存在でしかない。文化祭でも演奏したが、見に来てくれたのは十人程度で、まったく盛り上がらなかった。

ＸＪＡＰＡＮのように、長い髪の毛を染めて逆立たせたかったが、髪が耳にかかっただけで教師から指導を受ける。夏休みに髪を染めたり、ピアスをあけたりするくらいしかできなかった。

高校を卒業すると、東京都内で一人暮らしを始める。最初は音楽の専門学校に通ったが、半年で辞めた。三歳からピアノを習っていた真木にとって、専門学校のレベルはあまりにも低すぎたのだ。これから音楽を始めようとする人向けの授業ばかりで、金を払ってまで通う意味を見出せなかった。それよりも、ライブハウスなどで活動するほうがプロへの近道であり、楽しそうでもあった。

ライブをするためには、バンドを組まなければいけない。最初は、バンド関係の雑誌や楽器店に貼り出す告知で、メンバーを集めた。その後、メンバーの入れ替わりやバンドの解散などを繰り返しながらも、真木はバンド活動を続けていく。

小学校から進学校に通っていた真木にとって、大学に進学せずに音楽の道を突き進むことに、並々ならぬ決意があったのではないだろうか。

「今思えば、そんな決意なんてなかったね。楽しいからダラダラやってたって感じかな。今日が楽しければいいやって、毎日酒飲んでみんなで『うぇ～』ってやって。だから成功しなかったんだろうけど、人生なめてたんだろうね。貯金とかも全然なかったし、その日暮らしだった」

インディーズの事務所に所属していた真木のバンドのスケジュールは、週に数回集まって練習し、ライブは少ないときで月三本か四本、多いときで月七本か八本こなす。その間にレコーディングをして、だいたい三カ月ごとにアルバムを出していた。新曲がリリースされると、東名阪ツアーを開催する。東名阪ツアーとは、東京、名古屋、大阪でライブをすることである。

バンド活動の合間にアルバイトもしていたそうなので、ダラダラとしている感じではなさそうだ。楽しいだけでは何年も続けられなかったはずである。本人ははぐらかしていたが、音楽に対して真摯に向き合っていたのではないだろうか。真木が語る言葉の端々に、その姿勢が感じられた。

バンドの収益はライブやCDの売上だけではない。真木が属していたビジュアル系業界は、他のロックやメタルの業界に比べて、物販での売上が桁違いに多かった。

「物販は強いね。アイドルとかも一緒だと思うけど、ロックのライブだとそんなに写真とか売れないから。ビジュアル系だと、普通にポラロイドとかも売れるし、追っかけの女の子とかもいっぱいいたしね」

ビジュアル系バンド時代は、女性に不自由しない生活だったそうだが、付き合っている彼女が常にいて、やんちゃはしなかったそうだ。メンバーの中には、女性に食わせてもらっている〝ヒモ〟状態のやつもいた。

「だいたいバンドマンってヒモなんだよね。俺も女の子から貢いでもらったことはあるけど、彼女に家賃も食費も出させるってのが嫌で。だからバイトしていたわけだけど……」

いくらプロのミュージシャンであっても、音楽活動だけで生計を立てられるのは一握りしかいない。ほとんどはアルバイトをしながら活動を続けている。金欠のバンドマンが、養ってくれる女性に甘えてしまうのも、仕方がないことかもしれない。

真木のビジュアル系バンドは売れていなかったそうだが、スタジオ代、CDや物販の制作費、衣裳代などの活動費は売上から賄えていたのだから、それなりに人気だったのだろう。ただ、本人の前には、大きな壁が立ちはだかっていたのかもしれない。本当の山の高さは、実際に登ってみないとわからないものである。下から見上げている者には、頂上まであとわずかに見えても、最後の一歩ほど巨大で絶望的なものはない。極めれば極めるほど、成長が鈍化し、頂上が霞《かす》んで見えないのはどの世界でも同じだろう。

ビジュアル系バンドマンにとって、アルバイト先は限られている。カラフルな色に染められた長い髪だけではなく、ツアーに出ると、しばらく戻ってこられない。出勤が自由なものとなると、絶滅危惧種並みに絞られる。真木がアルバイト先として長く携わったのは、出会い系サイトの運営だった。

「バンド関係でやっているやつは多かったね。あと、お笑い芸人も多かった」

売れない芸人も、お笑いライブがあったり、急な仕事が入ったりするため、バンドマンと同様に融通が利くことがバイト選びの条件だったのだろう。

仕事内容は、広告業者と商談して、さまざまなサイトに広告を掲載してもらったり、運営するサイトの宣伝記事を書いてもらったりすること。また、スパムメール（一方的にメールを送りつける迷惑メールのこと）を送ったりもしていた。あくまでも当時の話だが、携帯電話会社の人から顧客のリストを買って、メールアドレスを手に入れていたそうだ。

当時の相場で、個人アドレスの単価は四〇〇〇円〜五〇〇〇円程度だったという。毎月の広告費が一〇〇〇万円だとすると、（単価四〇〇〇円だとして）二五〇〇人のアドレスをゲットできる。毎月の売上が四〇〇〇万円～五〇〇〇万円だったので、高額なリストを購入しても、すぐに回収できたのだという。

個人情報が売買されているという話を耳にしたことはあるが、実際に関係していた人物に会ったのも、具体的な金額を聞いたのも、これが初めてだった。

当時の出会い系サイトはポイント制が主流だった。送られてきたメッセージを読むだけなら無料だが、返信したり、相手の顔写真を見たりするには、課金してポイントが必要になる。最初の数回のやり取りを無料にして、男の下心を巧みに操って課金させる手口は、まるで恋愛上級者のように手練れていた。もちろん、操っていたのは業者である。また、「さくら」と呼ばれる金で雇われた女性（男性も紛れている）は、課金させるのが目的なので、会うことはできない。甘い言葉に踊らされた男たちは、連絡先を交換するために課金を繰り返す。女性側は、あの手この手を使って会えるか会えないかのギリギリの攻防を繰り広げる。女の子には会えず、課金したポイントだけが減っていく。中には三〇〇〇万円～四〇〇〇万円も使った人がいたそうだ。

三〇歳になる直前、真木はバンドを辞めた。気持ちいいほど、スッパリと辞めた。

「音楽を趣味で続けるつもりはなかったんで、今はまったく楽器に触れていないね」

真木は昔を思い出しているのか、少しだけ無言の時間が生じた。やはり音楽に対して並々ならぬ思いがあったのだろう。

「レコーディングして作品を作る度に、事務所の人も元ミュージシャンなんで、テクニック的な話にもなるんだよね。これがダメだとか、もっとこうしたほうがいいとかっていわれると、自分の才能に限界を感じるし、教科書どおりのプレイになっちゃうというか。純粋に音楽を楽しめなくなったんだろうね」

一度迷い始めると、余計なことを考えてしまう。「このフレーズでいいのだろうか」「今のはベストだったのか」といったことが頭から離れなくなる。ファンからは「とてもよかった」といってもらえるが、当時の2ちゃんねるなどの掲示板には「あのベース、下手くそ！」だとか「あの曲は最悪！」といった誹謗中傷の言葉が踊っていた。メインで曲を作っていた真木は、余計に疑心暗鬼に陥り、思い浮かんだフレーズに自信を持てなくなった。しまいには女性関係の情報まで掲示板に暴露された。自信があるときなら、そういう雑音は無視できるのだが、自分を見失っているときは身にこたえる。

ずっと若いままだと思っていたのに、いつの間にか三〇歳に迫っていた真木は、心身ともに疲れ切っていた。次のキャリアを考え出すタイミングだった。

長年一緒にやってきたドラマーがクビになったことも、バンドを辞める決意を固めさせた。所属していた事務所から「ドラムをクビにしろ」といわれたのだ。ドラマーは素行に問題があった。金銭面にも女性にもだらしなく、いつ逮捕されてもおかしくない悪行を繰り返していた。

真木は、そのドラマーとは付き合いが長く、ドラムとベースは同じリズム隊で相性もよかった。新しいドラマーを入れたが、真木とは相性が合わず、音楽に対するモチベーションは下がるばかりだった。「このくらいが潮時かな」とバンドを辞めるダメ押しになった。

バンドを辞める理由には、出会い系サイトの話も絡んでいた。二〇代前半は、アルバイトとして時給一二〇〇円プラス歩合で働いていたが、二五歳のときに経験者の仲間たちで新しい出会い系サイトの会社を立ち上げていたのだ。真木も創設メンバーではあったが、バンド活動であまり職場に顔を出せなかったため、会社では浮いた存在になっていた。会議では積極的に意見もいえず、また意見したとしても聞き入れてもらえなかった。もっと業務に関われば権限も生まれるし、収入も増えると思っていた。

バンドを辞めるかどうかで悩んでいたとき、新たなサイトを立ち上げる話が降って湧いてきた。こっちの仕事に専念すれば、もっと稼げると真木は考えたのだ。

真木は、バンドを辞めて出会い系サイトの経営に専念した。が、それも一年で辞めることになる。出会い系はサイトからアプリに移行する過渡期で、おいしい商売ではなくなったのだ。アプリだとアップルやグーグルを通さなければならず、売上の何割かを持っていかれる。多いところで三〇％もの手数料を支払わなければならないという（アップルストアの場合、二〇二一年より手数料が一五％に引き下げられた）。

思ったように稼げないなら、この仕事を続ける意味はない。金のためにと割り切って始めたのである。無理して続ける意義も価値もなかった。真木同様、出会い系サイトで働いていた者の多くが職の変更を余儀なくされた。そのままアプリで出会い系を続けた者もいたそうだが、いくらマッチングアプリなどと健全そうな名称に変えても、たいして儲からなくなった。気軽に遊べるゲームが溢れていることもあり、顧客たちの課金対象はソーシャルゲームに流れていったのである。

職にあぶれた者たちは、より金儲けができるものを追い求め、振り込め詐欺やフォークリック詐欺などに流れていったのではないか、という噂もある。出会い系が下火になったのと同じ時期に、詐欺犯罪が増えていったからである。ちなみにフォークリック詐欺とは、ユーザーに四回クリックさせて有料会員サービスに登録したと勘違いさせ、多額の会員料金などを支払わせること。例えば、アダルトサイトで年齢確認のボタンや利用規約のボタンなどを四回クリックさせて、入会費や会員費、視聴料金を請求する詐欺である。フォークリック詐欺も見かけなくなった昨今、彼らはどこに流れ着いているのだろうか。

出会い系の仕事を辞めた真木は、バンド時代の知り合い三人でアイドル事務所を立ち上げた。アイドルの卵をスカウトして育成し、売り出そうと考えたのだ。バンド時代の人脈を使えば、曲を作ってもらうことも、プロデューサーを手配することもできる。

すでにアイドル全盛期を越え、下火になっていた時期ではあった。テレビで華やかに活躍しているメジャーアイドル(〝地上アイドル〟とも呼ぶ)の世界ではなく、真木らは〝地下アイドル〟のジャンルで勝負することにした。地下アイドルとは、小さなライブで活動し、ファンとの距離が近いのが特徴だ。しかし、地下アイドルもすでに飽和状態になっていて、地下よりもさらに潜った〝地底アイドル〟なるものも登場していた。過激な地底アイドルの中には、撮影会と称してファンと手を繋いでデートをしたり、性的なサービスをしたりする子もいるらしい。一部ではあるが、一般人とアイドルの境界は年々曖昧になってきている。

大手芸能事務所に所属しているアイドルからフリーで活動しているアイドルまで合わせると、アイドルの数は数千人ともいわれているが、格差も激しく、底辺にいるアイドルたちは現場までの交通費すら自腹ということもあるそうだ。

真木らは、アイドルに魔法学園などのキャラを設定して、ファン（信者）を増やそうとしたが、それほど売れなかった。事務所で囲っていたアイドルたちも本気で売れたいと思っていなかったという。

「うちは二〇代が多かったね。一〇代はどこも引っ張りだこなんだよ。みんな若いほうがいいから。当たり前だけど、若くてかわいい子は大手に行っちゃうよね。そういうのがわかっているから、うちの子たちも本気で売れたいってわけじゃなくて、チヤホヤされたいだけ、今日が楽しければいいって感じだった」

きちんと給料も支払えなかった。アイドルたちは、喫茶店やメイド喫茶などでアルバイトをしている子ばかりだった。売れてはいなかったが、それでも気心の知れた仲間と楽しくできればいいと思っていたのだろう。真木もアイドルの卵たちと同じ思いだった。

アイドル事務所だけでは生活ができないので、同時に動画制作会社も立ち上げていた。仲間の一人が動画撮影を得意にしていたのだ。その仲間が組んでいた自身のバンドのプロモーション動画も、簡単なものであれば、自分で撮影していたくらいだ。

ユーチューブの影響力が認識され始めた時期で、企業のPR動画の需要が増えつつあるときでもあった。真木には広告代理店のつてがあったため、商売として成り立つと信じて疑わなかった。が、残念ながらこの商売もうまくいかなかった。本格的な動画を制作するライバル会社も次々と出てきた。流行っているから、得意だからという理由だけで繁盛するほど、ビジネスは甘くなかった。

また真木は、楽しくやるためには、それなりに稼がないといけないことも、今さらながら学んだ。金がないという惨めな状況は、何も生み出さないどころか、大切なものまで蝕んでいく。

「仲のいい連中で会社を始めてしまうと、人間関係がズタズタになるんだよ。金が絡むとおかしくなるから。最後は、もう友だちでもなんでもなくなっていたよね」

結局、アイドル事務所も動画制作会社も廃業に追い込まれた。

再び無職になった真木は、傷ついた羽を休めるように、三カ月ほど何もせずにのんびりしていた。

そんなとき、ある人物から声がかかった。

それは以前、動画制作の依頼を受けたことがある探偵社の社長だった。探偵に密着したドキュメントPR動画を撮ったことがあったのだ。皮肉なことに、その探偵社も廃業になってしまったらしく、もう一度新しく探偵社を立ち上げようとしていた。広告関係に強い真木に手伝ってほしいという。暇を持て余し始めていた真木は、軽い気持ちで「いいですよ」と答えていた。

長くて複雑な道のりを経て、ようやく真木は探偵に流れ着いた。


最初は、広告の手配や制作、ホームページの作成など、内勤の仕事をする約束だった。しかし、立ち上がったばかりの探偵社は、社長と調査員の探偵、真木の三名での船出である。真木は仕方なく現場に出ることになる。探偵は基本二人一組で動くので、調査員が足りていなかったのだ。

現場に出てみると、真木は自分が探偵に向いていることに気付く。

「俺、センスあるなぁって。この仕事、勘が良いか悪いかで結果が変わってくるんだけど、今までの経験も活きるし、自分には向いてるって思ったね」

真木曰く、要領の悪い探偵は指示どおりにしか行動できず、その場の状況を瞬時に判断して適切な対応ができないそうだ。そのような探偵には、「この角度から撮ればいいから」とか「あいつについていけばいいから。絶対に見失うなよ」といった単純な指示しか出せず、その結果、ベストショットを撮影できなかったり、状況の変化に気付かずに対象者を見失ったりする。どんな仕事でも指示待ちの人は多いが、探偵もご多分に漏れず、なのである。

これまでの異色な経験が、探偵の仕事に活きたという。真木は、さまざまな人と関わってきた。普通の人だったら絶対に会わないようなアウトローもいたし、私利私欲に走って犯罪を犯している者もいた。実際に逮捕された友人もいる。人間の裏の裏まで見てきた真木だからこそ、対象者の心の変化に気付き、次の行動も推測できるのだろう。「極端な話、大学を卒業して役所で一〇年間働いてきた人には務まらない職業だよ」と真木は自負していた。

探偵になって三カ月が過ぎた頃、先輩の探偵が辞めていった。会社や仕事に不満があったわけではなく、家庭の事情で探偵を続けられなくなったそうだ。真木は仕方なく、調査をメインに行う探偵になった。新しく雇った探偵たちと組んで、調査員として現場に出向かざるを得なくなった。

雇う探偵の数が増え、真木が本来の内勤の仕事に戻れたのは、それから一年ほど経ってからである。

「調査自体に飽きてきたのもあるけど、正直、朝早いのがつらかった。早起きは苦手なんで。夜中の二時とか三時とかに帰ることもあれば、朝四時起きってときもある。体力的にきつくて。もともとの約束だった内勤に戻してもらったんだよ」

探偵社の内勤とは、運営全般の業務をいう。売上の集計や経費の精算、提携会社への請求書作成といった経理業務、誰がどの現場に行くかといった探偵らのマネージング業務（探偵のスケジュール管理も含む）、ネットで集客するための広告業務、依頼者に提出する調査報告書の作成業務、撮影した動画の編集・管理など。動画の編集は、担当した探偵が行うが、依頼者に提出する前に真木が最終チェックをする。無駄なところ、手ブレがひどいところなどをチェックするのだ。

話を聞く限り、現場に出るよりも大変そうだ。稼働している案件が何件もあるのに、これらの内勤業務は、ほぼ真木一人で行っているのである。

「人によるけど、俺はパソコンの作業が得意だから、苦にならないけどね。たまに現場のやつに手伝わせると、パソコンの使い方すら知らなくて、時間がかかることもあるから」

また真木は、土日は電話の受付も担当している。平日は電話担当の女性を雇っているが、土日は真木が電話番も兼ねているのだ。最初に受ける依頼者からの電話は、どういうものなのだろう。

「まぁ、いろんな人がいるからね。共通しているのは、みんな精神的に弱ってることかな。助けを求めて依頼してくるわけだから。中には、幻覚が見えるくらいおかしくなってる人もいる」

電話で話を聞くと、絶対にシロだと思う依頼も多いそうだ。「盗聴されていて、ずっと監視されている」というのは典型パターンだが、「絶対、彼氏に別の女がいる」といい張るが、少し話を聞くだけで被害妄想だとわかるものもあるという。

電話を受けるだけでは料金は発生しない。実際に面談をしてからでないと契約に至らないので、電話で話を聞くのは、無料相談のようなものである。それでも真木は、丁寧に話を聞くようにしている。

「事情を聞かないと契約できるかどうかわからないし。あと、とりあえず電話して聞いてみようって人も多いから。ネットで検索した数社から話を聞いてから、どこに依頼するかを決めるじゃない。大金を払うわけだから。それを強引に『事務所に来てください』っていうと、お客さんは逃げていく。ある程度話をして『ここは信頼できそうだな』となってくれたところで、ようやく『こちらにお越しください』っていえるんだよね」

依頼するかどうかは、最初の電話の印象に左右される。不安な依頼者を繋ぎとめるためにも、真木は相手を否定しないように気を付けている。必要以上に同情はしないが、「そういう状況なんですね」と同調はする。

相手が何を求めているのかを知ることも重要だ。浮気調査といえど、離婚を望んでいるのか、慰謝料もほしいのか、夫（妻）に対する恨みを晴らしたいのか、もしくは復縁したいのかなど、調査を依頼する目的はさまざまだからだ。真木は「どう考えていますか？」とストレートに聞くそうだが、どうしていいのかわからない人も多いという。

「はっきりしていない人もいるんだけど、それならそれでいい。そういう人向けのカウンセリングをすればいいわけだから」

土日の電話対応があるため、必然的に出勤日となるが、真木自身は平日休みを希望している。「土日はどこに行っても混むから。人がいないときに遊びに行きたいんだよね」という理由が、変わり者の真木らしい。

休日には、調査で訪れた場所に遊びに行ったり、食事に行ったりすることがよくあるそうだ。

「対象者たちは、おいしい店とか探して行くわけだよね。だから、きっとうまいんだろうなぁって。だから今度プライベートで行ってみようって思うんだよ。対象者たちが楽しんだものを、今度は俺が楽しむってこと」

食べ歩きが好きな探偵はみな経験があるという。また、デートスポットにも詳しくなるそうだが、それは他の探偵たちも同じようなことをいっていた。

真木の現在の業務は、基本的に内勤がメインだが、人が足りないときなど、現場に出向くこともある。突発的な案件が入ったとき、特に地方の場合だと、社内の探偵の調整が難しい。地方だと移動時間も長く、連日都内で可動している探偵を組み入れにくいのだ。調査の終わりが不明の案件も多く、必然的に時間に融通の利く真木が出向くことになる。

「俺の場合、パソコンがあればどこにいても仕事できるし、電話さえ繋がれば他の業者とのやり取りもできる。ちょっと報告書がたまっちゃうくらいで、別に社内にいなくてもなんとかなるんだよね」

調査業務に飽きたといっても、地方であれば気分が変わるので嫌ではないという。真木は、ちょっとした旅行気分で地方に飛んでいる。

最近も、宮崎県に行ったそうだ。宮崎にある探偵社に問い合わせがあったのだが、依頼者は東京在住だったため、真木の探偵社に仕事が回ってきた。依頼者と面談して契約を交わし、調査計画を立てる。依頼内容は、宮崎に単身赴任している夫の浮気調査。対象者は宮崎にいるが、月に一度は東京本社の会議に出席するために帰京。浮気も東京勤務時代からなのか、宮崎に赴任してからなのか、はっきりしていなかった。依頼者に詳しい話を聞く限り、単身赴任先のほうが可能性が高そうだったため、現地に真木が向かうことになったのだ。

地方の調査は、車移動がメインになる。現地でレンタカーを借りるわけだが、土地勘がないため、道に迷うことも多い。また、車の少ないところで尾行し続けると、相手に気付かれる危険もある。だからといって、真木は事前に下調べはしない。

「早く終わったら、どこの店に行こうかなって調べるくらいだよ」

普通のサラリーマンの出張と同じなのである。真木は、三日間、対象者を尾行した。しかし、仕事中にパチンコ店でサボっていたくらいで、女性と会うことも、怪しい動きもなかった。夕食も一人で食べていて、浮気の痕跡は何も出てこなかったのである。

都内で浮気をしている可能性は残るが、真木は「対象者は浮気していないだろうね」といっていた。今回の調査は完全なシロだったようである。

その宮崎出張の三日後、真木は香港に飛んでいた。

目鼻立ちがはっきりとした四〇代後半の女性からの依頼だった。五〇代の夫の浮気調査なのだが、妻は離婚する意思を固めていて、有利な条件で離婚できるように浮気の証拠を取ってほしいとのことだった。「お金はいくらかかってもいいから、証拠をつかんでほしい」というほど、金持ちからの依頼だった。自宅は、東京の白金の一等地。対象者がいつ動くかわからず、連日の高級住宅街での張り込みで、住民からは何度も通報されたそうだ。

目立った動きを見せなかったが、その後、対象者は仕事で香港に行くという。が、対象者のインスタグラムをチェックすると、仕事かどうかも怪しく、浮気相手も一緒に行くことも窺えた。対象者は裏アカウントを利用していたのだが、依頼者の妻にはすでにバレていた。急遽、探偵を香港に派遣しなければいけない。香港行きの航空券を手配して、都合がつく探偵と二人で、真木は香港に向かった。夕方の四時に香港行きが決まり、その日のうちに到着するという強行スケジュールだった。

海外調査の場合、事前に予定がわかっていることが多い。いつどこに海外出張に行くか、家族に伝えておくのが普通である。いきなり海外に行くケースは少ない。また海外出張が怪しくても、そこまでの調査費をかけられる人も少ないだろう。国内で浮気の証拠が取れるのであれば、そのタイミングを待ったほうがいい。今回のように急遽、海外に飛ぶというのは、金持ちの依頼ならではである。

探偵は対象者のSNSもチェックしている。投稿されたら通知がくるように設定しているそうだ。

「フェイスブックなんて情報の宝庫だよね。嬉しそうに写真なんか上げてるけど、それだけで住所とかがわかることもある。こっちはラクだからいいんだけど、不用心すぎるよね」

海外での調査は、勝手知ったる場所ではないだけに、難しいことが多い。香港でも、すべての行動を追うことはできなかった。

一つは言葉の問題だ。対象者が現地の言葉を話せなければ、道にも迷うし、行動も鈍くなる。観光旅行であれば、だいたい行く場所も決まってくるので、こちらも追いやすい。ところが、今回の案件では、対象者は英語も中国語（広東語《かんとんご》）も堪能で、現地の人と普通に会話ができる。何度も訪れているようで、道にも詳しかった。真木らは、「前の車を追って！」など、想定される言葉を英語と広東語で書いた紙を用意していたが、それでも追うことができなかった。

香港は二〇〇以上もの島々で構成されているが、エリアごとにタクシーの縄張りがある。九龍《きゅうりゅう》半島で営業しているタクシーは、香港島で走れないという現地ルールが存在するのだ。そのため、「前の車を追って！」といっても、行き先がわからないため乗車できない、ということが度々あった。

対象者たちは五つ星の最高級ホテルに滞在していたため、真木らも同じホテルに部屋を取った。真木は対象者らが泊まっている部屋番号の割り出し、もう一人の探偵は対象者らの出入りをチェックすることにした。ホテルに出入りする対象者を撮影するためには、ロビーで待つしかない。フロントの人には、「俺（真木）は作家で原稿を執筆しなければいけない。彼は助手だけど、原稿に集中するためにロビーで待たせている」ということを伝えたのだが、高級ホテルであるがゆえに放っておいてくれない。何人もいるボーイたちに、何度も「May I help you?」と声をかけられた。

ここで大問題が発生した。

ロビーにいる探偵がバッグに仕込んでいたカメラをボーイの一人に見られたのだ。そのボーイは、高級ホテルに不釣合いの格好をした若い男を不審に思って注意していたのだろう。小奇麗な格好をしていても、金持ちのオーラがない探偵の存在は明らかに異質だった。「全然人種が違う。いきなり総理官邸に忍び込んだみたいなものだよ」と真木がいうように、このホテルに滞在しているのは欧米人ばかりで、日本人男性が二人で泊まっているだけでも目立ってしまうのだった。

カメラに気付かれた探偵は盗撮犯だと疑われた。緊急連絡を受けた真木もロビーに駆けつけたが、言葉が通じない。ボーイは英語で、立場が上に見えるホテルのスタッフは広東語だった。グーグルの翻訳アプリで会話をするのだが、言葉が通じないだけでなく、日本語から英語、英語から広東語、広東語から日本語など、スムーズに話が進まない。

「撮影していただろ？」と問い詰められたが、最初は「そんなの知らない。撮影していない」としらばっくれた。するとホテル側は監視カメラの映像を持ってきた。あちこちに設置された監視カメラに気付いていたが、「さすがに常時見てはいないだろう」と真木は高をくくっていた。監視の緩い日本のホテルと同様だろうと油断していたのだ。しかし、ホテル側が持ってきた映像には、撮影しているもう一人の探偵がハッキリと写っていたのである。

話は真木にまで及んだ。部屋で原稿を書いているはずなのに、エレベーターホールでうろうろしている真木の姿も監視カメラが捉えていたのである。真木は対象者が乗ったエレベーターがどのフロアで止まるのかを確認していたのである。

対象者のインスタグラムには、ホテルの部屋からの風景画像がアップされていた。その画像からある程度の階数と方角を絞り込み、部屋番号を突き止めようとしていたのだ。エレベーターホールは吹き抜けになっていて、上下三階くらいであれば、どこで降りたのか目視できる。真木は階を移動しながら、対象者の階数を特定しようとしていた。その不審な動きが監視カメラに収められていたわけである。

そんな映像を突きつけられ、絶体絶命のとき、真木は咄嗟に言い訳を口にした。

「ホテルの内装を勉強しているんだ。建築の勉強のために撮影していたんだ」と。ホテル側は納得してはいなかったそうだが、最終的には、録画した映像を消すこと、今後の出入り禁止で話はついた。翻訳アプリを使って会話をしていたのも、言い訳を考える時間を作るための手段だった。危うく大ごとになりそうなところを、真木の機転によって窮地を脱したのだった。こういうところも、探偵のセンスがあると自信を覗かせるゆえんなのだろう。

「口がうまいほうじゃないけど、咄嗟に言い訳するのには慣れていて、自然にうまくなったのかもしれない。言い訳してなんぼの職業だから」

これが日本国内であれば、「私は探偵です」と名乗ればいいのかもしれないが、今の香港は中国であり、共産圏である。もし探偵ということを名乗れば、拘束されてもおかしくない。日本のスパイと疑われる可能性もあったのである。後で知ったことだが、中国では探偵は特別な資格が必要な職業で、限られた人しか従事できないようである。迂闊《うかつ》に正体を明かしてしまったら、日本に帰って来られなかったかもしれない。

日本の警察官であっても、探偵に理解を示してくれるかどうかは人によるそうだ。長時間張り込みをしていて通報されたとき、「大変ですね」と気遣ってくれる警察官もいれば、こちらが「探偵です」といっても、「だから何？」と突っかかってきて、「探偵だからここにいるって、なんの理由にもなってないよね？」と追及されることもある。だから真木は探偵であることをバラさずに、「ブラブラしているだけですよ」など、適当な言い訳をするようにしている。その経験が香港でも活きたのである。

香港での調査では、対象者たちの行動すべてを追うことはできなかった。行き先を見失ったし、ホテルの部屋番号を特定することもできなかった。それでも対象者と浮気相手が一緒にいるところは撮影できた。不倫旅行の証拠としては十分ではあった。

真木は、機内にいる対象者の様子も撮影するため、一九万円もするビジネスクラスで快適に帰国。もう一人の探偵は、次便のエコノミークラスで日本に戻ってきた。いくら経費を使えるといっても、ビジネスクラスの席を二つ取るほど贅沢はできないのである。

香港の案件のように、対象者がＳＮＳで情報を発信してしまっているケースも増えてきた。フェイスブックやツイッター、インスタグラムなどのＳＮＳで情報収集をするのは探偵として基本になりつつある。特に内勤の真木は、パソコンに強いこともあって、現場に行かなくてもできる調査を行うことが多い。

「人探しだったら、ある程度ネットで探せたりするんだよね」

ＳＮＳに何かしらの書き込みがあれば、位置情報が得られる。が、失踪しているのに自らの情報をアップする人はいない。そこで利用するのが、グーグルのアカウントだ。Ｇメールを利用している人であればアカウントを持っているし、ユーチューブを利用している人も登録している人が多い。チャンネル登録や再生履歴などの機能を利用するためには、グーグルアカウントが必要なのである。

グーグルアカウントを持っている人限定ではあるが、ＩＤとパスワードがわかれば、グーグルで検索されたワードの履歴を見ることができる。グーグルのサイトにいき、検索ボックスをクリックすれば、簡単に検索履歴が表示される。スマホで検索しても、同じアカウントであればパソコンのウェブサイトにも反映される。今の時代、新しい場所に行けば、何かしらの情報を得るためにネットで検索する。誰でも、食べるところ、泊まるところを探した経験があるだろう。検索ワードに具体的なホテル名が出てくれれば、そのホテルに滞在している可能性が高いということだ。

依頼者が対象者のＩＤとパスワードを知っていればいいが、その可能性は低いだろう。ただ、自宅のパソコンだとグーグルにログインしたままであることも多い。電源を落としていても起動すれば、自動的にログイン状態になるように設定されている。ＩＤとパスワードを知っている場合、新たにログインをすると通知が対象者に届くため、時間との勝負になる。パスワードを変更される前に、すべての履歴を確認。警戒した対象者が遠くに移動しないうちに、探偵を送り込む。

真木は行方調査で印象に残っている案件を話してくれた。

「最近の話なんだけど、息子を探してくれって母親から連絡があったんだよね。俺が電話を受けたんだけど、その母親が妙に淡々としていて冷静だったんだよ。自分の息子が失踪したら、もっと錯乱しているというか、弱っていると思うんだよね。状況を説明してくれるんだけど、一切感情的にならずに、どこか他人事みたいな感じだった」

いなくなった対象者（息子）は、自閉症を患っていて、実家のある山形県から遠く離れ、兵庫県の特別な高校に通っていた。今は埼玉県の大学に進学し、一人暮らしをしていたのだが、数日前から母親がＬＩＮＥにメッセージを送っても既読にならないという。

詳しい話を聞くと、いなくなった日は兵庫県の母校を訪れ、後輩たちの卒業式に参列したそうだ。その夜、高校時代の仲間たちと飲みに行ったが、些細なことで口論になり、対象者は怒って一人で帰ったという。その後、行方がわからなくなった。

警察にも行方不明者届を出しており、スマホの電波履歴も調べていたようで、最後は友だちとケンカしたあたりで途絶えていた。真木の探偵社に連絡をしてきたのは、息子がいなくなってから五日後だった。事件に巻き込まれたのか、事故に遭ったのかは不明だが、本人が連絡できない状況にいることだけは確かである。真木は対象者のツイッターをチェックしたが、ここ数日はツイートしていない。すでに息絶えているのではないか、と真木は思った。母親の諦めた様子が、そのように感じさせたのだ。

警察は本腰を上げて捜索してくれず、藁にもすがる思いで探偵社に依頼してきたはずである。ところが、母親の冷静な対応に違和感を覚えた真木には「ひょっとしたら母親が……」という疑念も浮かんだという。

兵庫県の現場に探偵を派遣し、聞き込みをしたり、ビラを配ったりして手がかりを探った。一緒に飲んでいた高校時代の仲間にも電話で話を聞いた。その日の夜の出来事を整理すると、仲間四人で居酒屋で飲んでいたのだが、その中に対象者の元彼女がいたようだ。元彼女との間で、過去に妊娠に関するトラブルがあり、そのことで仲間たちは対象者をきつく非難してしまった。それが対象者の逆鱗《げきりん》に触れてしまったようである。

捜索を開始して二週間後、海に浮かんでいる対象者の遺体が発見されたという連絡が入った。自殺だったのか、誤って落ちてしまったのかはわからない。少なくとも事件ではないと、警察は判断した。埼玉県のアパートに何か手がかりがないか調べてみたが、自殺をほのめかすものは何一つ出てこなかった。突発的に死の焦燥に駆られることはある。自分を否定されたことで、自暴自棄になったのかもしれない。死をもって身の潔白を晴らしたいと発作的に考えた可能性もある。そうではなく、冷静になろうと水辺を散歩していて落ちたということも十分に考えられる。

結局、自殺だったのか事故だったのか、真相は闇のままだ。真木は母親を疑ってしまったが、サスペンスドラマのようなことはなかった。母親はすでに諦めていたのかもしれない。真木と同じように、息子の命の灯はすでに消えていると感じていたのかもしれないし、自閉症の息子を育ててきた心労が、違和感のある対応になったのかもしれない。

謎が多く、心にしこりが残る事件でもあった。

そうはいっても、一つひとつの案件に心を痛めていたら探偵は務まらない。たとえ失敗しても後に引きづらないようにしないと心がもたない。

「ああすればよかったとか、なんでこうなったんだろうって考えすぎるタイプだと、この仕事は続かないんじゃないかな。失敗も日常茶飯事だし、今日の現場のことは、終わったらスッキリ忘れるくらいじゃないとメンタルがもたない。いい意味で適当じゃないと」

探偵には、物理的にどうしようもない失敗もあれば、凡ミスのような失敗もある。そして探偵のタイプによって、失敗の種類も失尾型と発覚型に分けられるという。

失尾型の探偵は、気付かれたり発覚したりすることを恐れて、対象者との距離を開けすぎてしまうタイプだ。距離ができるため、対象者が角を曲がったら姿を見失いやすい。一方の発覚型は、対象者との距離を詰めすぎてしまうタイプ。近づきすぎて対象者に不審に思われて発覚するのだ。真木は失尾型のタイプだという。

「発覚したのは、一年やってて一回か二回くらいかな。発覚といっても警戒されたくらいだけどね」

真木の話し方は、常に自信で満ち溢れている。頭がよくて、運動神経もいい。音楽もプロの腕前だ。女性にもモテる。自信のある男性は魅力的なのだ。他のやつらとは違うというアイデンティティが、少し危険な香りを演出させているようにも見える。

探偵という職業を選んで、今は何を考えているのだろうか。三〇代半ばを過ぎ、今後のことはどう考えるようになったのか。

「今も何も考えてないような気がするね。ちゃんと考えてたら、資格取ったり、行動してるだろうし。バンドをやってたときと同じで、そのときが楽しければいいって感じかな。三つ子の魂、百までなんじゃない」

将来の計画性はまったくないと、真木は笑っていた。現状の待遇に不満もなければ、苦痛なこともない。現場に出るのはあまり好きではないようだが、今くらいのペースで楽しくやっていければそれでいいと思っている。

音楽に対する未練もない。真木にとっての音楽はビジュアル系バンドであり、それはメイクや服装といった見た目やステージ上のパフォーマンスも含めた総合エンターテインメントだった。バンドが持つ世界観を表現することに意味を見出していた。今の真木にはそれらを演出することに興味がない。体重が二〇キロ近く増えたこともあり、人前に出る勇気もなくなったという。

「本当に音楽が好きなら、家で楽器を鳴らしたりするんだろうけど、辞めてからほとんど触ってないしね」

それは情熱が燃え尽きるほど、バンド活動に打ち込んだ証ではないだろうか。「趣味で音楽をするつもりはない」という真木の言葉は、それだけ音楽に対して真摯に向き合ってきた証拠でもある。燃え尽きるには早かったかもしれないが、スポーツや芸能の世界では、三〇歳で一つの節目を迎える。

第二の人生をどう歩むのか――。社会人経験を積んだことで世の中を冷静に見渡せるようになる一方で、新人のような仕事への情熱も失われていく。時間というものは、心の傷を癒やしてくれるだけではなく、熱く燃える情熱をも冷ましてしまうのだ。仕事に対するやりがいよりも、給料や役職といった待遇や人間関係など、ストレスなく仕事を続けられることが大事に思えてくる。夢破れたスポーツ選手やアーティストであれば、次のキャリアに目を向けざるを得なくなるし、一般の社会人であれば、現状に対する不満などから別の世界を覗いてみたくなる。少なくとも一度は、誰もが今後のことについて考える時期だろう。

新しいチャレンジをする者もいれば、今までどおりの道を突き進む者もいる。生活のため、家族のために惰性で仕事をしている者もいる。これまでのキャリアを活かしてステップアップしていく者もいれば、まったく関係のない仕事に鞍替えする者もいる。

真木は、音楽を辞めて探偵という職業を選んだ。自分で選んだわけではないが、今は探偵の仕事に納得しているようだった。探偵という職業は、真木にとって丁度いい立ち位置なのかもしれない。普通のサラリーマンでもなければ、はみ出しすぎているわけでもない。大衆の少し外という距離感が心地良いのだろう。真木の話を聞いていると、居心地の良さ、それがセカンドキャリアで重要な要素なのかもしれない、と感じる。

真木には、現在恋人がいる。相手は年上のバツイチで、高校生の娘と中学生の息子がいる。友だちとバーで飲んでいるとき、彼女のほうから声をかけてきたという。互いにX JAPANが好きという共通項もあって意気投合した。結婚はまったく考えていない。

「探偵をやってると夫婦の崩壊しか見てないんで、結婚願望はなくなったね。一生独身でいいかなって。人の裏側ばかり見てるんで、人を信じられないというか、性格もどんどん悪くなるしね。誰もが浮気すると思うし。俺も浮気されたことあるけど、浮気しない人間はいないだろうし。まぁ、血が繋がってないやつを自分の子どもに思えるほど人間できてないよ」

やはり、真木は面白い男だった。

第九章

# 依頼者A子の告白

取材がほぼ終わり、原稿を書き始める段になると、依頼者の話を聞きたいという思いが強くなってきた。依頼者は探偵のことをどう見ているのか、依頼する前と後では見方が変わったのか、調査を依頼して後悔はないかなど、安くはない調査費用を支払った依頼者に話を聞いてみたくなったのである。

今回の取材で付き合いのできた探偵社に、依頼者の紹介を頼んでみた。探偵に依頼する案件を赤の他人に話してもいいという人は少ないだろう。できれば秘密にしておきたいというのが依頼者の本音に違いない。そのためか、どの探偵社からも色よい返事はすぐにもらえなかった。

相談した時期も悪かった。二〇二〇年一月だったのだが、その後に起きた新型コロナウイルスの影響もあり、気軽に取材することが難しくなったのだ。取材というのは、生きる上では不要不急なのである。時期が時期だけに、「いいですよ」といってくれる依頼者は簡単には現れなかった。こちらも駄目元の依頼である。無理ならば仕方がないくらいの気持ちでいた。

二〇二〇年晩夏、新型コロナウイルスの感染拡大が少し落ち着き、日常が戻りつつあった頃、編集者Kから嬉しい連絡があった。「取材を受けてくれる依頼者が見つかった」と。本人の取材は実現しなかったのだが、何度か会って親しくなった凄腕の探偵Nが、取材を受けてくれる依頼者を見つけてくれたのだ。依頼者を通じてではあるが、探偵Nの仕事ぶりについて聞けるのも嬉しい展開である。

数カ月ぶりに京都から上京。念願の依頼者（四〇代の女性）に話を聞くことができた（プライバシー保護のため、依頼者の女性をA子とする）。

取材場所は、A子の自宅最寄り駅だった。どこの駅かは記載できないが、それなりに大きな駅である。A子とは駅の改札口で午後二時の待ち合わせだったが、私と編集者Kは待ち合わせよりも一時間早くに合流した。喫茶店で取材の打ち合わせをしても、まだ午後一時三〇分。ダラダラとマスク越しに雑談をして過ごす。待ち合わせの五分前、改札口に移動すると、緊張が高まってきた。

A子について、事前にわかっていたのは、夫の浮気調査を探偵に依頼し、彼女にとっては条件よく離婚できたこと。名前以外で知らされていたのは、それだけだった。事前情報が少なければ少ないほど、想像が膨らむ。夫の浮気に気付いたのはなぜだったのか。気付いたときはどう思ったのか。夫に対してどういう思いだったのか。浮気相手に対して何を感じたのか。決定的な証拠を見せられたときは、どうだったのか。これから生々しい話を聞くのかと思うと、期待なのか不安なのか、はたまた好奇心なのか、自分でもよくわからない奇妙な緊張感に襲われるのだった。

待ち合わせ場所に現れたのは、緩めの服装（「ゆるコーデ」とも呼ばれているそうだ）に身を包んだ笑顔が素敵な女性だった。マスクをしているので口元は見えないが、目の表情から、こちらの緊張をほぐしてくれる優しさが伝わってきた。取材に適したレストランの個室に移動して、改めて挨拶をしてから取材を始めた。

A子は四〇代前半の女性で、外資系企業に勤務している。取材日は木曜日の昼間だったが、彼女はこの取材のために休みを取ってくれた。A子とS男（元夫）が出会ったのも、この外資系企業である。名前をイニシャルにするとわかりにくいため、以下、主な登場人物を先に紹介しておく。

A子……依頼者であり、本編の主人公
S男……A子の元夫で、第一対象者
B子……依頼者の中学校時代からの親友
U子……S男の浮気相手、第二対象者
N……探偵

会社の同僚だったA子とS男。A子のほうが四歳年上の先輩だった。「元夫は仕事もできて決断も早く、何でもパパッとやってくれました。私が結構のんびりしているので、年下でも頼もしいなぁって思いました」

S男は中肉中背で、顔には神経質な性格が現れていた。才能豊かなシステムエンジニア（SE）で真面目だったが、不器用な性格で人付き合いが得意ではなかった。自信があってプライドも高く、自分の考えに固執するところもあり、上司と揉めることもしばしばあったそうだ。A子とS男は部署が違ったが、地元が同じ埼玉県三郷《みさとし》市で、同じ高校出身だったこともあり、意気投合。四歳違うためかぶる時期はないが、共通の話題が多く、話も盛り上がった。

仕事の納期が迫ると、SEは激務になる。夜中に仕事が終わることもあるため、S男は普段から自分の車で都内の会社に通勤していた。

「帰るときに何度か車に乗せてもらうようになったんです。そのうち付き合いが始まりました」

付き合いが始まり、しばらくした頃。S男の部屋にいたときのことである。S男の元彼女から電話がかかってきたことがある。そのときのS男の態度は、相手を完全にシャットアウトしたものだった。A子のことを気にしてくれてのことだろうが、A子が引いてしまうほど、極端な態度だった——。

A子の記憶に強く残っている出来事である。


二〇〇八年、A子が二九歳、S男が二五歳のときに二人は結婚した。

結婚後、しばらくは穏やかな生活が続いた。S男は積極的に家事も分担してくれた。「先に帰ったほうが夕飯を作る」というルールがあり、S男は料理も得意で、洗濯も掃除もまめにしてくれる。ただ、S男は口数が少なく、話しているのはA子ばかりだった。ヒステリックな面もあるS男に気を遣うことはあったが、A子は概ね不満のない結婚生活を送っていた。

結婚してしばらくすると、S男は会社を辞めた。ハッキリと意見をいうだけでなく、自分のやり方に沿わない人を一切拒絶するため、直属の上司との溝が深まってしまったのだ。「会社の上司とはかなりやり合って辞めていると思います」と、A子は当時を振り返っていた。

会社を辞めたS男はフリーランスになった。最初の数年は収入が安定しない時期もあったが、SEとして優秀だったので生活に困窮することはなかった。フリーランスとして働き出した頃、二人はマンションの購入を検討し始める。フリーランスでは、三年分の確定申告がないと銀行から住宅ローンの申請が簡単には下りない。当初、二人の地元である三郷市のマンションを探していたが、フリーランスに成り立てのS男にとってはハードルが高かった。

数年後（二〇一四年に）、二人が購入したのは、都心の駅から徒歩五分の低層マンションだった。価格は約七〇〇〇万円。頭金をかなり貯めていたため、五〇〇〇万円の住宅ローンを組むことになった。私もフリーランスとして住宅ローンを組んだが、一六〇〇万円を借りるだけでも大変だった。どこの銀行にも相手にされず、地元の小さな信用金庫に頭を下げて、ようやくローンを組めた経験がある。つまり、五〇〇〇万円も借りられるということは、フリーランスとして収入が多かった（それだけ優秀だった）という証である。

実は、マンションの購入を巡って、大きな夫婦喧嘩をした。マンション購入の手続きや不動産会社や銀行とのやり取り、書類作成といった面倒な作業はすべてS男が行った。フリーランスのS男のほうが時間に融通が利いたためでもあったが、A子はS男に任せておけば間違いないと信頼していたためでもあった。

「すべて任せっきりにしていたのがいけなかったんですけど、一気に不満が爆発したんだと思います。本人は日々の小さなことの積み重ねみたいなことをいっていましたけど……」

人から頼られるのは嬉しいが、それが雑務だと話は別だ。住民票を取りに行ったり、ローンの申請書に同じ住所と名前を何度も書いたりしているうちに、S男は「なんで俺ばっかり、こんなことしないといけないんだ」と思ったのではないだろうか。日々の家事と同じようなものである。

A子が「不満な部分は直す」という約束をして喧嘩は収まったが、S男はその後も不満をため込んでいたようである。自分が完璧に物事をこなしている（と本人は思っている）と、相手の不完全さが気になってしまうもの。自分のやり方を強要する性格であれば、なおさらである。後々、離婚の理由に「家事をしない」といった不満を漏らすのだが、A子にとっては「ごく普通に家事をしている」ことでも、S男には「していない」と感じていたのだろう。相手に完璧を求めても、それは自分にとっての完璧であって、永遠に満足することはない。人間はまた、自分がしていることを過大評価する傾向がある。実際は公平に分担していたとしても、「なんで自分ばかりが！」と思ってしまう。しかも双方がそう思っていると質《たち》が悪くなる。

それはさておき、離婚という言葉が飛び出るほどの大喧嘩を乗り越えた二人は、多少のわだかまりを残しつつも、普段の生活に戻っていった。会話は減っていたが、リビングでそれぞれが好きなことをして過ごす緩やかな時間が流れていた。

ところが、二〇一六年七月、その生活が一変する。

S男は、夫婦の会話を拒否するようになったのだ。A子が話しかけても、返事がなくなった。「おはよう」「ただいま」といった挨拶すらしないのである。土日は仕事だといって外出し、月に一度は無断外泊をするようになった。そして、一緒の部屋で寝ることもなくなった。

その前兆はあった。二〇一六年二月にS男はあるIT企業に就職した。SEとしての腕を買われての就職だった。S男は五月にシンガポールに出張している。男性二人、女性一人での海外出張だった。後でわかったことだが、なぜかもう一人の男性だけが別のホテルに泊まり、S男と女性社員は同じホテルだった。何かしらの事情があったのかもしれないが、「そのときから怪しくなったのではないか」とA子は疑っていた。

S男はフリーランス時代から、あらゆる領収書をデスクマットの下に入れる習慣があった。ある程度たまってから整理していたのだろう。確定申告用にエクセルなどのソフトにまとめて入力していたのかもしれない。その習慣は、企業に勤め始めても変わっていなかった。

夫の行動を怪しんだA子は、領収書を確認することにした。領収書の中にはレシートも含まれている。飲食店のレシートだと、何人で食事をしたか、男性が何名で女性が何名かまで記載されているものもある。出てきたレシートには男性一名、女性一名と記されていた。中にはカラオケ店のレシートもあり、こちらも「男1・女1」とある。完璧主義者のS男としては、脇が甘いとしかいいようがない。

これだけでも十分に浮気の証拠だと思うが、決定的な証拠ではない。同僚と食事をすることもあるだろう。いつも同じ女性というわけではないかもしれない。終電を逃してしまい、朝まで時間をつぶすためにカラオケ店に行った可能性もある。言い訳しようと思えばいくらでもできる。

それでもA子は浮気を確信していた。自分のことを一切シャットアウトする姿は、以前の元彼女に対する態度と同じだったからである。

一緒に暮らしている夫からの完全無視ほど、身にこたえるものはないだろう。挨拶も含め、すべての会話が拒否される。洗濯かごに入れられた衣類から自分のものだけ洗濯し、A子のものは床に放ってある。すべての食事を外で済ませるようにもなった。A子は当時のことを日記に書き留めていた。そこには「こんなことができるなんて、人として信じられない。本当にひどい！」と書いていたそうだ。

A子は人として扱ってもらえず、人格否定されていると感じていた。次第に、A子は食事が喉を通らなくなった。

「食べられなかったですね。だから冷蔵庫はいつも空っぽでした」

当時のA子は「会社には行かなきゃ」という気力だけで生きていた。朝と晩は何も食べられないが、昼だけは会社でなんとか食べていた。何も食べないと同僚から詮索されるのが嫌だったからでもある。

それでもカロリーはまったく足りていなかったのだろう。夜一〇時には眠くなって布団に潜り込む日々が続く。身体が省エネを求めていたのだ。A子は二カ月で九キロも痩せた。

二〇一六年一〇月、A子は友人B子に相談した。中学校時代からの同級生でS男と付き合い始めたときも知っており、深刻な相談ができる親友だった。会社の友人はS男のことを知っているだけに、気軽に相談できなかったのだ。

そもそもB子はS男のことをよろしく思っておらず、B子は「一度も名前を呼ばれたこともないし、目を合わせて会話をしたこともないんだよね」といっていたそうだ。コミュニケーションが苦手なS男に対して、B子は言葉では説明できないものを感じていたのかもしれない。A子曰く、「口には出さなかったけど、B子は離婚したほうがいいと思っていたんじゃないかな」

B子にS男の愚痴をいっていると、少し気持ちが軽くなった。「つらかったら、うちに泊まりに来てもいいからね」という温かい言葉で、A子は救われた気持ちにもなった。

二〇一六年一一月、S男から「もうお前とは無理だから」といわれた。A子は納得できなかった。「何がいけないのか？」と聞くと、「部屋の片付けができていない」「料理をしない」など、言いがかりでしかないような理由を挙げてきた。A子にとっては、どれもが普通にやっていることである。

その後、息苦しい生活が数カ月も続く。A子は話し合いの機会を与えてもらえない。朝はS男が寝ているときに出勤することも多く、S男は夜遅くにならないと帰ってこない。土日は、一日中S男が外出しているため、話し合う時間がなかった。同じ屋根の下に暮らしていても、顔を合わせることもなくなった。それなのに、S男の存在が部屋中に重くのしかかってくる。家に一人で残されたとき、A子はテレビもつけず、何も口にせず、音もなければ色もない世界で「何がいけなかったのか」「どうすればよかったのか」「これからどうすべきなのか」と自問自答を繰り返すしかなかった。

南のほうから春一番が吹き込んできた二〇一七年三月、S男に変化があった。会社に行かなくなったのだ。A子が帰宅するといつもS男が家におり、ずっと家にいたような生ぬるい空気が部屋中に立ち込めているのだった。S男がいないときにデスクマットの下を調べてみると、案の定、退職届のコピーが出てきた。

二〇一七年四月、S男は新しい会社に転職した。A子がそれを知ったのは、新しい会社が加入している健康保険の通知書が届いたからだった。「転職したんだ」と思っていたら、S男から最終通告がいい渡された。

「(転職したことで)給料が下がって家のローンが払えないから、家を出ていく。お前もどっか家を探して」

同時に離婚届も渡されたのだが、簡単にハンコを押すわけにはいかない。

S男はマンションを売却するつもりだった。簡易査定に出していたようで、売却金額の見積もりが二社から届いていた。ただ、S男は勝手にマンションを売却できない。というのも、マンションは共有名義になっているからだ。九割がS男、一割がA子の名義だったのである。すべてがS男名義だったなら、A子の承諾なしに売られていただろう。マンションを購入する際、不動産会社に勤めている幼馴染が「何割か持っておいたほうがいいよ。別に自分で払うわけじゃないし」とアドバイスしてくれたのが、ここにきて活きたのだった。

「売却の時期が延びれば、その分赤字になる。それは慰謝料から引くから」と、脅しのような言葉をかけられたA子は、心身ともに限界にきていた。

二〇一七年六月、いつの間にかリビングにあったS男のものがなくなっていた。S男の部屋からダンボールの山がチラリと見えた。S男はすぐにでも家を出ていくようだった。一刻の猶予もないと感じたA子は、親友B子に「弁護士を紹介してほしい」と頼んだ。

B子は「これは一大事だ！」と思ったに違いない。親友のA子が、まるで栄養失調かのように痩せこけてもいたのだ。B子の保険が満期になったタイミングだったようで、保険会社の担当者に「弁護士さんを紹介してもらえないか？」と相談してくれた。保険会社の営業マンであれば、優秀な弁護士の一人や二人は知っているのではないかと考えたのだ。そしてこの担当者のファインプレーは、事情を聞いた上で「弁護士よりも、先に探偵に調査してもらったほうがいい」と判断して、信頼できる探偵を探してきてくれたことだ。

探偵に調査を頼んだほうがいいといわれ、A子も何社か探偵社のホームページを見てみた。どの探偵社もピンクを基調にしたページで、怪しいと感じたそうだ。

「ホームページだけを見て依頼できる人は、ある意味すごいなと思います」

保険の営業マンが見つけてきたのが、探偵Nだった。探偵Nのほうから「会って話を聞かせてほしい」という連絡があり、A子の自宅近くのカフェで会うことになった。探偵に会うことに多少なりとも不安を抱えていたが、それは初対面で払拭される。真夏にもかかわらず、スーツ姿で現れた探偵Nに、サラリーマンのような真面目さを感じたのだ。

「口数は少なかったですが、親身になってくれているのが伝わりました。怪しさはなかったですね」

A子が話を終えると、探偵Nから最終目的を問われた。「調査をして、どうしたいのか」を問われたのだが、A子は答えることができなかった。復縁したいわけでもなく、離婚したいわけでもない。そこまで考える心のゆとりがなかったのだ。A子はただ真実を知りたかった。なぜこんなおかしな状態になっているのか、その原因を知りたかったのである。S男からは「お前が家事をしないせいだ」と責められていたが、それは何度考えても言いがかりでしかなく、自分に原因があるとは思えない。S男の浮気が原因で、それを隠すために責められているのではないか。

素直な思いをA子は吐露した。つらい思いを受け取った探偵Nは、頭の中で調査にかかりそうな日程を推定したのだろう。その場で六〇万円という見積もり額を提示してきた。それが高いのか安いのかA子には判断できない。ただ簡単にポンと出せる金額でないことは確かだった。

A子は席を外して実家に電話をかけて、父親に事の次第を打ち明けた。父親からは「わからないままになるくらいなら、ちゃんと調査してもらってハッキリさせなさい」といわれた。気持ちが固まったA子は、その場で調査の依頼を決めた。二〇一七年七月二二日のことだった。

翌日、A子が六〇万円を振り込んで、正式に調査が開始された。

調査は七回、七月二四日から二週間かけて行う予定だった。対象者であるS男が自宅を出るところから尾行を開始。会社の行き帰りの行動を調査する。探偵の調査が行われる朝、S男よりも先に家を出たA子は探偵を探してみたが、見つけられなかったという。思わず「どこに張り込んでいたんですか？」と聞いてしまったほど、探偵の姿は隠されていた。

探偵Nからは、LINEで常に報告を受けていた。「これから調査を開始します」「今、会社を出ました」「自宅に帰られたので、今日の調査を終了します」など、頻繁に連絡が入る。しかし、S男は不審な行動をなかなか見せない。最初の三回の調査では、何の成果も得られなかった。

八月三日の木曜日、四回目の調査で、ついにS男に動きがあった。有楽町で女性と合流したのだ。これが浮気相手のU子である。S男とU子は居酒屋に入った。しかしながら、居酒屋から出てきた二人は、そのまま有楽町の駅で別れ、互いの家に帰宅した。決定的な不貞の証拠を取るまでには至らなかった。

その数日前、A子はS男が荷造りしているのを見かけた。「引っ越すのか」と問い詰めると、S男は次の土曜日に引っ越すという。A子の部屋のエアコンは置いていくが、リビングを含む他の部屋のエアコンは持っていくといってS男は譲らなかった。真夏の暑い時期にエアコンを持っていくのかと口論になったのをA子は覚えている。

引っ越すことを探偵Nに伝えると、「車にGPSを付けましょう」といわれた。引っ越しの前日、S男が会社に行って自宅にいないときを見計らって、探偵Nが訪問することになった。マンションの駐車場は、地上と地下に止められる機械式駐車場である。もしS男が車のカギを持って会社に行っていたら、地下に止めてあるS男の車にGPSを付けることはできない。車のカギには駐車場を上げ下げするキーも一緒に付けられていたからである。S男が家を出ていった後、カギがあるのを確認したA子は探偵Nに連絡。探偵NはGPSの機材を持って午後四時くらいにマンションに到着した。A子はこのために有給を取った。

そして、八月五日の土曜日、午前中に引っ越し業者がやって来た。引っ越し業者はS男の荷物を運び出し始める。S男はオーディオ機器にこだわりがあったので、リビングから大型テレビやステレオ、スピーカーなどのオーディオ機器一式を持っていくようだった。直前まで使用していたため、その場で配線を抜いて厳重に梱包をしている。

その際、S男が引っ越し業者に行き先を口止めしているところを、A子は耳にした。前日にGPSを付けておいて正解だった。

荷物の搬出作業が終わり、S男は自分の車で新居に向かう。探偵NはGPSを確認しながら、S男の車を追跡した。他の探偵が乗ったもう一台の車は、念のため引っ越し業者のトラックを追う。行き先は浮気相手U子のところではあったが、そこは二人で新しい生活を営むために借りたマンションだった。すでに二人は新居を借りていたのだ。場所は、埼玉県三郷市。報告を受けたA子は、思わず「三郷、好きだねぇ」とこぼしたそうだ。

A子によると、S男は一週間前の週末に車で出かけていたそうなので、そのときにU子が引っ越したのではないか、と推測していた。調査は仕事帰りの平日に集中的に行っていたため、土日はノーマークだったのである。八月三日に居酒屋で食事をしただけで帰宅したのも、二日後には新生活がスタートするのだから、わざわざ逢瀬を交わさなくてもよかったのだろう。

翌日の八月六日（日曜日）が最終七回目の調査だった。S男とU子はスーパーに買い物に出かける。探偵Nは、そのときの一部始終を動画で撮影。報告によると、二人が並んで歩いているときの様子では、U子がS男を従わせているように見えたという。あのプライドの高いS男が、相手に主導権を握られている。それも信じられなかった。

A子は、浮気相手U子に対しては何の感情もなかった。どんな女性なのか気にならなかったわけではないが、それよりも真実が明らかになることしか考えていなかった。最初は怒りという感情が激しく燃え上がったが、次第にその炎は弱くなり消えていった。A子の心に残ったのは、深い悲しみだった。人格を否定された悲しみ、四六時中負のことばかり頭に浮かぶ悲しみ、自分の居場所がない悲しみ、こんな男を選んでしまった自分に対する悲しみ、両親に申し訳ないという悲しみ……。そういった悲しみのしずくで心が埋もれてしまったのか、相手の女性について考えが及ばなかったのである。

すべての調査が終わった後、動画で浮気相手のU子を確認したが、「なんでこの人なんだろう？」と不思議に思ったそうだ。一〇年近くも一緒に暮らしていたが、S男の好みはよくわかっていなかった。どういう女性が好きだとか、芸能人で誰が好きかといった会話もしたことがない。A子は悲しくなった。長い時間を共有していたにもかかわらず、相手のことを何も知らなかったことに、今さらながら気付いたのだ。ガランとしたリビングで一人、静かに涙した。

探偵Nの提案もあり、翌日の月曜日も調査が行われた。新居から会社に出勤して帰宅する一部始終も撮影したほうが、証拠能力が強くなるといわれたからだった。実際、その証拠は後ほど役立つことになる。

S男は八月五日に引っ越したわけだが、その二日前にU子と二人で食事をしている証拠を取れたのは間一髪でもあった。引っ越した後であれば、まだ離婚していないとはいえ、不貞の要素は弱くなる。探偵Nも「出て行く前に撮影できてよかったです」といっていたそうだ。

最終的に、調査費用は見積もり時よりも二〇万円高くなり、合計八〇万円になった。最後の日の調査分が追加となったのである。

調査が終わり、証拠も揃ったため、A子は離婚の協議を進めることにした。探偵Nから紹介されたのは、若いけれども頭が切れて情熱も持ち合わせた弁護士だった。

離婚するためには、夫婦二人の合意がいる。一方が離婚したくても、もう一方が離婚したくない場合、つまり当事者間での話し合いが困難な場合は、調停や裁判に進まざるを得ない。今回は両者ともに離婚を望んでいたので、財産分与の割合や慰謝料についての協議がメインになる。こちらから条件と根拠を記した書面をS男に送るわけだが、浮気の証拠もあるので多少強気な要求でも通ると思われた。

ところが、S男が出ていってから一カ月後、A子の元に裁判所から調停期日通知書が届いた。S男が先に調停を起こしてきたのだ。話し合いをしても埒《らち》が明かないと思ったのか、A子と話したくもなかったのか、弁護士を立てて向こうから攻め込んできたのだった。

調停期日通知書には、初回の調停期日が記載されており、申立の内容が記された書類も同封されていた。離婚を望む理由も書かれていたのだが、あいかわらず「片付けをしない」「料理をしない」など、家事をしないことを理由に挙げていた。さらに、「飲み会が多い」「交友関係が派手」といった理由もあった。

「言いがかりですよね。弁護士さんは、特に理由がないから無理やり作ったものではないかといってました」

普通に会社勤めをしていれば、同僚と飲みに行くこともある。A子の交友関係は広いが、それは人付き合いが苦手なS男から見ればということで、特別に飲み会が多かったわけではない。

弁護士には離婚の協議で仕事を依頼していたが、急遽、離婚調停に内容を変更。調停のほうが費用が高い。調停が成立するまで何度も裁判所に行く必要があるからだろう。追加の金額を払い直して、調停の準備を進めてもらう。といっても、探偵Nが裁判でも使えるように証拠の資料をまとめてくれていたため、当日にそれを持参するだけでよかった。調査報告書には、詳細な行動履歴と写真が掲載されているため、浮気の証拠として十分である。

調停期日通知書が届いてから約一カ月後、初回の調停が執り行われた。調停では、裁判官ではなく男性と女性の調停委員二人が取り仕切る。最初に申立人（S男）と相手方（A子）は挨拶を交わすが、その後は互いの主張を交互に聞くため、顔を合わすことはない。最初に申立人であるS男とその弁護士が呼ばれ、中立内容に間違いがないかを確認する。次にA子とその弁護士が呼ばれ、同様にS男の申立内容が正しいか聞かれる。

S男は探偵に調査されたことを知らない。そのため、たとえA子が「S男は浮気をしている」と主張しても、浮気の証拠がないので、何とでも言い逃れできると思っていたに違いない。

初回の調停で、S男が浮気していること、現在その相手と一緒に暮らしていること、それらの事実が詳細な証拠と共に白日の下に晒《さら》された。S男は自分の弁護士に浮気のことは一切話していなかったのだろう。U子と一緒に暮らしていることも隠していたようだった。裁判所ですれ違いざまに見た相手の弁護士の顔には、浮気の事実を初めて知り呆れている様子が滲み出ていた。勝ち戦だと思って出陣したのに、一刀両断にされ、無残な敗走を余儀なくされたのだから、怒りの感情も含まれていたかもしれない。

その後の調停での焦点は、財産分与の割合に絞られた。財産といっても、現金による預金はわずかしかなかったため、マンションの売却費をどう分けるかだった。

二〇一八年二月、ようやく調停が成立した。合計四回の話し合いが行われた。最後は、S男側が早く終わらせて離婚を成立させたい様子だったという。

結果、A子が七五％、S男が二五％で、数字的には大勝利だった。ただ、A子はスッキリとはしなかった。金の問題ではなかったからだ。夫婦として裏切られたこと、人間扱いをされなかったこと、精神的に苦しんだこと、そういった諸々に対しての謝罪がほしかったのだ。

「謝ってほしいということを条件に入れたんですけど、一応『すみませんでした』って小さな声でいっていました。でも、向こうの弁護士さんに隠れるように、目も合わせなかったんで、私は納得できなかったです。弁護士さんにも『晴れ晴れとした感じでは終わらないですよ』といわれていたので、渋々納得したって感じでした」

後でわかったことだが、浮気相手のU子はすでに妊娠していて、調停成立の翌月が出産予定日だった。だからこそ、相手側は早く調停を終わらせたくて、不利な条件を飲んだのかもしれない。逆算してみると、S男が家を出ていった二〇一七年八月五日には、すでに小さな命が宿っていたことになる。

「調査報告書の写真を見たとき、『あれ？　妊娠しているんじゃないの？』と一瞬思ったんです。妊娠初期でしょうし、お腹も出ていなかったのだけど……。当時は気持ちに余裕がなかったので、そのことすら忘れていました」

・妊娠がわかっていたら、それだけで確実な不貞の証拠になる。もっとスムーズに調停を進められただろうし、もっと好条件を勝ち取れた可能性もあった。S男を従わせるようなU子の態度も、妊娠によるものだったのかもしれない。

離婚が成立した直後、A子は自分の両親と共にS男の実家に挨拶に訪れている。ところが、S男の両親は何も知らされていなかった。離婚の調停をしていたことも、別の女性とすでに暮らしていることも知らなかったのだ。翌月に自分たちの孫が生まれることさえも知らなかった。

マンションの売却費七五%には慰謝料も含まれており、売却はA子が行うという条件だった。しかも、九月までという期限が設定されていたこともあって、A子はすぐにマンションを売らなければならなかった。少しでも高く売らないと、自分の取り分が少なくなってしまう。弁護士に信頼できる不動産会社を紹介してもらい、売却の準備に取り掛かった。

二〇一八年三月、マンションを売りに出した。マンションの買い手が決まるまで、ほほすべての週末は内見の立ち会いで、休日はほとんどなかった。そこに住みながらの内見だったので、毎週すみずみまで掃除しなければならない。内見者は、押入れやクローゼット、トイレの棚など、あらゆる箇所を確認する。一世一代のマイホームを購入しようとしているのだから仕方ないが、そのためには年末の大掃除以上の労力を要した。

しかしながら、なかなかマンションは売れなかった。理由は、価格設定にあったのだろう。マンションを売却して、そこからローン残高を支払い、残った金額を分けることになる。五〇〇〇万円のローンを組んでから、まだ四年しか経っていない。その割には頑張って返却していたそうだが、ローンの元本は四〇〇〇万円ほど残っていた。

価格設定をしたのは、弁護士だった。弁護士は独自に不動産価格について勉強していたようで、都心の駅近で低層マンションが人気であること、ほぼ新築の築浅であることから、その地域の平均坪単価よりも高い価格で売却できると主張した。不動産会社の営業マンは「その金額では難しいんじゃないか」と難色を示したが、後から価格を下げることも想定しながら、まずは弁護士の提案を採用してくれた。

二〇一八年六月、「価格を下げたほうがいいのでは」という雰囲気が出てきた頃、「購入したい」という人物が現れた。しかも二人も。

一人は複数の飲食店の経営者で、この地域の低層マンションを探していた。他にも検討している人がいると伝えると、迷うことなく即決してくれた。四年前に七〇〇〇万円で購入したマンションは、約九〇〇〇万円で売却できた。弁護士の価格設定で正解だったのだ。

財産分与の手続きが終わった頃、弁護士から「相手の女性も訴えることができますよ」と教えられた。そこまで考えていなかったが、よくよく考えてみると、S男側は売却費からローンの残高を引いた五〇〇〇万円の二五%（一二五〇万円）を得たわけで、まったく懐は痛めていないのだ。A子は弁護士の提案に乗ることを決めた。

最初は弁護士間で話し合いをしていたが、相手側がのらりくらりとした返事しかしてこないため、今度はA子のほうから調停を申し立てた。

この段階で、先に述べたU子の妊娠が発覚した。相手の顔を見たくもなかったA子は、調停のやり取りをすべて弁護士に任せ、自分は報告を受けるだけにした。最終的に、二五〇万円の慰謝料を得ることができたが、そこに感情は何もなかった。ただ、二五〇万円という数字が通帳に刻み込まれただけだった。


あれから二年以上が経ち、A子は一人で暮らしている。

「探偵に調査を依頼してよかったですか？」私は聞いた。

「それなりの費用はかかりましたが、調べなければ、一生モヤモヤしたまま暮らしていたかもしれないので、頼んでよかったです」

A子は今も同じ会社に勤めている。「私一人の給料では厳しいので、今、不自由なく暮らせているのも、あのときのお金のお陰です」

また、離婚する人が、まわりに多いことにも気が付いた。

「私が離婚したことを知ったのか、話しかけてくれる人もいて、複雑な事情まで話すようにもなりました。大変なのは自分だけじゃないと思えるようにもなりましたね」

半年ほど前、A子の経緯を知っている友人から「弁護士を紹介してほしい」と相談された。夫が「家を出ていく」と突然いい出したそうだ。話を聞いてみると、自分のケースに酷似していた。A子は「それなら、まず探偵を雇ったほうがいいよ」とアドバイスし、探偵Nを紹介した。友人は調停や裁判までにはならず、話し合いで解決したそうだ。そのときも探偵の調査が役立ったという。

「探偵さんと弁護士さんの知り合いがいると、本当に心強いですね」

今でも毎日のように当時のことを思い出す。悔しいという気持ちはなかなか消えないが、取材を受けるにあたって、当時を振り返ってみると、細かいところは忘れていたという。日記を見直して、「あぁ、そうだった」と思い出すのだった。時間は少しずつA子の心を癒やしていたのだろう。

「会う人、会う人、親身になって助けてくれました。親友のB子はもちろんですけど、探偵Nさんもそうですし、保険屋さんも弁護士さんも不動産屋さんも、みんないい人ばかりでした」

A子にとってこの一連の出来事は、人間の悪い面ばかりではなく、良い面も見ることができた。食事が喉を通らず、呼吸もできないような重苦しい体験ではあったが、多くの人に支えられていることも感じられた。

今のコロナ禍で、A子は人の温もりほど大事なものはないと改めて実感している。会社にはほとんど出勤せず、自宅でのリモートワークの日々が続いている。誰とも話をせずに終わる日もある。ふとした瞬間に寂しさが込み上げてくることもある。自分だけが世の中から取り残されたような感覚に襲われることもある。無機質な感染者数の速報に気持ちを引きずられることもある。にもかかわらず、ストレスを発散させる機会は少ない。

今回、快く取材に応じてくれたのは、誰かに話を聞いてもらいたい気持ちもあったようだ。話をするだけでも気持ちが軽くなるといっていた。嫌なことを思い出したが、温もりある人との関係を再認識する機会でもあった。

昨年の夏休みに実家に帰ろうとしたとき、父親からは最初「こういうコロナ禍のご時世だから、無理に帰ってこなくてもいいよ」といわれた。在宅ワークで人と会っていないこと、ほとんど外出していないこと、休みの予定がないことなど、電話で近況を話していたら、父親は「それならば、帰ってきなよ」といってくれた。A子の言葉の端々に寂しさが溢れていたのだろう。娘の心境を慮《おもんぱか》る父親の気持ちが痛いほどよくわかる。結局、A子は一一日間の夏休みをずっと実家で過ごした。それほどA子の心は疲弊していたのかもしれない。子を思う親の気持ち、両親の優しさに甘えたい子の気持ち、親子の温かい繋がりはいくつになっても変わらない。

明けない夜はない、というが、逆に暮れない昼もない。夜と昼は交互にやってくる。前向きになるときもあれば、後ろ向きになるときもある。良いこともあれば、悪いことも起きる。何度も昼夜を繰り返しながら、そして人と助け合いながら、私たちは逞しく生きていくしかない。

人の優しさにも触れたA子は、結婚自体に幻滅していない。

「今は彼氏はいませんが、いい人がいれば結婚したいですね」

第十章

# 追憶のホームズ

「僕は、『浮気はしていませんでした』って報告するのが一番嬉しいんですよ」

小暮哲《こぐれてつ》は、愛想のいい顔をさらに崩しながら、きっぱりといい切った。

彼の指定で、東武東上線坂戸駅の改札で待ち合わせた。駅前には大きな桜の木があり、あと二、三日で満開を迎えるという、どこか浮足立つような陽気だったが、駅の北口にある広々としたバスロータリーには、人の気配がほとんどなかった。周囲には弁当屋やドーナツ店、コンビニ、大手チェーンの居酒屋が寂しそうに佇んでいる。かつては郊外のベッドタウンとして賑わったが、現在は人口減少が進んでいるのだろうか。昔の面影を残しながら朽ちていくベッドタウンの典型のような街だった。

午後一時過ぎ、小暮はジャケットにチノパンという、いわゆる探偵らしい服装で現れた。それほど背は高くないが、彫りの深い顔、キリッとした眉毛、引き締まった体形が印象的なダンディな男性だった。ダンディではあるが、幼さも残っている。第一印象では三〇代後半くらいかと思ったが、年齢を聞いてみると一九七二年生まれの四七歳だった（取材当時、二〇一九年三月）。

小暮は探偵歴二四年のベテランだ。人生の約半分を探偵に捧げてきたことになる。それほどの時間を費やした小暮が現在たどり着いている境地が冒頭の言葉である。その言葉だけでも小暮の人柄のよさが感じられる。

真面目に実直に探偵業に従事してきた、まるで職人のような探偵、それが小暮哲という男である。

小暮は現在、自分を含めて従業員三人の小さな探偵社を経営しているが、彼の探偵人生は業界では知らない人がいない大手探偵社からのスタートだった。

探偵になる前はテニスのコーチをしていた。というのも、小暮は中学生のときからテニスに情熱を傾けてきた。中学校では軟式テニス部に所属し、高校から硬式テニスを始めた。多くの中学校のテニス部は軟式だ。最近では硬式テニス部があるところも増えてきたが、一昔前の中学校では軟式テニスが主流だった。

小暮は中学時代に、すでにテニスの魅力に取りつかれていた。県内でも上位に入る実力で、高校は私立のテニス強豪校に進学したほどだった。硬式テニスは、軟式テニスとの共通点も多いが、グリップの握り方が違うなど、相違点も多い。一番の違いはバックハンド。軟式テニスはフォアハンドもバックハンドも同じラケット面でボールを打つのだが、硬式テニスでは反対の面で打つ。多くの軟式テニス経験者は、このバックハンドに苦戦する。

小暮も最初、軟式と硬式の違いに苦戦したが、誰もが通る道だった。高校時代の小暮は、県でベスト16に残るほどの選手だった。ベスト16に残ると、全国大会の予選に出場できるのだが、そこで敗退してしまい、残念ながら全国には届かなかった。

「やっぱりテニスプレーヤーになりたかったですか?」私は聞いた。

「なりたかったですね。なりたかったですけど、現実は厳しかったです。それでもテニスに携わる仕事がしたかったんです」

高校を卒業した小暮は、スポーツ指導者を育成する専門学校に通うことにした。小暮が専攻したテニス学科では、座学と実習を通じて、テニスの指導だけでなくフィジカルトレーニングやスクールマネジメントも学べる。テニス学科に二年間通えば、日本スポーツ協会が公認するテニスコーチの資格試験を受けることができるのだ。その専門学校には、テニス学科の他に、ゴルフ学科と一般スポーツ学科があった。一般スポーツ学科はスポーツクラブのインストラクターを目指す人のためのコースである。

小暮は試験に合格してテニスコーチの資格を取得する。卒業後、全日本の監督経験者が経営するテニスクラブに就職した。「そういう人の下で働いていたら、チャンスが来るかなってのが頭にありました」と、打算的な動機があったことも正直に話してくれた。チャンスとは、ジュニアの子どもたちを教えること。小暮はジュニア選手の指導に惹かれていたのだ。

「僕はプロのテニスプレーヤーになりたい思いが強かったので、同じ夢を持っているジュニアのお手伝いをしたかったんです」

当時は、ジュニア専門のコーチはほとんどおらず、松岡修造のような有名人でないと親は子どもを預けてくれない。いくら指導がうまくても、全日本優勝などのわかりやすい実績がないと信頼してもらえないのだ。

「当時は理不尽に感じていましたけど、僕には息子がいて、テニスをやっているんですけど、全日本ジュニアで準優勝した人がコーチなんですよ。親の立場になってみると、やっぱり肩書きって大事なんだと実感しました」

小暮も自身の指導力不足を自覚していた。教えている子がある程度うまくなったら有力なコーチに紹介する。そういう架け橋になりたかった。

ジュニアの選手を教えたくても、チャンスは簡単に訪れない。新米コーチである小暮が受け持ったのは一般のクラスだった。都会のクラブであれば、仕事帰りの会社員やOLといった若い人も多いが、小暮が勤めていた郊外のクラブは地域密着型の経営戦略もあり、年配の人ばかりである。おじさま、おばさま相手にテニスを教える日々が続いた。

まだ二〇歳そこそこの青年にとって、お客様である生徒はみな年上である。若くても三〇代で、多くが五〇代だった。年配の人に教えることほど難しいものはない。特に小暮は、「年配の人からは教えてもらうもの」という感覚しか持っていなかったのだ。

テニスクラブのクラスは基本的に二人のコーチが受け持つ。メインのコーチが主に指導し、もう一人がアシスタントコーチとしてサポートする。コーチに成り立ての小暮はアシスタントコーチからスタート。最初は、年配の人たちに可愛がられた。「テニスの上手な若い子」と見られているうちは、何の問題もなかった。

私の世代でテニスコーチといえば、高橋留美子《たかはしるみこ》のマンガ『めぞん一刻』に出てくる三鷹瞬《みたかしゅん》である。生徒である年配の主婦たちから黄色い声を浴びている姿が羨ましかった。「テニスコーチは女性からモテる」という一元論で生きてきた私は、「年配の女性からの誘惑とかあったんですか？」と、下世話な質問をせずにはいられない。

「いやぁ、なかったですね。同僚に生徒さんと付き合っている人はいましたけど、僕はさっぱりでした」

メインコーチを任されるようになると、年配の生徒たちの視線に疑念が混じるようになった。「なんでこの人がメインコーチなの？」「なにあの子、若造なのに」といった無言のメッセージが小暮の胸に突き刺さる。金を払っているのでベテランのコーチに教わりたいのか、それとも若い人に教えを請うのが嫌だったのか。どちらにしても、小暮はその雰囲気に耐えられなくなり、一年早々でテニスクラブを辞めてしまった。

辞める前に一度、キッズを教える機会があった。キッズとは、ジュニアの前の段階で、小学校低学年くらいである。ジュニアを指導したかった小暮にとっては、願ってもない機会だった。先輩コーチからは「絶対に甘い顔をするなよ」と忠告されていた。

しかし、子どもたちに教えられる喜びも、最初だけだった。

「最初はいうことを聞くんですよ。でも、だんだん『この人、大丈夫だ』って慣れてくると、いうことを聞かなくなるんです」

サーブの練習をしようとしても、子どもたちは遊び始めて、いうことを聞かない。なめられてしまったのだ。二〇歳の小暮は、子どもを怒ることもできなければ、子どもを乗せることもできなかった。苦肉の策で、「サーブがちゃんと入ったらジュースをおごってあげる」と約束して、サーブ練習をさせた。

「それを上のコーチにいったら、ものすごく怒られましたね。そんなことやっちゃダメだ、モノで釣っちゃいけないっていってきつくいわれました。そのとき、子どもを教える大変さを知りました。趣味を仕事にはできないんですね」

小暮にとって、テニスコーチを辞めたことは挫折だった。高校を卒業したのは一九九〇年で、世の中はバブル真っただ中だった。高校の教師からは「今就職しないでどうするんだ。どこでも就職できるし、ダメでも簡単に公務員になれるから」といわれていた。小暮は一般企業に就職することに興味がなく、周囲の反対を押し切ってテニスコーチの道に進んだのだ。決して軽い気持ちで飛び込んだわけではないが、早々に諦めてしまったことが、小暮の心に〝挫折〟という形として残り続けることになる。

実家暮らしではあったが、働かないわけにもいかず、遊ぶ金ほしさもあって、居酒屋でアルバイトを始めた。居酒屋で働き始めたのには理由がある。

「居酒屋って夜の仕事なんですよ。テニスに未練があったんですね。コーチは辞めてしまったけど、プレーヤーとしてもう一度勝負したいと思ったんです」

挫折を払拭するには、それを乗り越える何かを得ないといけない。小暮は昼間に練習をして、プロのテニスプレーヤーを目指そうと考えた。だから夜の仕事を選んだのだった。

日本テニス協会に申請すれば、誰でもプロになれる。ゴルフのようにプロテストや試験などはない。トーナメント・プロフェッショナルだと日本でのランキングが一〇〇位以内に入らないと駄目だが、レジスタード・プロフェッショナルであればランキングに関係なく、研修と登録料（年間一万円）でプロになれるのだ。両者の違いはそれほどない、そうだ。

とはいっても、プロとしてテニス一本で生活できるかどうかは別問題。国内のツアーに出場するだけでは到底食べていけず、賞金総額の大きな海外ツアーに参加しなければならない。錦織圭《にしこりけい》選手のような強化選手になれば、協会が全面的にバックアップしてくれるが、一般の選手は自費である。海外のトーナメントには、誰でも自費で出場できる大会があるのだ。コーチをつけたければ、それも自費。金がなければ、海外のツアーを回れないし、優秀なコーチの指導を受けることもできない。

「最初は、プロとして国内のトーナメントに出場したいと考えていたんです。それで夜の仕事を選んだわけですけど……」

まだ若かった小暮は、同年代のバイト仲間と遊ぶのが楽しかった。大きな夢や目標を持っていたとしても、目先の快楽を優先してしまう。特に若い時期は、自分を厳しく律することもできなければ、まだ時間に猶予があるようにも感じてしまう。日々の努力が大事なことはわかっていても、つい誘惑に負けてしまう。「あのとき、もっと頑張っておけばよかった」と思うのは、後で振り返ってからである。脇目も振らずに一つの目標に邁進することほど難しいものはない。

小暮は、朝方にバイトが終わると、みんなで飲みに行ったりカラオケに行ったりした。そんな生活をしていると、昼間は寝るしかなく、当然のようにテニスのラケットを握らなくなった。プロのテニスプレーヤーになるという目標は、いつの間にか夢物語に変わり、小暮にとって優先事項ではなくなった。テニスコーチに対する挫折感はあったが、テニスで見返したいという気持ちは徐々にしぼんでいった。

その居酒屋では、各社の新聞をとっていた。わずかに空が白んでくる頃、新聞配達員がバイクの音を響かせて朝刊を届けに来る。その新聞に、毎週のように挟み込まれているチラシがあった。大手探偵社の求人チラシである。月給二五万円という小暮たちからすれば高給待遇だったこともあり、仲間内でにわかに話題になった。

仲間同士で「お前、探偵になったら?」「でも、探偵ってなんか怪しいよね」などと話しながらも、探偵社で働こうとする者はいなかった。なぜ、小暮は探偵社の求人に応募したのか。本人も、そのところは曖昧だ。「なんでなんでしょうね……」と言葉を探していた。明確な理由はなかったようだが、興味はあったのではないか。

「テニスコーチも居酒屋も結局は客商売というか……、あまり人と接したくないというか……、調査の仕事であれば誰とも接しないいんじゃないか……と思ったのかもしれません」

テニスコーチ時代の生徒との関係は、それほどつらい経験だったのだろう。居酒屋の仲間と遊ぶのが楽しかったのも、その反動だった可能性がある。ただ、探偵にかっこいいイメージもあったという。

「探偵の仕事にも興味を惹かれたんだと思います。小さいときからシャーロック・ホームズは好きでしたから」

かっこいい探偵になって、まわりから認められたい。テニスは諦めてしまったが、別の場所で活躍したい。そういう思いがあったのだろう。

探偵社に面接に行くと、怖そうな人が現れた。常務だと名乗ったが、やくざのような風貌で、ドスの利いた低い声はしゃがれていた。小暮は反射的に背筋が伸びたのを覚えている。「交通違反をしたことがあるか?」と聞かれ、正直に「最近、駐禁とスピード違反を取られました」と答えると、きつく叱られた。それだけ探偵にとって運転免許は重要なのだ。「怒られただけで面接が終わった気がします」という小暮は、「絶対に落ちた」と思った。

後日、合否の連絡をするといわれたのだが、その連絡手段は、なぜか電報だった。生まれて初めて受け取った電報には、カタカナで次のように書かれていた。

「シュッシャサレタシ」

探偵の道を歩み始めた小暮は、三日間の研修を受けた。研修は座学で、探偵業界の話、尾行術、駐禁の定義などだった。その研修で、コード番号というものを教えられた。コード番号とは、その探偵社独自の隠語や暗号で、コード1＝張り込み、コード2＝尾行……など、よく使用する言葉にコード番号が振られていた。当時、コードは15まであったそうだ。無線を傍受されたり、盗聴されていても、「この前コード1してから、2して3になった」と会話していれば、内容が漏れることはない。

研修を受けた次の日、小暮は現場に送り込まれた。対象者が乗った車を尾行する任務だったが、車で張り込みをしただけで終わる。自宅に止められている車が動くことはなかったのだ。依頼者（妻）によると、その日が怪しいとのことだったが、愛人に会いに行く様子はなく、動きがなかったのである。

張り込みで待機している間、先輩の探偵は小暮を指導した。「コード番号は覚えたか？　コード4は何？」と聞いてくる。その探偵社では、現場の待ち時間に先輩から後輩に実践的なことを教育するスタンスだった。

初日は優しい先輩と組んだが、二日目は怖い先輩にあたった。三日目は恐ろしい先輩で、怒鳴られてばかりだった。小暮の心には、すでに辞めたい気持ちが芽生え始めていた。四日目、小暮は会社に電話して「ちょっと具合が悪いので休みます」と伝えた。電話に出たのは面接をしてくれた常務で、「お前、もしかして辞めたいとか思ってるんじゃないのか」と凄まれた。小暮は怖くて「違います。本当に体調が悪いんです」と答えるしかなかった。その日は休んでしまったが、次の日に出社したのは、常務が怖かっただけではない。

「テニスコーチで僕の中に挫折感があったので、自分が『辞める』といったときに、『辞めないでくれ』といってもらえる存在になりたかったんです。『お前がいなきゃダメなんだ』って。そういう存在になるまで辞めないと思って頑張りました」

今度こそ歯を食いしばって一人前になろうと決意を新たに出社したのだった。

探偵の仕事は、基本的に対象者の行動を調査することだ。対象者が朝の六時に起きるなら、探偵は朝五時には張り込んでいなければならない。そのためには、場所によっては朝三時に起きる必要がある。「対象者の倍起きていないといけないんです」と小暮はいう。実際に倍ではないだろうが、そのくらい睡眠時間が少ないのがつらかった。面接では「二勤一休」(二日働いて一日休み)といわれていたが、守られたことなどなかった。

当時の探偵社は、どこも同じような勤務形態だったそうだ。夜中に帰ってもシャワーを浴びるだけですぐに出社することも多く、探偵はまるで使い捨ての駒でしかなかった。小暮が入社した探偵社で一番のベテラン探偵は、入社して四年しか経っていなかった。ほとんどが一年未満で辞めていく。四年もやっている先輩探偵は、「あいつ、四年もやってるなんて、おかしいんじゃない」とまわりから囁かれていたくらいである。

「不眠というのは、仕事よりも楽しみにふけるよりも、神経がやられますからね」
シャーロック・ホームズ
「黄色い顔」(『シャーロック・ホームズの回想』光文社文庫、アーサー・コナン・ドイル著、日暮雅通訳)より

それでも小暮は、一〇年以上、その探偵社に在籍した(先ほどの四年も働いていた先輩も残っていたそうだ)。

「相当バカじゃないと残れないって、みんないってたんですけど、僕の後くらいから長く続く人が増えてきたんですよ。徐々に会社も変わっていったのではないでしょうか」

大手探偵社だけあって、有名人の調査依頼も多かった。ほとんどはパートナーの浮気調査だが、あるミュージシャンの熱烈なファンからの依頼という変わり種もあった。今ではストーカー規制法に触れるので調査はできないが、小暮が探偵として働き始めた二〇年以上前は可能だったのだ(ストーカー規制法が施行されたのは二〇〇〇年一一月二四日)。

ソープ嬢の家を知りたいという調査もあった。対象者であるソープ嬢の源氏名はわかっていたが、顔はわからなかったので、まずは客として顔を確認する。その後、出てきた対象者を尾行して自宅を割り出すのだ。

小暮が店に入る担当になった。対象者をチェックし、トイレに行くフリをして通用口も確認した。

一連のサービスを受けてから外で張り込んでいると、店の裏から女性の悲鳴が聞こえてきた。小暮らが声のほうに駆けつけると、対象者が男に拉致されそうになっていたのだ。幸い、その近くにいたホストたちに助けられて、対象者は事なきを得た。ホストたちは、仕事を終えたソープ嬢に声をかけるために待ち構えていたのだ。ソープ嬢が出入りする裏口を、ホストは熟知していたのだろう。拉致しようとした男も、その様子から裏口の場所を推測していたのかもしれない。

小暮は内偵までしたのに、店の裏口に気付けなかった。その店ではストーカー対策で、客の目には触れない裏口があり、そこから外に出られるようになっていたのだ。危うく小暮は対象者を見落とすところだった。客を装っておいしい思いをしたのに、見失ってしまっては目も当てられない。

「対象者を拉致しようとしていたのは、依頼者だったのでしょうか？」私は聞いてみた。

「そうかもしれないんですけど、僕には依頼者かどうかわからないんですよ」

小暮は依頼者がどういう人物かを知らなかった。調査員である小暮は、依頼者と会うことも、写真などで顔を確認することもない。それどころか、小暮の探偵社は、内勤の相談員と現場の調査員の会話すら禁止されている、とても閉鎖的なところだったのだ。

だが、調査内容によっては、依頼者に会う場面が出てくる。盗聴器の調査では、自宅を訪問するため、依頼者の立ち会いが必要だ。中には「毎日、家の中に入ってきて天井に潜んでいるんですよ」「昨日なんか、私、毛を剃られちゃったのよ」など、被害妄想の激しい依頼者も多かった。他の探偵も同じことをいっていたので、想像以上に妄想に取りつかれた依頼者は多いのかもしれない。

「不法侵入者がいるという依頼でカメラを仕掛けに行ったら、だいたい一〇件に八件か九件は、そういう依頼者でした。話を聞いただけでも妄想だとわかるのですが、頭ごなしに否定はできません。なので、侵入者はいないという証拠を取るために、カメラで撮影していました」


**「どんなことでも確認しておいたほうがよいからです。調査はむだではありませんでした」**

**シャーロック・ホームズ**

「ライゲイトの大地主」(『シャーロック・ホームズの回想』光文社文庫、アーサー・コナン・ドイル著、日暮雅通訳)より

不法侵入者がいないという客観的な証拠を取っても、納得しない依頼者は多い。依頼者本人は、「侵入者がいる」と確信しているのだ。クレームになってしまうことも多く、最近はそういった依頼は引き受けないようにしている。

「僕の友だちに心理カウンセラーがいるんですけど、そいつに話したら、『そういう患者さん、探偵に行っちゃうのか』と嘆いていました。『俺らって競合他社だったんだ』って。まるで笑い話ですね」

怪文書が自宅ポストに入れられるという案件もあれば、玄関に排泄物が置かれているという変わった案件もあった。どちらも嫌がらせがエスカレートしたもので、依頼者の知り合いによる犯行

だった。恨みや妬《ねた》みといった負の感情は、相手を攻撃するだけでなく、必ず自分にも跳ね返ってくる。

小暮は下着泥棒を捕まえたことが何度かある。その中で印象的だった案件について話してくれた。二〇代後半の女性からの依頼だった。一人暮らしをしている依頼者のアパートは一階にあり、ベランダに干してある下着がよく盗まれるという。ベランダ沿いの道は大通りに通じる抜け道になっていて、通勤時間には多くの車とサラリーマンが往来する。一方、夜中になると街灯が少ないため、人通りはほとんどない。

小暮はベランダに二四時間態勢で録画できるように隠しカメラを設置した。依頼者から下着が盗まれたという報告を受けて映像を確かめると、不審な男が依頼者の下着を取っていく姿が写っていた。

後日、カメラのモニターで監視しながら、小暮ら探偵は依頼者の部屋で待機。下着を取った男をその場で取り押さえようと考えた。映像を証拠に、警察に突き出すこともできる。

小暮が予想していたよりも、調査は長期に及んだ。というのも、不審な男がベランダを覗きにくるのだが、下着に手を伸ばさないのである。

数日後、ついにある男が下着に手を伸ばした。潜んでいた小暮は咄嗟にその男を捕まえた。ところが、その男は下着を盗んでいない。功を焦った小暮は、男が下着を取る前に動いてしまったのである。しかも、その男は以前にカメラに写っていた下着泥棒とは別の男だった。下着泥棒は他にもいるのではないかという疑念が湧き、その後も調査を続けることになった。

調査をしていると、確かに不審な男は現れる。しかし、下着を吟味するだけだった。小暮らは仮説を立てた。「新しい下着は盗まない」のではないか、と。調査に依頼者の下着を利用するわけにはいかないので、買ってきた新品の下着をベランダに干していたのである。

依頼者の了承を得て、本人の下着を干してみた。すると、これまで手を出さなかった男が下着を取ったのである。小暮ら探偵は男を取り押さえることに成功。そのまま警察に引き渡すことになった。下着泥棒にも趣味嗜好があり、使用されていない下着は盗まないというこだわりがあったのだろう。

これで、一件落着かと思われたのだが、話はもっと複雑だった。この男も、最初の映像の男ではなかったのだ。最初にカメラに写っていた男、間違えて捕まえてしまった男、実際に逮捕された男……。他にもいたかもしれないが、少なくとも下着泥棒は三人いたのである。

後で調べたところによると、下着泥棒には「狩場《かりば》」と呼んでいる場所があり、同じ性癖を持つ者たちは、インターネットの掲示板で狩場の情報を共有していたのである。盗みが成功したところ、盗みやすいところが狩場になるそうだ。コインランドリーも狩場の定番である。依頼者のベランダは、下着泥棒にとって盗みやすい条件が揃っていたようで、犯罪者たちが夜な夜な下着を物色に来ていたのである。

「危険が身近に迫っているのに、それを省《かえり》みないのはけっして勇者じゃない。愚鈍というものだ」

シャーロック・ホームズ

「最後の事件」（『シャーロック・ホームズの思い出』新潮文庫、コナン・ドイル著、延原謙訳）より

三〇歳のとき、小暮は結婚をした。相手は同じ探偵社に勤める事務員だった。先に述べたとおり、小暮が勤めていた探偵社では、探偵と内勤の事務員は会話をすることすら禁止されている。社内恋愛など、もっての他だった。

「どうやって付き合うことになったんですか？」私は聞いた。

「元妻から手紙を渡されたんです。その手紙にメールアドレスが書かれていて、連絡くださいってありました」

爽やかさと優しさが滲み出ている小暮の顔を見ると、女性のほうから声をかけたくなるのも頷ける。だが、元妻ということは、すでに離婚している、ということだ。

「彼女のことが好きだったんですか？」

「う〜ん、かわいいなとは思っていましたが、会話もしたことがなかったので」

外で会うようになった二人は、共通の話題も多く、会話が弾んだ。小暮は調査や上司の話をした。相手からは内勤や依頼者の話などを聞いた。これまでできなかった会話に花が咲き、互いに惹かれるようになっていく。秘密の付き合いが始まるのは自然の成り行きだった。

付き合い始めて一年が過ぎた頃、彼女に新しい命が宿った。二人は結婚を決めたが、保険などのこともあるので、会社に報告しなければいけない。「ものすごく怒られましたね」と小暮は当時を懐かしんで笑っていた。

長女と長男を授かったが、結婚生活は五年ほどで終止符を打った。

「離婚の原因は何だったんですか？」

「お金でしょうね。子どもの教育論での食い違いもありましたけど、一番はお金です」

その頃、小暮は独立していた。一〇年勤めて幹部になっていたが、小暮は会社を退社。その探偵社から業務委託を受けるための事務所を立ち上げていた。

「独立といったらあれですけど、正社員から外れて、下請けになったということです」

有能だった小暮には、安定的に仕事が回ってきた。独立しても金の不安はなかった。ところが、仲が良かった元上司との折り合いが悪くなり、仕事が激減してしまう。一社に依存する下請けのつらいところである。

小暮は、他の探偵社からも仕事を受けようと考え、営業をかけた。すると、その情報が元いた探偵社に伝わってしまい、完全に仕事を失った。守秘義務という名の下、業務委託契約書には他の探偵社からの業務を受けることは禁止である旨が記載されていたのだが、小暮はバレるとは思っていなかった。探偵業界は思っていたよりも狭い世界だった。

離婚話になったのは、ちょうどその頃である。

元請けを失った小暮は、大手の探偵社から小さなところまで、あらゆるところに営業に回った。企業調査を専門にしている事務所にも連絡したし、駄目元で帝国データバンクにも営業をかけた。足を棒にして歩き回ったが、仕事は得られなかった。

仕事がなくなり、金の不安が風船のように膨らむと、家庭の調和にも亀裂が入るようになった。家の中にイライラが充満し、些細なことで火がつくと、喧嘩という大爆発が起こる。家族の明るい未来を想像することができなくなった。

ようやく、ある大手探偵社から定期的な仕事をもらえるようになり、金銭的な不安が少なくなったのだが、夫婦の関係は後戻りできないところまできていた。三五歳のとき、小暮は離婚した。

離婚して一〇年以上経つが、今も元妻と子どもたちは小暮の近くに住んでいて、頻繁に会っている。中学二年生になる長男のテニスの練習には、父親である小暮が付き添っている。

「お子さんは、お父さんの職業をご存知なんですか？」

「知っています。友だちにも話しているみたいで、興味を持たれているそうです」

長男が小さい頃、小暮は子連れで調査に出かけたこともある。父親のことが大好きだった長男は、小暮から離れると泣き叫ぶため、一人で行える簡単な調査のときに、何度か連れていった。

「聞き込みとかだったら、自分のペースでできるので、子連れでもできるんですよ。さすがに尾行は無理ですけど、一回だけ夜の張り込みに連れていったことがありました。でも、夜中に車の中で待たせるのがかわいそうで……。『まだ来ないね』なんていいながら、健気に待っているんですよ」

子連れ探偵の顔は優しい父親の顔に変わっていた。

小暮は、その後も業務委託で探偵を続けてきた。自社で依頼を受けることもあるが、基本は外注である。探偵業界では、ほとんどの依頼が大手にいく流れになっている。昔は電話帳での広告がメインだったが、現在はネット広告が主流だ。どちらも広告にかけられる金額がモノをいう。潤沢な広告費を持った大手に零細探偵社はかなわない。中には、探偵のいない大手探偵社もあるという。仕事を取るマーケティング力はあっても探偵がいないので、小さな探偵社に仕事を外注することになる。

それはどの業界も同じかもしれない。私が長く携わっている出版業界にも編集者のいない出版社が存在する(営業がいない出版社もある)。そもそも最初に勤めた会社は、編集を外注することに決め、編集者のほとんどが解雇になった。内部に編集者がいたとしても、外注に頼り切っているところも多い。

「うちに直接依頼してくれれば、安く済むんですけどね。でも僕は、調査はできるんですけど、その他のことが不得意なんですよ。依頼者と面会したり、追加料金を請求したりするのが苦手なんです。直接依頼してくるのって、友だちのつてとかが多いんですけど、『この金額じゃ、めちゃくちゃ安いなぁ』と思っても、友だちだったら『まぁ、いいか』って請けてしまうんです」

小暮は依頼者とのやり取りも、電話ではなくメールを好む。尾行中だと電話に出られないという表向きの理由もあるが、実際は依頼者と話すのが苦手だからである。取材をした限り、友好的で話し好きの印象しかなかったので、意外だった。


「探偵の仕事は好きですか？」私は聞いた。

「まさかここまで続けるとは思っていなかったんですけど、好きというよりは合っているのかもしれないです。でも僕、一度探偵を辞めていた時期があるんですよ」

小暮が探偵を辞めるきっかけになる案件があった。ある大手探偵社からの業務委託で、対象者の浮気相手を尾行するという調査だった。名前はわかっていたが、写真もなく、外見の特徴しか情報がない。妻の依頼で対象者である夫を調査したところ、浮気相手の女性を特定でき、一度調査報告書も提出されていた。ところが、調査中にわかったことだが、もう一人、女性の影があったのだ。第二の浮気の証拠を取るため、さらなる調査をすることになり、小暮に仕事が回ってきた。

彼女の勤務先の前で張り込むのだが、特徴だけでは対象者を特定することができない。「髪が長くて少しパーマをかけている。眉毛が太く、目はキリッとしている。背は高くも低くもなく、どちらかというと細いほう」といわれても、イメージは人によって異なる。

小暮は「写真がなかったので、わかりませんでした」で済ませようと思っていた。これだけの情報で相手を特定しろというほうに無理がある。とりあえず特徴と一致する女性が出てきたので、「この人で、まぁいいか」と尾行を開始した。三〇歳くらいの若い女性だった。

東京メトロ東西線に乗り込んだ女性は、西葛西駅で下車し、近くのドラッグストアに入っていった。追いかけている女性が本当に対象者かの確信を持てないまま、小暮は彼女の後を追い、要所要所で写真を撮影していた。調査報告書には「何時に西葛西のドラッグストアに入った」という文字情報と一緒に、証拠となる写真が必要だからである。

対象者の写真を撮るという行為には、発覚する危険もはらんでいる。特に顔を撮影することは、対象者と向き合うため、相手に気付かれる代表格といってもいい。

小暮は、尾行を格闘ゲームのライフゲージのようなものだと考えている。最初は一〇〇%のライフを持って尾行を開始する。対象者と接近するとライフが減る。顔写真を撮影するときは、多くのライフを消費する。一緒にエレベーターに乗ると、半分くらいのライフが一気に減る。ライフが〇%になったら、ゲームオーバー（発覚）である。一連の尾行の中で、ライフをどこで使うか、それが探偵の腕の見せどころだ。

小暮はドラッグストアに近寄り、一眼レフで撮影していた。すると、店の外にいた年配の女性に訝しがられ、「あんた、何やってんの?」と注意された。小暮は気にせず、撮影を続けていたのだが、その人が店員に知らせに行ってしまった。尾行していた女性は、たまたま店員の横にいて、怪しい人物の存在を知って驚く。おそらく、それ以前にも小暮の姿が目に入っていたのだろう。彼女の驚いた顔には、「あの男、さっきもいたような気がする」という心情が表れていた。小暮は、ライフゲージがほぼ〇％になったことを確信した。

最大限の警戒をしている人物を尾行することほど難しいものはない。女性は、駅前に戻ってスマホをいじったり、誰かに電話したりして、自宅に帰ろうとしない。行ったかと思えば、また戻ってきて、警戒心を緩めることがない。完全にバレているのを知りながらも、小暮は尾行を遂行するしかなかった。

その後、女性はレンタルビデオ店に入っていった。小暮も住所をメモしてから、入店するつもりだった。しかしながら、メモを取っている間に、彼女は外に出てきた。小暮はメモ帳をサッとカバンに放り込み、何事もなかったように店に入っていった。ビデオを選んでいるフリをしながら店の中から女性を観察していると、彼女は店の出入り口に立ち止まっている。小暮を見張っているかのようだった。小暮は「これは絶対に警察が来る」と瞬時に察知。裏口から逃げる暇もなく、警察官がやってきた。おそらく駅前で警察に通報していたのだろう。

小暮はとにかく店の奥に逃げ込んだ。警察官と女性も奥にやってくる。「この人です！」と指され、警察官にはベルトの後ろをつかまれた。小暮は「違うんです！　違うんですよ！」と訴えるが、警察官に「違うじゃない！」と一喝される。そこは、ピンク色に染まったアダルトビデオのコーナーだった。

**「もはや手遅れ、取り戻すどころか追跡すら不可能です。手のほどこしようがありません」**

**シャーロック・ホームズ**

「第二のしみ」(『シャーロック・ホームズの帰還』角川文庫、コナン・ドイル著、駒月雅子訳)より

警察署に連行された小暮は、「探偵だということはいわないでほしい」と懇願したが、すでにごまかせるような状況ではなく、女性をつけ回した事情を詳細に説明しなければいけなかった。女性は「誰から頼まれたの?」と詰め寄ったが、小暮は「それだけはいえません。本当にすみません」と謝るだけだった。それでも女性は食い下がってきたが、警察官が仲裁に入ってくれた。

「この人も仕事でやっているんですから、もういいじゃないですか、◯◯さん」

警察官が呼んだ女性の名前は、まさに対象者の名前だった。適当に「この人でいいか」と疑いながら尾行をしていたわけだが、まさに浮気相手の女性だったのである。

「うわぁビンゴだったんだって驚きました。ビンゴだったんですけど、家もつかめなかったし、証拠も取れなかったし、バレてしまったんで結果は最悪でした。いっそ、違う人だったほうがよかったくらいです」

撮影した画像をすべて消すということで示談になったが、警察からは「厳重注意」がいい渡された。厳重注意とは「今度、同じようなことをしたら逮捕するぞ」ということ。前科はつかないが、警察のデータベースには登録される。

実は小暮は、その半月ほど前にも警察官に連行されたことがあった。

住宅街で張り込んでいるときに職務質問をされたのだが、「探偵なんです。こういう事情で張り込んでいるんです」と答えたら、納得して去っていった。ところが、その三〇分後にまた職務質問を受けた。別の警察官だったが、二度目ということもあり、小暮は思わず「また来たの？」と横柄な態度を取ってしまった。すると、その警察官は怒り出して、「なんか悪いもの、持ってんじゃないだろうな？」と荷物検査までしてきた。小暮は「探偵なんで、悪いものなんて持ってないですよ」といったが、カバンの中からハサミが出てきた。車にGPSを付けるときに黒いビニールテープで貼るのだが、そのときに使用するためのハサミだった。

「なんだ、このハサミは？」と凄む警察官。

「テープを切るのに使うんです」と弁解する小暮。

「凶器じゃないのか？」

「違いますよ。ビニールテープを切るためのものです」

「人を刺すこともできるんじゃないか？」

「人を刺すような顔に見えますか？」

「わかんねぇじゃないか！」

結局、ハサミを持っていたために連行されてしまった。一回目に職務質問をしてきたのは所轄の警察官で、二回目は警視庁の警察官だったのだ。そのため、情報が共有されていなかったのである。

一日に一〇時間以上も張り込んでいると、通報されることも多い。怪しい車が長時間止まっていたら、近隣住民が不審に思うのは当たり前だ。以前、マンションの前で五時間ほど張り込んでいたとき、とある警察官から驚くような注意をされたことがあるという。

「あなたたちが探偵なのは知っているが、そこで張り込みをされていると、我々国際警察がマークしている外国人が警戒して出てこない。すぐに立ち退いてほしい」

国際警察という言葉に面食らいながら、小暮は移動したそうである。それはさておき、多くの警察官は「仕事だから大変ですね」と理解を示してくれる。

「探偵協会の講習で、大阪府警の偉い人が話をしていたことがあるんですけど、その人がいうには、探偵って元は警察の部署だったみたいです。警察の中に探偵って部署があって、そこから探偵が一般名称になったって話をされていましたね。正式名称ではなく、あだ名みたいなものだったようですけど」

だから多くの警察官は、探偵に寛容だという。小暮も、先輩探偵から「探偵は、警察がやってくれないようなことをする仕事だ」と教わってきた。家出人の捜索でも、事件性か緊急性がなければ動かない警察の代わりに、探偵が動く。小暮は、警察官と探偵は互いに協力するものだと思い込んでいた。警察官は探偵に協力して当然という態度が反感を買ったのかもしれない。すべての警察官が探偵に協力的ではないことも、また事実なのである。

## 「先入観にとらわれるべからずという貴重な教訓になったよ」

「ノーウッドの建築業者」（『シャーロック・ホームズの帰還』角川文庫、コナン・ドイル著、駒月雅子訳）より

**シャーロック・ホームズ**

一カ月に二回も警察に連行されたことが、厳重注意の理由だった。「今後、こういうことがあったら、いかなる処分も受けます」といった書面を書かされた小暮は、仕事に対する信念が揺らいでしまい、探偵を辞める決意をしたという。

その頃は、まだ離婚前だったこともあり、すぐに他の職を探す必要があった。小暮が見つけたのは、生活協同組合（生協）の配達員だった。契約社員としての採用だったが、正社員登用の道も開いていた。半年後に正社員になれなければ、別の職を探すつもりだった。家族を養うためには、正社員にならなければいけない。そういう思い込みは、男性ならば理解できるだろう。

結果からいうと、小暮は正社員にはなれなかった。その原因は、「コミュニケーション能力の低さだった」と本人はいう。配達員の仕事は、トラックを運転して食品や日用品を届けるだけ、ではなかった。お客さんである生協の組合員（その大半が主婦）との適度な会話も求められる。会話が苦手な小暮には苦痛だった。

それでも、探偵業から離れた期間は無駄な時間ではなく、探偵について考えるいい機会になった。探偵という職業への向き合い方と意義、依頼者への思いと対象者への配慮、そして自分自身の将来

について、小暮は考えを巡らした。何度考えても、自分が得意なこと、自信を持ってできる職業は探偵しかなかった。対象者の行動に左右されるとはいえ、探偵の仕事は一人で行うことができる。人付き合いが苦手な小暮には、自分に合っている職業だと再認識することができたのだ。小暮が探偵に復帰するまでに、それほど時間はかからなかった。

探偵になって二四年。小暮を紹介してくれた人物は、「小暮さんに仕事を頼めば間違いありません。調査においてはプロ中のプロですね」といっていた。仮に小暮が「探偵を辞めます」といえば、多くの取引先から「辞めないでほしい」と懇願されるだろう。小暮は、技術も経験も兼ね揃えた一流の探偵になったのである。

探偵という職業に嫌気が差したこともあったが、これほど長く続けられたのは、テニスコーチでの挫折を振り払うように頑張ってきたことだけではない。苦い経験もあれば、つらい依頼もあった。心がくじけるような案件もあった。それでも探偵道に邁進してこれたのは、支えとなるべき芯を見つけたからである。小暮は、年齢と経験を重ねるうちに、独自の探偵哲学を築き上げていったのだ。

それは、「探偵は見たこと、調べたことを報告するだけで、他人の人生に入ってはいけない」というもの。探偵社の中には、〝別れさせ屋〟や〝くっつけ屋〟のような違法行為を行うところもあるが、小暮は「それは探偵の仕事ではない」と断言する。調査報告書を見て（事実を知って）、人生が変わるのは仕方ないが、自分たちが何かを仕掛けて、依頼者や対象者の人生を変えることは絶対にしないと誓っている。

「だから、僕はしっかりと調査をして事実を報告するだけです」

シンプルな哲学ではあるが、余分なものが削ぎ落とされた結果であるだけに、深みと重みを感じさせる。他人の人生に関与してきたがゆえの結論であり、他人の人生と真剣に向き合ってきたからこそ導き出された答えなのである。

静岡県にある工務店の社長から「嫁が二〇〇〇万円持ち逃げしたので探してほしい」という依頼があった。対象者である妻は都内に潜伏しているという。小暮は対象者の写真を持って、滞在しそうなビジネスホテルを一つひとつ聞き込み、対象者の宿泊先を突き止めた。依頼者に報告をして、自らもそのビジネスホテルに部屋を取り、相棒と交代しながら対象者の動向を監視していた。

対象者の部屋の灯りが消えたのを確認して、小暮たちも就寝。日中、歩き回っていた疲労もあって、ほとんど一瞬で深い眠りに沈んでいった。

深夜二時過ぎ、フロア中に「ぎゃーーーー！」という悲鳴が響いた。大きな声で口論も続く。熟睡していた小暮でも目が覚めるほど大きな声だった。もしやと思って部屋を飛び出し、声が聞こえるほうに駆け寄ってみると、依頼者と対象者が怒鳴り合っていた。他の宿泊客も何事かと集まってきている。小暮はホテルの従業員を呼びに走った。

小暮から報告を受けた依頼者が深夜にビジネスホテルにやってきたのである。

「命に関わるようなことでしたら、さすがに動きますけど、基本的には何も手を出してはいけないので、僕は従業員を呼んで、喧嘩を止めてもらうしかできなかったですね」

小暮の流儀として、結果は二の次だ。きちんと調査をした結果、依頼者が望むような結果が出なくても、それが事実なのである。一週間の調査を依頼されたら、その一週間の出来事を調査して報告する。そこに嘘も偽りもなければ、誇張も推測もない。あるのは、ただただ事実のみ。調査期間が短ければ、たまたま何もなかっただけの可能性もある。調査の延長を打診することも可能だが、その分調査費用は膨らみ、依頼者の負担は大きくなる。「何もなければ、それに越したことがない」というのが小暮の本音である。


取材後、私たちは来た道を坂戸駅に向かっていた。

「今日も、この後、調査なんですよね?」私は歩きながら聞いた。

「都内にある大手ドラッグストアの店長を調査する予定です。奥さんからの浮気調査の依頼で今日は三日目なんですけど、特に怪しいところはないですね。見た限りでは真面目そうな人です。スマホもほとんど見ないですし……。ほら、浮気をしている人って、スマホをよく見るじゃないですか。そういう怪しい動きもないんで、僕はシロだと思っています。僕は依頼された期間、しっかりと調査をして、きちんと事実を報告するだけです。『愛人らしき女性と会った事実はありませんでした』

と報告できれば、それが一番いいですよね。依頼者も安心するんじゃないでしょうか」

**「真実がどうあれ、疑っているよりはましですからね」**

**シャーロック・ホームズ**

「黄色い顔」（『シャーロック・ホームズの回想』光文社文庫、アーサー・コナン・ドイル著、日暮雅通訳）より

坂戸駅で小暮と別れた。桜の花びらがどこからともなく舞い込んできた。満開を間近に控えた駅前の桜の木から飛んできたのだろうが、桜吹雪になるにはまだ少し早かった。改札口に消えていく小暮の背中に、温かい風が吹いているように感じられた。

# あとがき

ある日、編集者Kから「探偵の本を書かないか?」と誘いを受けた。「いいですね」と返事したものの、ミステリー小説を書ける自信などない。詳しく話を聞いてみると、実際に探偵をしている人物のノンフィクションだという。「面白そうですね」なんて答えたものの、探偵など知り合いにいなければ、会ったことも見たこともない。

だからこそ俄然、興味が湧いてきた。

子どもの頃から探偵が出てくる小説が好きだった。最も好きな作家は誰かと聞かれたら、迷うことなく「江戸川乱歩」と答える。小学生のときは少年探偵団シリーズが好きだったが、大人になると明智小五郎が登場する短編小説に心を奪われた。

『屋根裏の散歩者』は、郷田三郎《ごうださぶろう》という偏執的な若者が主人公の作品だ。郷田は何をやってもすぐに飽きてしまい、生きがいを感じるものを見つけられずにふらふらしていた。そんな郷田が新築の下宿屋に引っ越したところ、ひょんなきっかけで押入れの天井から屋根裏に出られることを発見。郷田は、夜な夜な屋根裏を徘徊して他の下宿人の部屋を覗き見ることに興じていた。それも数日で飽きてしまったが、郷田は恐ろしい計画を思いつく。日頃から毛嫌いしていた遠藤という男がいたのだが、遠藤の部屋の天井にある節穴がすっぽりと抜けることを利用して、寝ている遠藤の口に毒物を垂らすという殺人計画である。計画は実行に移され、遠藤は帰らぬ人になってしまう。警察は、遠藤の自殺と断定。女に振られて自暴自棄になり、毒物で自害したというのだった。遠藤の部屋には鍵がかかっていて、完全に密室だったこともある。

そこで登場するのが明智小五郎である。明智は誰一人疑わなかった遠藤の自殺を、他殺の可能性もあると推理。疑いを持ったきっかけは、遠藤が亡くなった翌朝に彼の目覚まし時計が鳴ったのを隣人が聞いたことだった。自殺を決意した人間が、翌朝の目覚まし時計をセットするのか、と。些細な違和感から事件が解決されていくのだが、明智は郷田を警察に突き出すような野暮な真似はしない。明智の最後の一言が、これまたしびれる。

「じゃあ、これで失敬するよ。多分もうお眼にかかれまい。なぜって、ソラ、君はもうちゃんと自首する決心をしているのだからね」(『江戸川乱歩 全短篇2』ちくま文庫より)

探偵界では、西(西洋)の横綱がシャーロック・ホームズであるならば、東(東洋)の横綱は明智小五郎をおいて他にいないだろう(あくまでも私見ではあるが)。

映画やドラマ、小説やマンガなど、フィクションの世界では、探偵は身近な存在だ。登場する探偵は個性的ではあるが、概ねかっこよく描かれている。頭脳明晰、運動神経抜群、しかも容姿端麗。人情深くもあり、誰もが憧れる存在である。

一方の現実社会では、探偵はどこにいるのだろう?

少なくとも私は探偵に会ったことがなかった。探偵とはフィクションの中のヒーローであって、実在する探偵は日陰の存在だと勝手に思っていた。

会ったことがないだけに、具体的な話を聞いてみたい。現実社会の探偵は、どういった仕事をしているのか。好奇心の虫がむずむずと這い出してくる。

編集者Kと協力して、知り合いに探偵がいないか聞き回ること数カ月、昔勤めていた出版社の同僚で、編集者Kの後輩にあたるA野氏から吉報が届く。A野氏は現在、広告代理店に勤めているのだが、探偵社との取引があり、そこの社長を紹介できるというのだ。ありがたいことに、その社長は個性豊かな探偵を何人も紹介してくれた。

実際に探偵の話を聞いてみると、(探偵社にもよるが)寄せられる多くの依頼は浮気調査だという。夫、あるいは妻が浮気をしている現場に張り込み、不倫関係にある二人を追う。そういえば、小学生の頃、「浮気調査　人探し　○×探偵社」と書かれた広告が電柱や電話ボックスによく貼られていた。〝浮気〟という言葉に対して、子ども心にも魅惑的な何かを感じたのを思い出した。背徳感とともに妖しい色香を嗅ぎ取っていたのだろう。

本書でも触れたように、探偵の仕事は、人の恥部や暗部を盗み見ることでもある。〝屋根裏の散歩者〟である郷田三郎と同じように、こっそりと人の行為を覗く。決して他人には見せない恥ずかしい姿を、探偵は毎日のように見ているのだ。

探偵に依頼する人は、親しい友人にすら話せない相談を持ちかけてくる。探偵にしか知り得ない、あり得ないような出来事、深い話をいくつも聞くことができた。人の裏側を日常的に見ている探偵の目を通して、生々しい人間の営み、欲望と理性の狭間で起こる葛藤、表面化されていない社会の歪《いびつ》に迫りたかった。心の奥部に居心地の悪いシコリが残ったら幸いである。

本書でも何度か触れたが、執筆中に新型コロナウイルスの猛威が世界を席巻し、世の中は変化を余儀なくされた。探偵の仕事にどのような変化が起きたのか、探偵を見つける突破口となった探偵社の社長に話を聞いた。

「一時期は依頼の数が減っていましたが、二〇二〇年夏頃には戻ってきましたね」

二〇二〇年五月、六月は、依頼の数は例年の半分くらいに減少したそうだ。浮気をしている人でも、緊急事態宣言中くらいは我慢していたのだろう。人が動かないので、調査の需要が減るのは当然のことである。

数は少ないが、我慢ができずに浮気がバレたケースもあったという。コロナ禍で仕事もリモートワークになった。多くの飲食店が休業しているのに、「友だちと飲みに行ってくる」と出かけるのは、どう考えても不自然である。自宅で頻繁にＬＩＮＥのやり取りをする夫（あるいは妻）の様子を見て、不審に思った依頼者もいたそうだ。

それでも、八月には八割くらいは戻ってきたという。感染者数が落ち着いてきたのもあるが、我慢ができなくなったのもあるだろう。自宅での待機を余儀なくされ、自由を奪われた生活ほど、つらいものはない。子どもは外で身体を動かしたいし、友だちとも遊びたい。大人は買い物に出かけたいし、飲みにも行きたい。浮気している人であれば、愛人と逢瀬を交わしたい。我慢するほど、余計にその思いは強くなるものである。

二〇二一年になり、二度目の緊急事態宣言が発令（一一の都府県のみ）されても、依頼の数は一度目ほど落ち込まなかったそうだ。コロナウイルスに慣れてきた人々は、いくら飲食店が営業時間を短縮しようとも街に繰り出していた。感染に気を付けながら生活する、という新しい日常がすでに浸透していたのだった。

探偵の仕事にも変化が起きたようだ。その一つが、「面が撮れない」ことだという。「面」とは顔のこと。マスクをしているため、目から上しか撮影できないのである。本書でも紹介したが、探偵は対象者や浮気相手の表情まで追う。依頼者は、浮気相手の顔は当然のことながら、浮気相手と会っているときの夫（あるいは妻）の表情まで見たい。その要望に、探偵は技術と経験で応えてきた。しかし、今はその面が撮れないのだ。

「こういう状況ですので、依頼者は納得してくれますけど、面が撮れないのはつらいですね。タバコを吸ったり、飲食店で食事をしたりなど、マスクを外すタイミングを狙わないといけないから、難しくなりました」

また不倫デートの流れも変わったという。これまでは外で食事をしてからホテルに行くというパターンが王道だったが、コロナ禍では食事をせずにホテルに直行することが多くなった。浮気相手の部屋に行く場合も、外食せずに直接部屋を訪れる。しかも食事はUber Eats（ウーバーイーツ）などを利用することも多く、ずっと部屋にこもりっきりだ。その場合、相手の顔を撮影できる機会は少なくなる。

ラブホテルや浮気相手の部屋にいる時間が長くなれば、浮気の証拠としては強くなる。滞在の時間が三〇分よりも三時間のほうが、不貞行為が行われた証拠として認められやすいし、言い訳もしにくい。にもかかわらず、探偵社の社長は嘆いていた。

「味気ない調査になる可能性が高いですね……」

探偵の腕が発揮されるのは、外で対象者を追っているときだという。真後ろから対象者と浮気相手がやり取りしているＬＩＮＥの画面を撮影したりなど、どうやって撮影したのだろうと驚かれる写真は、外で尾行してこそ撮れるのである。

対象者が浮気相手の部屋に入って出てくるだけよりも、外で腕を組んで歩いていたり、酔ってキスをしている写真があったほうが、生々しい調査報告書になる。離婚裁判になった際、調査報告書を見るであろう裁判官の心証を考えると、見栄えがあり、人間味のある証拠写真を抑えておきたいと探偵社の社長は語っていた。

浮気相手の部屋の前で張り込んでいるだけであれば、言葉は悪いが、誰にでもできる。探偵歴二〇年のベテラン探偵ではなく、探偵歴一カ月の新人探偵でも証拠をつかむことができるだろう。

社長が嘆いていたのは、探偵のモチベーションもあったかもしれない。対象者に動きがなければ、探偵として見せ場がないだけでなく、仕事のやりがいも証拠をつかんだときの高揚感も感じにくいに違いない。

「他に変化はありましたか？」私は聞いた。

「亡くなられたご主人の愛人を探してほしいという依頼が何件かありましたね」

自粛期間中、遺品整理をする人も多かったのだろう。故人の遺品を改めて調べている際、親しい女性の痕跡が見つかったのだろう。「お付き合いをしていたのか」「どういう女性なのか」を調べてほしいという依頼である。依頼者である妻の気持ちは想像するしかないが、夫に対する怒りよりも、相手の女性への興味のほうが強かったのではないだろうか。真実を知りたいということもあるが、自分の知らない夫がいたことに納得できないのではないか。長年付き合っていた相手がどういう人物なのか、どういう付き合いをしていたのか、事実を把握しておきたい。勝手ながら、そういう気持ちが強いのではないかと感じた。

相手の写真も住所もわかっていたため、愛人を見つけ出すことは簡単だった。難しいのは、その女性に接近してどういう関係だったかを聞き出すこと。いきなり「〇〇さんとお付き合いされていましたか？」と尋ねても、詳しく話してくれるはずがない。親しい関係になるのは難しいが、少なくとも知り合いになる必要がある。まずは、この女性の行動を一週間ほど調査して、どういう行動をする人なのか、どういう性格なのかを把握するところから開始。対象者の性格に合わせて、接触する探偵も変える。

「友だちのように近づくのなら同年代の探偵がいいですし、親子くらい離れていたほうが聞き出しやすい場合もありますから。相手の性格によりますね」

今回は「友だちになる」という設定に決めて、偶然を装って対象者に近づいていく。何回も接触して打ち解けてから過去の恋愛話に花を咲かせるのだ。結果、秘密で付き合っていた人の存在を聞き出すことに成功。こちらから打ち明け話をすると、相手も話しやすくなるそうだ。誰にも内緒にしてきた話ではあるが、誰かに聞いてほしい話でもあったのだろう。知り合ったばかりの友人のほうが、秘密を話しやすいのかもしれない。

ちなみに、この女性は浮気相手の男性（依頼者の夫）の葬儀にも参列していたそうだ。芳名録《ほうめいろく》に彼女の名前があったのである。

墓場まで持っていったはずの秘密を掘り起こされた故人の気持ちにいくばくか同情もするが、自業自得ではあるだろう。バツの悪そうな顔で地上を眺めているに違いない。

話を聞いていて思ったのは、どんな時代でも、昔も今も未来も、そしてどんな災害や疫病が起こっても、浮気は決してなくならない、ということだ。それは、戦争がなくならない、核爆弾がなくならないのと同じように、いやそれ以上に確かな現実なのではないか。理性を持った人間としては嘆かわしいことだが、一人の生物としては逞しいことでもある。これこそが、考える頭を手に入れた人間に与えられた最大の試練、究極のジレンマなのかもしれない。探偵は、その謎に挑んでいるようにも思えた。

郷田三郎が犯人ではないかと疑った明智小五郎は、郷田と同じように、屋根裏に隠れて彼の行動を監視した。部屋の中で度々見せるイライラした様子から、明智は郷田が犯人だと確信していく。些細な仕草や行動から相手の心情を推理する。それは、明智小五郎といった架空の探偵だけでなく、現実の探偵にも同じことがいえる。不倫関係にある二人の些細なしぐさや行動から、どちらが主導権を握っているのか、どちらが熱を上げているのかなど、二人の関係性まで推測していく。

小説のように殺人事件を解決することはないが、社会の闇で絡み合った複雑で猥雑な糸をほどく探偵の活躍は、現実に起こっていることだけに、面白くもあり、驚きも含まれていた。

また探偵自身の人生も魅力的だった。どういう経緯で探偵になったのか、どういう悩みを抱えているのか――。取材を進めていくうちに、当たり前ではあるが、探偵も私たちと同じ人間であることがわかった。フィクションの世界のような完全無欠のヒーローではなく、さまざまなことに悩み、苦しみ、もがいている一人の人間だった。

過去の過ちを悔い改めるように仕事に打ち込んでいる探偵もいれば、正義と法律の狭間で苦しんでいる探偵もいた。自分の性癖を弁解するかのように対象者を追っている探偵もいたし、愛情が強すぎて探偵の未来を嘆いている探偵もいた。大きな夢を打ち破られて、仕方なく探偵になったベテラン探偵もいれば、仕事とプライベートのバランスに疑問を抱く今どきの若い探偵もいた。ある探偵は金儲けよりも大事なものを見つけていたし、依頼者に寄り添いながらも、深く関わりすぎて精神的に追い込まれないように苦心している探偵もいた。そして、ほとんどの探偵は、自分の仕事にやりがいと意義を見出していた。

探偵ならではの悩みもあったが、多くは誰にでも起こり得る悩みだ。九人の探偵の半生を聞くにつれ、これまで遠い存在だった探偵が、身近な一人の人間に感じられるようになった。

間違いなく、探偵はここにいる——と。

最後に取材に協力していただいた皆様に感謝を申し上げたい。取材が始まったのは二〇一八年の三月。書籍になるまで三年以上もかかってしまったことをお詫び申し上げる。

## 参考文献

『プロが明かす探偵&調査完全マニュアル』(日本文芸社) 日本探偵協会編著
『探偵の探し方・頼み方ガイド』(主婦の友社) 植草宏一監修
『石つぶて 警視庁二課刑事の残したもの』(講談社) 清武英利著
『銀バエ 実録武富士盗聴事件』(創出版) 山岡俊介著
『黄金町マリア 横浜黄金町 路上の娼婦たち』(亜紀書房) 八木澤高明著
『シャーロック・ホームズからの言葉』(研究社) 諸兄邦香著
『シャーロック・ホームズの回想』(光文社文庫) アーサー・コナン・ドイル著、日暮雅通訳
『シャーロック・ホームズの生還』(光文社文庫) アーサー・コナン・ドイル著、日暮雅通訳
『シャーロック・ホームズの思い出』(新潮文庫) コナン・ドイル著、延原謙訳
『シャーロック・ホームズの帰還』(角川文庫) コナン・ドイル著、駒月雅子訳
『江戸川乱歩全短篇2』(ちくま文庫) 江戸川乱歩著、日下三蔵編

森 秀治（もりひではる）
1976年生まれ。京都府出身。神戸大学理学部物理学科卒業、神戸大学自然科学研究科地球惑星科学専攻修了。出版社勤務を経て、現在はフリーランスの編集者＆ライター。ビジネス書、自己啓発書、自然科学書を中心に、数多くの書籍制作に携わる。森まりも名義で著書『仕事の壁にぶつかった僕に、たとえば宇宙人なら何を教えてくれるだろう？』（大和書房）がある。

探偵はここにいる

2021年5月13日 初版発行

著　者　森秀治

発行者　井上弘治
発行所　**駒草出版** 株式会社ダンク出版事業部
〒110-0016　東京都台東区台東1-7-1 邦洋秋葉原ビル2階
TEL：03-3834-9087
URL：https://www.komakusa-pub.jp/
印刷・製本　中央精版印刷株式会社

デザイン　大橋義一 GAD Inc.
協力　イクオリティ株式会社 https://www.equality.tokyo/
ダルタン調査事務所 https://www.darutan.com/
なのはな探偵事務所 http://www.shoukodori.com/
はやぶさ探偵社 http://hayabusa-tantei.com/

編集　勝浦基明

---


ISBN 978-4-909646-39-2